# HERMES

在古希腊神话中,赫耳墨斯是宙斯和迈亚的儿子,奥林波斯神们的信使,道路与边界之神,睡眠与梦想之神,亡灵的引导者,演说者、商人、小偷、旅者和牧人的保护神……

西方传统 经典与解释 **HERMES**
Classici et Commentarii

古典学丛编
Library of Classical Studies

刘小枫 ● 主编

# 赫西俄德的宇宙
## Hesiod's Cosmos

[美] 珍妮·施特劳斯·克莱 Jenny Strauss Clay ｜著

何为 余江陵 ｜译

华夏出版社

古典教育基金·"传德"资助项目

## "古典学丛编"出版说明

近百年来，我国学界先后引进了西方现代文教的几乎所有学科——之所以说"几乎"，因为我们迄今尚未引进西方现代文教中的古典学。原因似乎不难理解：我们需要引进的是自己没有的东西——我国文教传统源远流长、一以贯之，并无"古典学问"与"现代学问"之分，其历史延续性和完整性，西方文教传统实难比拟。然而，清末废除科举制施行新学之后，我国文教传统被迫面临"古典学问"与"现代学问"的切割，从而有了现代意义上的"古今之争"。既然西方的现代性已然成了我们自己的现代性，如何对待已然变成"古典"的传统文教经典同样成了我们的问题。在这一历史背景下，我们实有必要深入认识在西方现代文教制度中已有近三百年历史的古典学这一与哲学、文学、史学并立的一级学科。

认识西方的古典学为的是应对我们自己所面临的现代文教问题：即能否化解、如何化解西方现代文明的挑战。西方的古典学乃现代文教制度的产物，带有难以抹去的现代学问品质。如果我们要建设自己的古典学，就不可唯西方的古典学传统是从，而是应该建设有中国特色的古典学：恢复古传文教经典在百年前尚且一以贯之地具有的现实教化作用。深入了解西方古典学的来龙去脉及其内在问题，有助于懂得前车之鉴：古典学为何自娱于"钻故纸堆"，与现代问题了不相干。认识西方古典学的成败得失，有助于我们体会到，成为一个真正的学人的必经之途，仍然是研习古传经典，中国的古典学理应是我们已然后现代化了的文教制度的基础——学习古传经典将带给我们的是通透的生活感觉、审慎的政治观念、高贵的伦理态度,永远有当下意义。

本丛编旨在引介西方古典学的基本文献:凡学科建设、古典学史发微乃至具体的古典研究成果,一概统而编之。

古典文明研究工作坊<br>
西方典籍编译部乙组<br>
2011 年元月

献给我的学生们

# 目 录

中译本说明 …………………………………………… 1

序 ……………………………………………………… 1

致 谢 …………………………………………………… 3

缩略语 ………………………………………………… 5

导 言 …………………………………………………… 9

第一章 引读:《神谱》 ………………………………… 23

第二章 引读:《劳作与时日》 ………………………… 49

第三章 序歌 …………………………………………… 74

第四章 人类的起源与本性 …………………………… 117

第五章 两则普罗米修斯神话 ………………………… 141

第六章 对神明与人类的看法 ………………………… 179

第七章 混交物种 ……………………………………… 208

结语:奥利斯的赫西俄德与卡尔克斯 ………………… 242

参考文献 ……………………………………………… 252

索 引 …………………………………………………… 268

# 中译本说明

文明始于神话。"神话"不只是故事,还是"神的话",也就是"神-学"(theo-logia),因而掌管神话的人也就具有"通天"之能,能够上通天意,下传神旨,所以最初的神话诗人往往也被视为"先知":

> 赫西俄德像先知预言家一样,拥有揭示"拿着羊皮盾的宙斯的思想"的能力。他的语言被称为真实(etētuma),在两个方面具有宗教本质:在向阿斯克拉(Ascra,赫西俄德的家乡,靠近赫利孔山)的农民阐释时,诗人赫西俄德既通过自己诗歌功能的宗教本质阐释,也通过土地上神圣的劳动者阐释。在赫西俄德的思想中,在土地上劳作完全是宗教职业。①

哲学兴起之后,神话诗人又被视为最初的哲人,因为他们是最初思考世界、宇宙、物性的人(亚里士多德《形而上学》984b)。当然,具有"后发优势"的哲人不大看得上人类童年时期的咿呀学语(《形而上学》993a)。哲学正是以颠覆甚至埋葬神话为手段才登上历史舞台的,所以哲学从一开始就没有吝啬过对神话的攻击,而柏拉图所谓"诗与哲学的古老论争"实在太古老,从有处便有了。

---

① 德蒂安,《古风时期的真理大师》,王芳译,北京:华夏出版社,2015,页66。

在哲学定型或僵化之后,早期神话诗人(乃至早期自然哲人)所宣扬的"宇宙论"通常就被视作"不彻底的突破"(incomplete breakthrough),完全无法与哲学的"存在论"比肩。据说,"只有在以色列和希腊,宇宙论形式才因在存在中的飞跃(亦即各个灵性神显事件和理智性神显事件)而彻底瓦解,并让位于新的符号化表达——启示和哲学"[1]。这大概也是西方思想史上的一般看法:从宇宙论到存在论的发展,乃是一种"飞跃"(leap)。或者换成另一个相似思维定式的表达,则可以说,哲学的存在论之于神话的宇宙论,乃是一种"进步"。

但这种数千年的定论最近却遭到了强烈的抵抗,身处危机和苦难中的人们痛定思痛之后发现,或许正是那种定论导致了现代的虚无和无家可归。于是,重新思考、反向评价、全面审视宇宙论,不仅是人文学科的热点,也在"科学界"引发了同样的思考。比如美国物理学家、数学家同时也是基督教传统派(Traditionalist School)人士史密斯(Wolfgang Smith,1930—),他就认为现代科学从培根以后就出现了天人相分、相隔甚至相仇的对立局面,而要重新回到"天人合一",则必须回复到传统的宇宙论,因为它更多地关注"质",它以存在的差序等级为基础,实际上乃是宗教的助手。[2] 史密斯提出要以"永恒宇宙论"(cosmologia perennis)来补充和支持"永恒哲学"(philosophia perennis),以此弥合天人、古今、身心等现代性的撕裂。

古代宇宙论也思考了后来哲学的一些重要问题,比如"真理"和"存在"等,而且这些古老的看法或许更有意思。对古人来说,

---

[1] 沃格林,《天下时代》,叶颖译,南京:译林出版社,2018,页387。

[2] Wolfgang Smith, *The Wisdom of Ancient Cosmology: Contemporary Science in Light of Tradition*, Oakton: The Foundation for Traditional Studies, 2004, pp. 11–13.

"存在"与"真实"紧密相关,只有真实(etumos)才配得上存在。存在不是抽象而干枯的术语,而是对"生生世界"(physis)的现实描述,甚至"真实"这个词都有可能来自εἶναι[存在],也只有这样的境界才称得上"在"。古典宇宙论对"存在"的这种理解,的确有可能让哲学家大吃一惊,正如 Jenny Strauss Clay 所说,

> 赫西俄德概述了缪斯的奥林波斯之歌的全部内容即人类种族(ἀνθρώπωνγένος,行 50),也就阐明了何谓 ta eonta[存在者]。把 ta eonta[存在者]与短暂易逝的人类事物相等同,这会令研究希腊哲学的人大吃一惊。在后来的哲学思想中,to eon,即存在(Being),乃是永恒的,但赫西俄德的ἐόντα却相当于生成(Becoming)。这一本体论上的重大转变,实际上是从对神谱观念的彻底探究中产生出来的:诸神这一永恒的存在何以能够形成?(本书,页 66)

"这一本体论上的重大转变"直接的后果,就是后人对"存在"一词无休无止的论证,柏拉图把它叫做"关于存在的巨人之战"。① 后来的海德格尔虽然对此大加赞赏,以为这是哲学的本职工作,② 但也有人清楚地认识到,这其实是"浪费精力与永无结果的僵局",③毕竟,古人早已把现代人珍而重之的"存在论"鄙斥为"玩弄

---

① 柏拉图,《智术师》246a – c 以及 248a,另参《泰阿泰德》156a – 157b,《蒂迈欧》52d。
② 海德格尔,《从莱布尼茨出发的逻辑学的形而上学始基》,赵卫国译,西安:西北大学出版社,2015,页 21。
③ 博伊 - 斯通,《赫西俄德与柏拉图笔下的哲学史》,见《柏拉图与赫西俄德》,罗逍然译,上海:华东师范大学出版社,2016,页 64。

辞藻"(terminology)而已。①

奥古斯丁试图以基督教的教义来反驳古代关于时间和运动的理论,但奥古斯丁的反驳恰恰表明"为什么从基督教的信仰出发,在理论上无法反驳古希腊的宇宙论"②。因为,古希腊的理论是一种世界观(Weltanschauung),可以"指点"和"显现",也就是可以言说和证明,与基督教的信仰完全是不同的话语系统,后者是对不可见的至高存在者的无条件信赖,不需要也不可能证明。因此,在希腊人看来,极端迷信的不是古人,而是现代人,因为现代人的"进步"观念"是违背宇宙秩序的,是与宇宙秩序背道而驰的",③因而是渎神的。换言之,对理性的迷信其实远不如对超越性的神明、自然或天道的"迷信"来得更堂正和高尚。如果我们能够体会到,古典时期以宇宙为中心,中世纪以神为中心,现代则以人为中心,大概高下立现。④

在古人看来,宇宙是神明和人类共同的社会,人性相亲相共的基础和纽带便在于理性,人与神是世界上最高的存在物,因为他们所具有的理性是最高的能力。⑤ 因此,"古代人以及中世纪的一些人把星空当做'可见诸神'的聚会,从而对之怀有敬畏感",这很难说是迷信,因为"我们除了把独立于生命短暂的人的存在领域,同唯一的普遍精神的行为联系起来,别无选择。……由于人是小宇宙,

---

① J. G. von Herder, *Philosophical Writings*, Trans. M. N. Forster, Cambridge University Press, 2012, pp. 17 – 18.
② 洛维特,《世界历史与救赎历史》,李秋零、田薇译,北京:商务印书馆,2016,页197。
③ 洛维特,《世界历史与救赎历史》,页247。
④ 施特劳斯,《古典政治理性主义的重生》,郭振华译,北京:华夏出版社,2011,页315–316。
⑤ 西塞罗,《论神性》2.133,《论义务》2.11,《论至善》3.64。

而存在本质,诸如物理存在、化学存在、生命存在、精神存在等都在人的存在中遭遇和切合,所以,从人身上也可以得出大宇宙的最终原因来。因此,人的存在既是小神(Mikrotheos),也是通向上帝的首选途径"①。

既然宇宙论在现代思想中越来越受到重视,那么,素以宇宙论为基础的中国思想是否就迎来永恒轮回的春天了呢?据国外研究者说,"探究统一的世界观以支持一种天下的政治统一,在东西方'轴心时代'的末期是共同的。中国几乎立即找到了解答方案,这正是它导致稳定性与一体化(integration)的征候,而西方的解决却被延迟而且只是局部的解决"②。且不说这种评价是否恰当,但中国数千年均以"象数思维"著称,"仰则观象于天,俯则观法于地,……近取诸身,远取诸物",的确是最"正宗"的宇宙论。但中国思想究竟能够为全球范围内根本性的"文艺复兴"作出什么贡献,还是一个需要仔细讨论的问题,更是需要我们付出努力的方向。

程志敏

2018.9.4 于海甸岛

---

① 舍勒,《哲学的世界观》,曹卫东译,见刘小枫编,《舍勒选集》,上海:上海三联书店,1999,页1066。另参舍勒,《德行的复苏》,见《舍勒选集》,页729。

② 葛瑞汉,《论道者——中国古代哲学论辩》,张海晏译,北京:中国社会科学出版社,2003,页359。

# 序

　　这项对《神谱》和《劳作与时日》的研究，主要目的是打算为有关赫西俄德的学术争论聊尽绵薄。同时，笔者也尽力让学生以及对赫西俄德作品知之不多但有兴趣的读者能够理解本书。为达此目的，笔者直接从赫西俄德著作中翻译出引文，避免学术争议和圈内行话。笔者发现，不可能用上如概念化、主题化、问题化之类的语汇。对于这一点不足之处，切望同仁理解。本书前两章主要是两部诗歌的概览，因而可以视为赫西俄德作品的一般性介绍。第三章（论缪斯）、第六章（论赫卡忒）以及第七章（论怪物）中的一些小节，是笔者先前发表文章的部分修订版（Clay, 1984, 1988, 1993a, 1993b）。笔者在注释中向前人著作致意，既有认同、也有不认同之处，读者可以略过这些注释。笔者也尽力让这些注释清楚易懂，而不是像传统做法那样，录入我认为尤其恰当且有说服力的特定引文。

　　某次鸡尾酒会，有人曾问笔者手上在研究什么。我向其勾勒完本书的框架后，突然意识到可能已经写出了拙著的书评："她的分析有时饶有兴味，却因一些根本的缺点而不无瑕疵：她认为赫西俄德故意让人不可捉摸，且思想一以贯之，而这与我们对这位来自阿斯克拉地区农民所了解的全然不是一回事。"然而，最近的学术研究表明，重新把赫西俄德的作品当做一个整体来研究的时机已经成熟了。καὶ τοῦτο μὲν δὴ ἕξει ὅπη ἂν ἡ φήμη ἀγάγῃ[这取决于言论把它引向何处]。①

除非特别标示,所有希腊文的翻译都出自笔者之手。本书自始至终采用韦斯特(M. L. West)的牛津版编本(《神谱》1966 年、《劳作与时日》1978 年)。若有异见,均出注说明。海奇(E. Heitsch)所编"研究之路"(*Wege der Forschung*)丛书中重印的有关赫西俄德的研究文章则采用该卷页码。

---

① [编者按]作者只给出了希腊语,没有给出相应的英语翻译。经查,这句话出自《王制》(又译《理想国》)415d6。

# 致 谢

此项研究酝酿甚久，堪比大象的孕期。本书受惠于诸君，其中有些人并不知情（因此就研究结果而论，他们无可訾议）。这项研究始于法国社会科学高等研究院（Ecole des Hautes Etudes）开设的德蒂安（Marcel Detienne）研讨会上的系列讲座。得益于怀特海（Whitehead）教授的支持，笔者在美国驻雅典古典研究所展开了为期一年的研究；在此期间，当兰登（Merle Langdon）硬拉着我直达阿斯克拉的旧址时，笔者深感德性之路的艰难险阻；而游历位于拉吉纳（Lagina）的赫卡忒神庙亦属坎普（John Camp）的伊奥尼亚之旅的一部分。笔者同样感谢美国国家人文基金会、奥纳西斯基金会和弗吉尼亚大学的资助。雅典大学、伯克利大学、柏林大学、剑桥大学、芝加哥大学、克里特大学、北卡罗来纳大学、锡耶纳大学、斯坦福大学和乌尔比诺大学也为这一研究项目提供了帮助。诸君在不同场合的评论和建议都对成书助益不小。弗吉尼亚大学古典学系的同仁，尤其是系主任米勒（John Miller），营造了一个良好的学术氛围。克莱（Diskin Clay）仔细阅读了此前的数稿。巴罗尔斯基（Paul Barolsky）和斯坦（Roger Stein）则充当了普通的读者，但所做远超于此。后者抱着极大的耐心，给予笔者持续不断的鼓励。首先，笔者要感谢多年来研讨班上所教授的学生们，此书亦献给他们。在这些学生中，笔者必须特别提到与门德尔松（Daniel Mendelsohn）、纳帕（Chris Nappa）、史密斯（Steve Smith）之间的友谊，以及莱德贝特

(Grace Ledbetter)、曼金(David Mankin)、里奥斯(Jo‑Anna Rios)和斯托达德(Kate Stoddard),正是他们对赫西俄德的思考为笔者贡献了源源不断的见解。最后要感谢剑桥大学出版社的文字编辑摩尔(Susan P. Moore),感谢她对待稿件一丝不苟的态度。当然,文责自负。

《劳作与时日》的译文翻印自阿塔纳萨基斯(A. N. Athanassakis)的《赫西俄德:〈神谱〉〈劳作与时日〉〈赫拉克勒斯之盾〉》(*Hesiod Theogony*, *Works and Days*, *Shield*)(巴尔的摩:约翰·霍普金斯大学出版社,1983年版)。笔者感谢出版社允许引用。

# 缩略语

A&A 《古代与西方》(Antike und Abendland)

AAHG 《古典学指南》(Anzeiger für die Altertumswissenschaft)

AAN 《那不勒斯国家科学、文学与艺术协会·道德与政治科学研究院院报》(Atti della Accademia di Scienze morali e politiche della Società nazionale di Napoli Scienze, Lettere ed Arti di Napoli)

AJPh 《美国语文学杂志》(American Journal of Philology)

CA 《古典时代》(Classical Antiquity)

CJ 《古典文化杂志》(Classical Journal)

CPh 《古典语文学》(Classical Philology)

CW 《古典世界》(Classical World)

DK H. Diels 与 W. Kranz(合编),《前苏格拉底哲学家辑语》(Die Fragmente der Vorsokratiker),第5版,柏林,1934

EC 《古典学研究》(Etudes classiques)

GGA 《哥廷根博学手册》(Göttingische Gelehrte Anzeigen)

GR 《希腊与罗马》(Greece and Rome)

GRBS 《希腊、罗马与拜占庭研究》(Greek, Roman and Byzantine Studies)

Heitsch E. Heitsch(主编),《赫西俄德》(Hesiod),达姆施塔特,1966

| | |
|---|---|
| HSCPh | 《哈佛古典语文学研究》(*Harvard Studies in Classical Philology*) |
| JHS | 《古希腊文化研究杂志》(*Journal of Hellenic Studies*) |
| LSJ | H. G. Liddell 与 R. Scott 等(合编),《古希腊语-英语大辞典》(*A Greek - English Lexicon*),第10版,牛津,1996 |
| MD | 《古典文本解读材料与研究》(*Materiali e discussioni per l'analisi dei testi classici*) |
| Métier | F. Blaise, P. Judet de la Combe 与 P. Rousseau(合编),《神话之艺:赫西俄德绎读》(*Le Métier du mythe: Lectures d'Hésiode*),里尔,1996 |
| MH | 《瑞士博物院》(*Museum Helveticum*) |
| M - W | R. Merkelbach 与 M. L. West(合编),《赫西俄德辑语》(*Fragmenta Hesiodea*),牛津,1967 |
| PCPhS | 《剑桥语文学协会会刊》(*Proceedings of the Cambridge Philological Society*) |
| PMG | D. L. Page(主编),《希腊抒情诗人》(*Poetae Melici Graeci*),牛津,1962 |
| PMGF | M. Davies(主编),《希腊抒情诗人辑语》(*Poetarum Melicorum Graecorum Fragmenta*),卷一,牛津,1991 |
| PP | 《往事评论》(*Parola del passato*) |
| QUCC | 《乌尔比诺古典文化札记》(*Quaderni Urbinati di Cultura Classica*) |
| RE | G. Wissowa 等(合编),《大保利古典学百科全书》(*Paulys Realencyclopädie der classischen Altertumswissenschaft*),斯图加特,1894 |
| REG | 《希腊研究评论》(*Revue des études grecques*) |

| | |
|---|---|
| *RhM* | 《莱茵博物院》(*Rheinisches Museum*) |
| *RHR* | 《宗教史评论》(*Revue de l'histoire des religions*) |
| *RMM* | 《形而上学与伦理学评论》(*Revue de métaphysique et de morale*) |
| *RPh* | 《语文学评论》(*Revue de philologie*) |
| *SO* | 《奥斯陆符号》(*Symbolae Osloenses*) |
| *SIFC* | 《意大利古典语文学研究》(*Studi Italiani di Filologia Classica*) |
| *SMSR* | 《宗教史研究与材料》(*Studi e materiali di storia delle religioni*) |
| *TAPhA* | 《美国语文学协会会刊》(*Transactions and Proceedings of the American Philological Association*) |
| *WJA* | 《维尔茨堡古典学年鉴》(*Würzburger Jahrbücher für die Altertumswissenschaft*) |
| *YClS* | 《耶鲁古典学研究》(*Yale Classical Studies*) |

# 导　言[*]

[1]当前的研究可视作对笔者早年间从事有关荷马(Homer)与荷马颂歌(the Homeric Hymns)工作的补充。此处，笔者的研究进路与重心也与之类似：考察我所谓的早期希腊神学。笔者所谓的希腊早期神学考察，意指对下述作品所固有的思索，这些作品涉及神人之间的关系，以及这些关系随着时间推移发展至今的演变过程。与其他的古代社会不同，推动古希腊人神学发展的并非祭司或僧侣，而是诗人。相应地，诗人们并未阐发教义或宗教信条，而是讲述了关于诸神的神话，以及远古英雄壮举。英雄史诗描述的是半神的活动，他们生活在一个先于我们的时代，与诸神的关系更加亲密。而荷马颂歌则追溯了自宙斯成为众神之王后奥林波斯神族的发展过程。《神谱》从宇宙初创一直讲到宙斯登基，《劳作与时日》则诉说了我们所生活的黑铁时代，借此，赫西俄德谱写出了诸神与凡人的神话史。

因此，这两部诗歌成了一个由早期希腊六音步叙事诗(epos)所构建的更大整体的组成部分。尽管两部古体叙事诗(epos)风格迥异——一为叙事类，一为非叙事类，但却呈现出一幅关于人类如何看待神明和彼此之间关系的浑然一体的图画，这一点对人类理解宇

---

[*]［译按］书中出现的《神谱》和《劳作与时日》引文的翻译借鉴了吴雅凌的译文（中文见《劳作与时日笺释》，北京：华夏出版社，2015；《神谱笺释》，北京：华夏出版社，2010）。另外，注释中德文和法文的翻译得到了弗莱堡大学黄钰洲博士等友人的帮助，在此一并致谢。

宙及自身在宇宙中的位置而言不可或缺。

赫西俄德的两部诗歌皆不过千余行,却囊括了宇宙从开端到结束的演变过程。《神谱》记述了宇宙与诸神的起源,并以宙斯完成对宇宙的终极和永恒的秩序安排收场;《劳作与时日》则劝诫恣意妄为的兄弟佩尔塞斯(Perses),如何在宙斯治下的世界中最好地生活。很明显,两部诗歌息息相关,并在一定程度上互为补充;[2]它们分别从神明的视角和人类的视角来认识宇宙。倘若将《神谱》与《劳作与时日》合起来看,它们或许在希腊人关于永恒重大的问题方面,为我们提供了最早的经久不衰且系统的反思,而这些问题至今仍困扰着我们:人类与那些强大的神明之间具有何种关系?我们赖以生存的世界对人类生活是友善的、敌视的还是冷漠的?人类在这样的世界中应当如何生活?

赫西俄德关于上述问题的见解,极大地影响了整个古代世界,但他的受挫同样无可避免,因为同时代的伟大诗人荷马令其黯然失色。赫西俄德笔下没有《伊利亚特》中打动读者的伟岸英雄,也没有奥德修斯式的引人入胜的传奇历程;但正是由于他对自身思想的阐释更加系统,并且刻画了一个后英雄的世界,更易受到今人关注。此外,赫西俄德视野之广博——大到混沌卡厄斯(Chaos)小到生活琐事(nail-clippings)——在古代文献中无出其右者。总之,当前的研究致力于探讨《神谱》和《劳作与时日》之间的互补关系,进而接受赫西俄德对神明与人类的秩序的认知。

笔者认为,在谈及赫西俄德时,必须直面某些成见,这些成见妨碍了我们对其成就的公允评价。首先,人们觉得赫西俄德有点儿乏味无趣。《神谱》中堆砌着纷杂的神名,间或穿插些意义模糊的离题话和人物塑造寥寥的叙事。同样,《劳作与时日》则呈现为一连串的神话、寓言、谚语和箴言,当然也夹杂着一些农事与航海方面的准则。尽管近来的学术研究业已开始改变上述看法,但赫西俄德乡野村夫式的形象,依然印刻在大多数评论者脑中:来自波俄提亚(Boeotia)的穷乡僻壤,虽借着缪斯赋予的灵感而歌咏,却无论如何也摆脱不了粗鄙的乡土智慧。①即便他们承认赫西俄德偶有辩才甚或见解深刻,这些评论者仍坚信,由于他关注立竿见影的效果,因此每次都只全神贯注于一件事。倘若忽略诸如此类的成见,并企图证明存在着一致的规划,将这些诗统合成一个既深思熟虑又精巧微妙的连贯整体,那或许会招来质疑。

尽管如此,我们仍然尝试去恢复赫西俄德的诗歌在古代曾长期享有的那种声誉。接下来笔者将表明,赫西俄德的宇宙图景第一次系统地说明了神明与人类的宇宙本源,以及存在(Being)和生成(Becoming)的本质。[3]因此,诗人如雅努斯一样(Janus-like)②,一方面综合了早期传说,另一方面也为前苏格拉底哲学家,特别是帕默尼德(Parmenides),恩培多克勒(Empedocles)及赫拉克利特(Heraclitus)的思想铺设了道路。③赫西俄德业已为这些哲学家们所思虑的问题勾勒出了大致轮廓,故而实际上可以认为,正是赫西俄德第一次奠定了[哲学上]论辩的基调。这一点同样适用于希腊肃剧家们,尽管他们风格各异,但在处理神人关系这一根本问题时,也大都在赫西俄德所建构的框架之内。由此观之,赫西俄德被后来的

---

① 为了破除这些旧有的成见,笔者有意选取了莫罗(Gustave Morean)极为震撼的赫西俄德肖像画作为封面插图。
② [译注]雅努斯(Janus)为罗马门神和保护神,一前一后长着两张面孔;它是起源神,执掌入口与出口,即开始与结束,象征着一切矛盾的事物,因此有"双头雅努斯"之称。
③ 笔者打算在以后的研究中处理赫西俄德与前苏格拉底哲学家的关系问题。有关该问题的研究固然很多,但大多立基于赫西俄德的"原始的"或前哲学的思维方式。

希腊人视为希腊思想史中关键人物的这项名望，就理应得到恢复。

笔者认为，无法完全回避掉赫西俄德的传统性与独特性——换言之，赫西俄德（作品）中属于赫西俄德的东西（das Hesiodische bei Hesiod）——这一棘手的问题（随之而来的问题，即赫西俄德与荷马的关系以及赫西俄德与史诗传统之间的关系，将在结论部分探讨）。我们能否从赫西俄德开创性的贡献中，辨识出有多少受惠于前人？或者说，这样的提法本身就建立在一种错误的二元对立基础上？与荷马相比，赫西俄德最常被视为希腊文学中第一个发出个人声音的作家，亦即一位向读者透露个人生平，并且其诗歌创作也受到自身际遇影响的诗人。①

近来，随着传记分析法的式微，新的研究路径开启了。一些新近研究者认为，教谕诗传统在赫西俄德那里开始形成，并把他本人的声音理解为此项传统内部的常见形式。②真相很可能就在这些不同观点中的某处，不过就我们的目的而言，这无关紧要。因为只需说，我们聆听到的声音是基于文本自身的目的而构建的，这就足够了。③笔者会继续把那个声音说成是赫西俄德，亦即他赋予自己的那个名字。④
[4] 即便自古风时期以来就缺乏类似的作品，但就此断言《神谱》和

---

① 譬如参见 Frankel(1962)页 104-106；Arrighetti(1975)。关于近来对传记法的重申，参见 Stein(1990)页 6-54，他把赫西俄德个人声音的出现同作品的序曲联系在一起。

② Cf. Nagy (1990) 47-82; and Lamberton (1988) 1-37.

③ Cf. Griffith (1983).

④ Nagy(1990)页 47（另参 Nagy[1979]页 296-297）视之为一个通用的和传统的名字，从词源上应理解为"发出声音的人"，而非一个人的姓名。否则，任何以'Hσι-打头的名字（如 Hesione、Hesioneus、Hesidoros 等）就都需要解释。Meier-Brügger(1990)细致研究了各种释意，并指出这个名字的意思是"享受旅途的人"。对很多学者而言（参见最近的 Arrighetti[1998]页 313），赫西俄德给自己取的名字仍然首先代表了作者"我"，但 Nagy 及其支持者却认为

《劳作与时日》是无中生有的创造,未免草率。近东与印欧各自的神话传说和宇宙进化传说的对比研究表明,在涉及诸神与人类的演化问题上,存在着与赫西俄德作品中的素材惊人的相似之处。①

同样,这些素材在希腊本土经过了部分修改,其中或许最为重要的是,宇宙进化论同它一直在近东地区新年节庆中扮演的那种仪式作用相分离。②此外,在有关种族的金属神话中插入英雄时代,似乎也是一种希腊式创新。离赫西俄德更近甚至就是其同时代人的荷马,提供了关于宇宙进化传说既类似又相矛盾的初步认识。就《神谱》而言,可以颇为肯定地说,赫西俄德使用的大量甚或绝大多数素材都由来已久,特别是他对天庭继任神话(the myth of succession)的叙述以及熟悉的神明崇拜谱系。既然荷马与赫西俄德都间接提及了其他的神谱传说,那就有充分的理由假定,存在着一类成熟的神谱诗。③

因此,我们无法断言赫西俄德发明了某位特定的神明或某条特定的谱系,甚至他笔下诸多拟人化的抽象概念,如不和女神(Strife)与和平女神(Peace),或许都并非他的创新,因为它们在荷马的作品

---

这个名字意指某种传统诗歌的表演者。无疑,每一位在观众面前演绎赫西俄德诗歌的歌者都会装成赫西俄德的样子,这位[假扮的]"赫西俄德"也可能在他的诗中创造出那样一个人物形象,但没有必要全盘否定这些作品的创作者的历史真实性。

① 有关近东神话的相似之处,参见 West(1997)页 276-333 所撰概要,以及对他所编诗歌版本的介绍。

② Naddaf(1986)认为,宇宙进化论的去仪式化成为从周期循环向线性时间发展进程中的关键因素。

③ 参见《赫耳墨斯颂歌》(Hymn to Hermes)行 426-433,赫耳墨斯用一首神谱之歌迷住了阿波罗,这首歌同样讲述了诸神的有序降生,以及他们各自所获的份额。

中都有先例。事实上人们只能说,赫西俄德的功绩就在于,他将过往的神谱传说融入自己的诗中,使之成为权威,从而加速了早期或其他的神谱版本的消亡。追求完整性和普适性或许的确是《神谱》最显著的特征,由此它综合了各种当地的传说和神谱,使之成为一部泛希腊的 epos[叙事诗]。①

即便我们将赫西俄德的大量素材归于早期传说,也依然——带着应有的谨慎——能够从对这些素材的系统编排和处理中看到他的作用。因此,在分析《神谱》的过程中,笔者将特别留意这首诗中的某些重要瞬间,我称这些重要瞬间为节点(nodal points),这些节点使我们能够发现赫西俄德在谋篇布局时作出的关键选择。

[5]同时代类似作品的缺失,使得评价赫西俄德在《劳作与时日》中的个人贡献变得更为艰难,尽管大多数人认为,《劳作与时日》比《神谱》更具"个人色彩"。然而,这首诗的戏剧场景的部分元素,甚至赫西俄德自我表达的某些方面,可能具备了一种既存的教谕体裁的诸多传统特征。韦斯特关于"智慧文学"②的目录记载了这类说教和教谕式作品在近东及更远地区的广泛传播;③但应当指出,韦斯特的例子无一描述了一种同赫西俄德兄弟间的极为相似的关系。与赫西俄德风格更加接近的是某些篇幅较长的荷马式讲辞,这些讲辞,如同赫西俄德之于佩尔塞斯的劝诫,具有说教的(paraenetic)目的,它们频繁运用相似的修辞手段,如神话、讽喻、寓言和箴

---

① Cf. Nagy (1990) 37–47;and Clay (1989) 9–10。
② [译注]"智慧文学"(Wisdom Literature)是古代近东地区普遍存在的一种文学体裁,由于它主要涉及圣人和智者有关神明和美德的教导,因此,其主要形式为格言、谚语、诗歌、教谕等。
③ West(1978)页3–25;更多的近东地区的类似作品参见 West(1997)页306–331。

言(gnomai)。①此外,假设存在一类历法诗的传统似乎也完全说得通,就像我们在赫西俄德的农事"历书"(almanac)及时日(the Days)表中所发现的那样;甚至可能早就有了把谚语和格言进行诗化表达的作品集,如果不考虑形式上的诸多差异,《忒奥格尼斯诗集》(Theognidea)就是最接近这类体裁的希腊作品。同样,《劳作与时日》独特的赫西俄德式特征,与其说在于这些素材本身,不如说在于赫西俄德对传统素材的精心安排与处理,以及在讲述者与听众之间所呈现出的或虚构或真实场景的独特性。

由此可以说,《神谱》和《劳作与时日》在结构与内容上的巨大差异显而易见。当然,学者们业已认识到了这些差异,并普遍采用一种进化的或历时性的理论模型来解释它们,进而强调赫西俄德的诗歌经历了从更加"传统的"《神谱》到更加"个性化的"《劳作与时日》的发展过程。此种解释法,鉴于其详细描述了古风时期的"心智的发现"或"个体的崛起",因而与长期统领早期希腊诗歌研究并仍具影响力的一种更大的解释体系相吻合。有学者认为,从赫西俄德早期与晚期的诗歌中,能够发现其世界观的变化。譬如,在《神谱》中,赫西俄德积极颂扬王爷们,到了《劳作与时日》中却敌视他们,这种态度上的转变与他从王爷那里获得的个人感受有关。②
[6]基于上述解释进路的一种复杂变体,最近有位评论者主张,赫西俄德最重要的创新之一源于他强调两部作品之间的时间进展,通

---

① 参见 Martin(1984)页29-48。Arrighetti(1998)页376-378支持Erga[劳作]的非传统特征。

② 有趣的莫过于Meyer(1910)页483注释25的评注,他将赫西俄德对女性看法的变化追溯到其婚姻经历:"在他年轻时,因为贫困,他的妻子凶狠地折磨他……当他年老时,他妻子不再盛气凌人,而他也已成为生活富足的农民,他的婚姻似乎变得非常幸福了。"

过在《劳作与时日》中对《神谱》的间接提及或"修正",赫西俄德引起人们对这一时间进展的关注。①的确,《劳作与时日》提到过《神谱》,因此在创作时间上要晚于后者,但这并不必然得出结论说,年迈的赫西俄德纠正了自己的早期观点,或修正了年轻时的错讹。实际上,赫西俄德在《劳作与时日》中似乎自鸣得意地暗示,《神谱》是一部曾为其赢下一场诗歌竞赛的作品(行656-659)——故自我否定一说几乎无从谈起。

对于两首诗之间的关系,笔者相信同样可以设想另一种更具说服力的阐释:一种共时性的观点认为,两首诗总体上相异,但从根本上说却互补和共存。人们通常认为,《神谱》之于《劳作与时日》如同《伊利亚特》之于《奥德赛》,尽管彼此风格迥异。为了简化这一等式,可将赫西俄德的两部作品视为一个有机整体的两个部分,就仿佛一幅双联画(diptych),互文见义。因此,我们既不探讨诗人究竟只是纯粹提及还是修正了早期学说,更不涉及他是否尝试在两部作品间构建一种时间上的进展。相反,我们将会发现一种更费解、更复杂和更有趣的关系,只有它才真正配得上那种虽使用频繁却极少运用准确的互文性的标签。②或许可以设想,赫西俄德一开始就把两首诗设想成一幅双联画,在创作其中一首时会比照另一首不断地修订和重写。③因此,《劳作与时日》间接提及《神谱》时,既突显

---

① Most(1993)页76:"就尝试在以他名义发表的文本之间建立一种明确的和必要的时间上的继承性——作为对他含蓄地宣称在个人发展方面的时间上的继任性的表达——而言,赫西俄德似乎不仅是第一位,也是最引人注目的代表之一。"

② 该术语似乎为Kristeva(1969)所创。另参Genette, *Palimpsestes*(1982)页8。

③ 参见Masaracchia(1961)页220:"当诗人创作《神谱》时,他显然已经完成了全部作品的构思。"

了两首诗的差异,又强调了彼此之间的关联,同时也让它们相异却互补的视角浮出水面,而这两种视角必然应纳入一个更大的整体中。

此种互文性的完美例证和典范出现在对厄里斯(Eris)学说的"修正"中,亦即《劳作与时日》开篇这一醒目的位置:

[7]因此不仅只有一位不和女神,
在大地上,实际有两位。(《劳作与时日》行 11 – 12)

在《神谱》中,作为夜神(Night)之女的厄里斯,加速了诸神之间的代际冲突与暴力行为,直至提坦之战(Titanomachy)中达致顶峰。随后,宙斯通过创制伟大的冥河斯梯克斯(Styx)之誓,借以压制厄里斯及其可怖后代带来的恶劣影响,这一做法杜绝了日后诸神间危险冲突的爆发:

当不朽的神明之间发生争斗和冲突,
或奥林波斯的任何一位神明说谎时,
宙斯便派伊里斯送去诸神的重大誓言。(《神谱》行 782 – 784)

接着,伊里斯取来冥河之水,众神借此发下重大誓言,赫西俄德称之为"诸神的巨大祸根"(行 792)。因为倘若哪位神明背弃誓言,就会陷入赫西俄德所谓的"邪恶的昏迷"和神志不清(nousos)的状态;同时,这位神也会被驱逐外放九年,切断与其他神明的一切联系;直到第十年才能重返神的行列。这一机制确保争执与欺诈在神界得到控制;自此,争斗与冲突皆无法危及奥林波斯秩序的稳定。在宙斯治下,不和女神只具备消极的品质。① 曾在天神中贻害颇深的不和女神,如今的权能仅限于人间,对宙斯的秩序构不成进一步的威胁。

此外,《劳作与时日》中那个居于尘世并鼓励人类相互竞争的有益的厄里斯,也只对人类产生影响,因为当"生活惬意"的神明不像人类那样面临资源短缺时,又有什么相互竞争的必要呢?因此,两首诗之间并无自相矛盾之处。②《神谱》对厄里斯的刻画谈不上错误,只是不够全面而已。[8] 唯有从神明与人类的双重视角出发,才能充分理解厄里斯。

有关这两位厄里斯的诗句位置醒目,因此从一开始就令读者注意到,两首诗必须被同时理解为一个更大整体的互补部分。厄里斯的分裂表明了赫西俄德全部作品(oeuvre)的内在统一。

另举一例,当赫西俄德在《劳作与时日》中为读者讲述了另一个版本的普罗米修斯故事时,他并未修正或否定其早期观点;相反,他希望读者意识到存在两个版本,并且承认它们之间的相似性和差异性,以及它们在两首诗中的不同语境和功能。只需指出一个方面的差异就够了:普罗米修斯的故事在《神谱》中居于中心位置,而在

---

① 与爱若斯一样,厄里斯先于宙斯出现,在促成神明继位方面发挥着更加含混不清的作用。

② Stein(1990)页 28 谈到赫西俄德纠正了自己的错误。参见 Wilamowitz(1985)页 43:"这位厄里斯只在人间起作用,在神界则无所事事。" Bravo(1985)页 711 否认《劳作与时日》中的诗句以任何方式影射了《神谱》,因为"在《神谱》中,除了当前被讨论的简短诗行外,不和女神厄里斯并未扮演任何角色[!]"。荷马史诗自然注意到那位好的厄里斯:人们会想到《伊利亚特》卷二十三的葬礼竞赛,也会想到瑙西卡(Nausicaa)与侍女的浣衣 eris[比赛](《奥德赛》6. 92),以及奥德修斯向求婚者欧律马科斯(Eurymachus)发起的挑战 ἔρις ἔργοιο[农事竞赛])(《奥德赛》18. 366 - 375)。

《劳作与时日》开篇不久就出现了；这则神话的位置摆放与作品各自的情节密切相关。反之，正义（Dike）是《劳作与时日》的中心问题，这在诗歌开篇就体现得尤为明显，但直到《神谱》靠近结尾处（行902），正义女神才以宙斯女儿的身份姗姗而来。[①]最后，《劳作与时日》通过影射赫西俄德曾依靠缪斯开启其咏唱之道（行658－659），将两部作品联结起来，进而引导读者去思考缪斯在每部作品中所发挥的不同作用。因此，倘若我们承认两部作品的互文性，那么，它们之间大量的关联点与对照点则可作互参式解读。

《神谱》记述了诸神的起源和其他支配宇宙的永恒力量，并在宙斯建立了恒久的秩序时达致巅峰，这一秩序覆盖了光明的奥林波斯与幽暗的冥府。《劳作与时日》则探究了早先及宙斯治下的人类，在大地上的生存状况：凡人注定短寿，过着面朝黄土背朝天的生活，作物"靠天收"，流光易逝且命运无常。换言之，为把握赫西俄德宇宙之全貌，我们必须考察两首诗的关系，尤其是将它们系于一体的相似性和互补性。

[9]当前的研究着眼于赫西俄德两部诗歌的文本。当然，许多有价值的问题本书尚未涉及：譬如，赫西俄德就其所处的历史文化环境，以及他的诗歌与口头作品/书面作品的关系，能够传递给读者哪些信息。笔者认为，只有分析了文本本身后才应提出上述问题，因为过早回答这些问题，很可能不利于读者对赫西俄德所言的真实性作出判断。但笔者相信，我的实质性论证并不会妨碍口头传统者和文本诠释者对此的接受或拒绝。而历史学家们，无论其关注素材、文化还是古代宗教或思想（mentalités），同样会发现笔者的解读与他们关注的问题相一致。无疑，笔者的研究方法受结构主义分析

---

[①] 参见 Verdenius（1962）页166－167讨论中的争议性评论。

法影响颇深,很大程度上是由于希腊人(不妄言其他民族)把他们对于世界的观察建立在二元对立的基础上,尤其是笔者最关注的神明与凡人之间的二元对立。但在着眼于深层模式时,结构主义往往忽视线性的和叙事的运动,而它的重要性在《神谱》中不言自明,当然,正如笔者将尝试表明的,它对于理解《劳作与时日》同样重要。鉴于笔者的注意力集中在诗歌本身,因此既未涉足赫西俄德生前及死后(Vor – and Nachleben)的广阔空间,亦未采用精神分析或解构主义方法,阐明潜在的或无意识的含义。故本书只谈有意识的含义和作者的意图。

有人称笔者为毫不掩饰的意图主义者(intentionalist),但我自认较为含蓄。没有理由认为文本及其创作者不打算传达些什么信息,笔者亦难认可意图不可传达这样的论断。尽管在理论与实践层面阻碍重重,获取作者意图的尝试仍具价值。因为这样做至少能够缓解"六经注我"之风。此外,笔者确信含义存在于形式中。因此,笔者对赫西俄德诗歌的分析集中在内在互文性(intratextuality)方面,亦即"部分如何与部分、整体及缺漏相互关联"①,同时也关注文本中的跌宕起伏与明显矛盾之处。在有史以来对赫西俄德的评论中,文中诸多的不连贯与不一致之处一直被视为文字插补和结构紊乱所致,或者归咎于诗人的粗枝大叶、欠缺精确性和拙劣的修补,甚至归咎于诗人"见树不见林"的短视。[10]因此笔者建议,对于这些问题重重的段落,理应重新审视;它们或许能带领我们通向新的视角,并引导我们去修正既有的理解。

---

① Sharrock(2000)。作者的意图出现在页10注释19。倘若如Sharrock主张的那样,所有的(但肯定不是所有的)解读都不可避免地区分了部分和整体,并且追求统一性,那么,并不能据此认为这些系作者的意图。

从古代评注者到当代女性主义读物,笔者受惠良多,这些既有研究的观点于本书各处皆有所彰显。无疑,只要是自认为有用的、有说服力的甚或容易引发争议的观点,笔者都广泛地借用、吸纳和综合了。但自始至终,笔者的首要目的是严肃对待赫西俄德,把他视作一位思想家和诗人,并揭示我们究竟能够发现哪些丰富而又深刻的见解。

本书前两章概述了两部诗歌的内容,进而为不精熟赫西俄德作品的读者提供了基本的引读(orientation)。但同时,笔者并不仅仅停留在对它们的组织原则作概括式的揭示,而是尝试追溯它们从开头到结尾的动态进程——实际上,这也是我们最初接触到它们时所看到的样子。这一总体上的引读之所以显得格外必要,是因为相关研究通常只聚焦于少数几个著名段落:《神谱》序歌、普罗米修斯故事和人类种族神话。当然,笔者在本书后续章节亦会给予这些段落持续的关注,但前提是它们在总体框架中的位置被确立后。

《神谱》的谱系框架或多或少决定了其结构,如同一代接着一代。然而,叙事部分的编排,尤其是贯穿于继任神话中的谱系进程的反复中断,以及明显的离题话则揭示出,它们的重要性只能存在于整体的语境中。而《劳作与时日》貌似松散的结构,则令线性分析变得至关重要。至此,《劳作与时日》空间焦点的逐步缩小才得以显现:从作为政治实体的更大的共同体到农田,再到家庭(oikos),以及最终到有缺陷的人类躯体。我们也暂时从四季与月份分明且周而复始的一年,进入模糊不详的时日。

第三章的主题是,《神谱》和《劳作与时日》的序歌,以何种方式表达了神明与人类对宇宙的认识。它们的一般性差异——前者类似于颂歌,后者则具有祷文的特点——暗示了它们各自不同的结构框架。第四章考察了人类起源的不同说法:第一种彰显于种族神话中;第二种则隐含在神谱的框架中,以及它们之于各自所属诗篇的意义。随后,笔者着眼于赫西俄德的普罗米修斯故事的两个版本。这两个版本尽管表面上相似,但各自的叙事手法却揭示了看待神人关系的不同视角。[11]对《神谱》中的人类角色以及《劳作与时日》中诸神角色的审视(章六部分),进一步阐明了这些错综复杂的相互关系。为完成这一构成赫西俄德的宇宙的复杂结构的研究,笔者在末章中着手处理两类混交物种的问题:一为怪物,它们身上体现了神与兽的怪异混合;二为英雄,这些神人结合的后代,属于一个先于我们人类的时代。在此章中,笔者亦对归在赫西俄德名下的残本《列女传》(*Catalogue of Women*)作了零星讨论。而英雄的出现则引发了赫西俄德与英雄史诗之间的关系问题,该问题在结论部分有所涉及。

赫西俄德的宇宙囊括了神明的与凡人的、永恒的与易逝的;正如神人之间是相互依存和彼此互补,因此,《神谱》和《劳作与时日》折射出神明与凡人对形成赫西俄德 cosmos epeon[言辞中的宇宙]的那种整全的认知。

# 第一章 引读:《神谱》

[12]每位神源自何处,他们是否一直存在,各自职司为何,直至近日,或可说直到昨日,希腊人才对此有所知晓。赫西俄德与荷马……为希腊人创建了神谱,为诸神定名,并辨清各自的荣誉和本领,描绘了他们的容貌。

(希罗多德 2.53.1–2)

当然,希罗多德的说法并不十分可信,但也并非子虚乌有,因为它蕴涵了深刻的真理。荷马未曾创造诸神,但其史诗中的诸神形象却不断支配着希腊民族的想象。荷马揭示了神明与人类,或者更确切地说,与英雄这类远古时代的伟大人类之间的互动,相比于后来的人类,诸神与英雄的交往要更加亲密和坦诚。从荷马那里,我们可以了解更多奥林波斯众神的职司,他们各自的专属权能和荣誉(timai),以及在宙斯这位众神之王与万神之父的至上权威下,每位神祇独特的行为模式。

荷马捎带提及了奥林波斯秩序稳固前诸神的早期史的各种故事,他的讲述也预设了读者对这些传说耳熟能详,只不过,他对详尽或系统的描述毫无兴致。譬如,荷马似乎知晓一种宇宙进化模式,在此模式中,奥克阿诺斯(Okeanos)与忒图斯(Tethys)是人类最初的父母,荷马称前者为 θεῶν γένεσις [众神的始祖](《伊利亚特》14.201);他也提到了提坦神被囚塔耳塔罗斯一事(《伊利亚特》

8.79–81;比较 5.898、14.274、279 以及 15.225),以及诸神间的其他早期争斗(《伊利亚特》1.396–406;15.18–24)。此外,支撑《伊利亚特》情节发展的宙斯同忒提斯(Thetis)及阿喀琉斯(Achilles)的关系,也预示着存在一种继任的神话。① [13] 可是,为了获得对诸神起源的系统阐述,我们必须转向赫西俄德,因为他的《神谱》记述了神明的起源和谱系。

《神谱》是理解宇宙的一次尝试,它将宇宙视为谱系演化与个性发展的产物,结果就形成了一个稳固的宇宙秩序,并在宙斯的监管下最终实现了自身的 telos[目的]。这样一种神谱的安排似乎无可避免,纯属意料之中,只要它始于鸿蒙($\pi\rho\tilde{\omega}\tau\iota\sigma\tau\alpha$),并按时间的先后顺序发展,直到神圣宇宙完成。但即便在此种明显可预知的方案内部,仍有部分灵活可塑之处和诗人必须作出选择的地方。正是在诗人对素材的编排中,我们或许能够最清晰地洞察出赫西俄德的原创性或想法。这些素材大致分为两类:谱系本身和神明间的继任故事,它们在一定程度上构成了诗歌的叙事框架。韦斯特可谓一语中的:"如果继任神话是《神谱》的脊柱,那么谱系则是它的血肉。"②

此外,赫西俄德加入了一些明显的离题话,它们包含了与继任神话和谱系本身都无关的素材,在这一总体上按时间先后顺序进行的方案中,这些离题情节的位置无法确定。因此,在安放这些多样化的素材时,赫西俄德作出了选择,最明显之处可能就是,他常常跳出严格的时间顺序框架,但他的选择还表现在择取好的时机将继任神话插入谱系中。甚至谱系本身也未能幸免于他的操纵,而这一点

---

① Cf. Slatkin (1991); and Muellner (1996).

② West(1996)页 31。Muellner(1996)页 56 解释了叙事与谱系的关系:"这些[叙事的]离题话只出现在形成世界的繁衍过程被干扰和阻断之时,它们解释了这些过程如何得以恢复。"

并未获得应有的重视。通过打乱其中一条谱系应有的顺序,赫西俄德可能将它提前或延后,当然也可能通过插入与这条谱系无关的素材来中断它。①评注者们常常无视赫西俄德对谱系的此种编排,并试图弥合赫西俄德的断裂之处。②实际上,诗中的这些节点与赫西俄德的论证以及他对宇宙的理解密切相关。

[14]诚然,许多学者尝试概括《神谱》的"主导结构",其中有不少值得推介。③笔者此前曾提出,宙斯的诞生构成《神谱》的主轴,两面夹以普罗米修斯的故事与"赫卡忒颂歌"(Hymn to Hecate)。④但必须承认,这一关于构造形式的理念往往会用静态模式取代线性和动态模式——谱系本质上就是动态的,同时也会淡化甚至无视赫西俄德在创作时作出的诸多选择。唯有在观察与评价这些谋篇性选择的过程中,我们才能把握住赫西俄德的想法。

不同于圣经中的《创世记》,赫西俄德笔下的宇宙生成并非一位擅长设计的造物主有目的的创造,而是依循了人类家族的繁衍模式。克雷(D. Clay)曾简要指出,赫西俄德的宇宙进化论是一种"无

---

① West(1966)页 37–39 对赫西俄德的布局原则的概括相当机械呆板,因此并不十分有用。注意,Schwabl(1970)页 442–443 质疑过 West 如下的主张:家谱是按照母系进行排序的。有意思的是,唯一偏离 Schwabl 所发现的父系模式的是赫卡忒。

② 例如,Phlippson(1966)在接过盖娅这条家谱前,就一直追随着卡厄斯后代这条家谱。同样,她在追寻盖娅和蓬托斯的家谱时也直接跳过了涅柔斯及其后代。当然,这非常符合逻辑,但却引发了赫西俄德为何没有这样做的问题。

③ Schwable(1970)页 447–450 就提供了有用的概述。Hamilton(1989)页 4–14 对学者的观点做了新近总结。Hamilton 的阐释包含了在谱系与叙事及非叙事的离题话之间相当人为的区分,以及《神谱》的时间顺序框架。另参 Thalmann(1984)页 38–45,他强调了环形结构的作用。

④ Clay (1984) 30.

目的的目的论"和"缺少设计"的目的论。① 另外,赫西俄德作品中的神族,即ἀθανάτω ίερὸν γένος[永生的神圣种族],包括了诸多不同特性,我们无法将这些特性聚合到一个家族单位中,因为其成员类型各异:有新神与旧神,也有如太阳、月亮、星辰等自然现象,以及各路怪物,当然,还有死神、不和女神、和平女神、欢庆女神(Festivity)与正义女神等一大批有着抽象名称的神明。② 在赫西俄德看来,正是永生性将这些不同群体统合为一体。此时,两性结合繁衍后代(部分亦可无性繁殖),后代肖似父母,甚至携带双亲的隐性特征;后代间又往往近亲通婚,进而衍生出日益复杂的关系和具有若干共性的家族。但不似人族,神族永生不朽,双亲永葆青春。结果,神们的出生同时成了一种日益扩张和分化的过程,并最终呈现出我们所熟悉的宇宙轮廓;但那些最早的实体仍然留存了下来。追溯赫西俄德的谱系,意味着理解他的宇宙等级的展开,以及决定这些等级的原则;此处我们同样能够观察到赫西俄德的选择与想法。接下来对《神谱》的分析总结并非详尽无遗,但它提供了一个大致的轮廓,使读者注意到赫西俄德笔下宇宙进化的组织结构和某些显著特征,以及宇宙进化在他的诗中亦即 cosmos epeon[言辞中的宇宙]中的具体表现。③

《神谱》冗长的序歌首先赞颂了缪斯女神,并描绘了诗人与她们在赫利孔山上的邂逅(稍后讨论),随后转入正题,从最初(πρῶτιστα)即诗人所谓的卡厄斯(Chaos,行116)的生成(γένετο)

---

① Clay(1992)138–139.
② West(1966)页31–33 提供了下列类别:异教神、神话故事中的神、前述两类神之外的神、神族的个别成员、可见世界的元素与抽象概念。
③ 笔者认为最有助益的是:Philippson(1936);Bonnafé(1985);Muellner(1996)页52–93。另参 S. Benardete(2000)。

谈起。很明显,卡厄斯并非我们所认为的一堆杂乱未分化的物质,而是其否定物——毫无特征可言的虚空。① Chaos 这个希腊语词是一个不带任何修饰语的中性名词,因此明显缺少可供描述的特征。紧接着出现的是与卡厄斯无甚关联的大地盖娅(Gaia,行 116 - 118),她坚固结实("宽广的胸膛")、位置明确("诸神的牢靠根基")——一些卡厄斯似乎并不具备的特质。另外,盖娅的特征有助于我们理解赫西俄德笔下的卡厄斯;因为盖娅最先做的一件事就是孕育了天神乌拉诺斯(Uranus),"他整个儿罩住了大地,是极乐神们永远牢靠的居所"($ἵνα\ μιν\ περὶ\ πάντα\ ἐέργοι,\ /\ ὄφρ'\ εἴη\ μακάρεσσι\ θεοῖς\ ἕδος\ ἀσφαλὲς\ αἰεί$ 行 127 - 128)。② 同样值得注意的是,消极物(卡厄斯)由于不具备任何特质,因而先于大地这一积极物出现,某种意义上可以说,消极物从它的对立面获得界定——这一点在诗歌后续部分体现得更加明显。从无法界定到逐渐的清晰明确,这一运动过程构成了赫西俄德宇宙进化的典型特征。此外,在奥林波斯诸神尚未出生前,赫西俄德就预见性地将盖娅刻画为"奥林波斯山上诸神的牢靠根基"。一开始,赫西俄德就影射了宇宙的最终格局,而这一格局自开端起便已内在于宇宙之中。

接下来的诗行提到了幽暗的塔耳塔罗斯(Tartara),他究竟是第

---

① 参见 Mondi(1989)和 Bussanich(1983)。业已提到的对卡厄斯的不同阐释,参见 Podbielski(1986)页 254 - 256。

② 同 Solmsen(1970)一样,笔者倾向于 $ἐέργοι$[罩住]一词而非 $καλύπτοι$[遮盖、覆盖](参见 West[1966];Arrighetti[1998];Marg[1970]),因为这个词更清晰地体现出有界性的概念,而有界性是盖娅的基本特点,不同于卡厄斯的无界性特征。只有在被广天乌拉诺斯限定边界后,大地才能生出群山、大海这些界定其轮廓的事物(行 129 - 131)。

三代原则(the third principle)还是仅仅作为大地盖娅的一部分,自古以来争议不断。①此段文本含混不清、复杂难辨,这是因为赫西俄德将塔耳塔罗斯既刻画成大地之下的独立领域(行729－819),又描述为一个与盖娅结合后生下巨怪提丰(Typhoeus,行820－822)的生命实体。[16]在这一实体的进化过程中,中性复数变成了阳性单数。

笔者相信,复数的Tartara首先表现了地球内部——因为地球不仅拥有坚固的表面,也拥有一个内部维度。正是由于内部空间的存在,大地盖娅随后才能将克洛诺斯(Cronus)与宙斯隐藏起来。在宇宙进化的后续阶段,它将发展成定义更加清晰的冥府,即提坦神将再度被囚禁于大地之下的那个地方。最后,它将与大地盖娅完全区隔开来,最终体现为拟人化的塔耳塔罗斯,一个能与盖娅结合孕育出提丰的男性形象。为完成起源的第一阶段,爱若斯(Eros)——"永生神中数他最美",可令神与人销魂荡魄,丧失理智——体现了普遍的生成法则,象征着产生后代的力量和推动宇宙变迁的繁衍,但奇怪的是,他自身并不生出任何事物(行120－122)。

赫西俄德接着又返回卡厄斯,卡厄斯通过分裂生殖孕育了幽暗之神厄瑞玻斯(Erebus)与黑夜之神(black Night),人们可能认为后面两位神明拥有其父辈的特性;这两位神交合诞下他们的对立物,光亮埃忒耳(Aither)和白昼神(Day,行123－125)。此处,消极物再次先于积极物出现,有性繁殖也似乎比单性繁殖更加积极和"先

---

① 参见对行115、119和120的古代评注(Di Gregorio[1975]),以及West(1966)对行119的注解。West将塔耳塔罗斯视为第一代神之一,尽管他认为这段乃是赫西俄德后来添加的。比较Miller(1977)的争议性评论;以及Ballabriga(1986)页282－290的回应。另参Muellner(1966)页57。Marg(1970)页108和Schwabl(1970)页477皆断定只有三位"原初神"。

进"。黑夜与白昼的诞生或许同样意味着时间的开端,因为现在可借助昼夜的交替来测算时间。在勾勒了卡厄斯的三代家世后,赫西俄德重提盖娅,她的家谱仍然与卡厄斯的家谱完全分开——这两个根本对立的宇宙实体似无联姻的可能。无论如何,大地盖娅通过单性繁殖诞下天神乌拉诺斯,后者整个儿罩住了前者,仿佛盖娅需要这样的定界,以便拥有体现自身特点的位置和坚固。的确,大地的特征与轮廓直到此后才得以显现:丛山,连同他们的栖居者宁芙仙女(the Nymphs),以及无法孕育的咸涩大海,这些神明全都"未经交欢"即被生出。通过这三种无性繁殖的产物,大地盖娅的外形与实质方才清晰,从而区别于卡厄斯。

后来盖娅与乌拉诺斯交合,首先诞下环绕大地的清澈水流俄刻阿诺斯(Okeanos),①接着生出十一位其他的提坦神,克洛诺斯为其中的最年幼者。两个三胞胎巨怪紧随其后出生:圆目巨人(Cyclopes)和百手巨人(Hundred‑handers),但他们皆无神的标准外形(在赫西俄德看来,由于人类与神明相似,因此神人同形)。[17]赫西俄德特别指出,圆目巨人只有一只眼睛,而百手巨人则有一百只手臂和五十个脑袋(行126－153)。

接下来,谱系让位于神话故事,赫西俄德开始讲述乌拉诺斯如何不再任由自己的后代降生,"而是把他们悉数隐藏起来,令其不见天日"(行157)——显然,此系通过持续的交合来堵塞生育的通道。为缓解体内的压痛感,盖娅图谋除掉这位冒犯者,并劝说孩子们对父亲的粗暴行径施加报复。在《神谱》的第一段发言中,盖娅基于

---

① 俄克阿诺斯与忒提斯是荷马笔下的始祖,除克洛诺斯外,他们分列名单首尾。Bonnafé(1984)让读者注意到赫西俄德笔下的俄克阿诺斯已由荷马笔下的始祖降格为一位提坦神。

复仇之说为其行为作道德上的辩解。然而,行动一旦实施,父子相仇所激发出的报复行径就只会循环不休。提坦(Titans)是乌拉诺斯赋予孩子们的共同名字,其词根有"伸长手臂推翻自己父亲之人"以及"因所行势必自食其果之人"两层含义,因此,提坦神终将陷入罪与罚这一恶性与无休止的循环中。

最年幼的儿子克洛诺斯独自一人答应担此重任后,盖娅安排他埋伏起来,以便他能用盖娅给予的坚韧镰刀"割下父亲的生殖器"(行180–181)。①此时,乌拉诺斯临近,他渴求交合并"带来夜幕"(行176)。这句谜一般的措辞表明,通过恢复先于白昼神出生的原始神黑夜,进而复归于时间之开端,乌拉诺斯令时光倒转。这段以乌拉诺斯被阉割而告终的残忍叙事,可视作第一幕继任神话(行154–210);同时,它也成为宇宙演化进程的关键组成部分,而该进程已被截断并取消了自然繁衍之路。唯有天地分离,孩子产自大地母亲的子宫中,下一代神祇才真正称得上开始存在。

自此开始出现了一种模式,而在随后的每一段继任神话中,这种模式将变得更为昭著和精巧:等同于女性的繁衍法则推动了变革,就像盖娅密谋反对乌拉诺斯,并鼓励其最年幼的儿子克洛诺斯推翻父亲那样。此种变革的持续推动力成为宇宙秩序中一种极端不稳定的力量。盖娅将总是站在新生代与年轻一代这边,对抗年长一代。[18]此外,此过程一旦开始,似乎就再无任何理由停止这一宇宙进化过程了。仅凭自身,生育也会继续下去,无限繁衍并经久

---

① 赫西俄德似乎对 λόχος 一语双关,该词意为"伏击",而词根 λοχ- 则指"与分娩相关"。参见 O'Bryhim (1997)。Muellner (1996) 页64 也注意到在 μήδεα[生殖器] 与 ἥμησε 间的文字游戏。同样注意,镰刀是首个制造品。

不息。然而,以乌拉诺斯为首位代表的男性法则,却抵制这一持续变革力量,试图阻挠分娩和过度繁殖,并堵塞代际变革及其势必导致的不稳定性。实际上,诸神的历史从整体上可被视作对由至高无上的男性神祇控制并阻挠女性神祇的繁衍本能,以便实现一种稳定的宇宙政权的各种努力的记录。因此,乌拉诺斯极力阻挠子女降生,而克洛诺斯则在子女出生时就把他们吞入腹中。当然,这两次尝试都被盖娅的狡黠所挫败。唯有宙斯,凭借先发制人,才成功吞下墨提斯(Metis)——拟人化的狡黠(Guile),由此将女性法则融入体内。暴力(bie)与狡黠(metis)皆为推动权力更迭的手段,两者之间的对照在那种反复出现的模式的第一次具体实例中已然明显可见。① 尽管 bie[暴力]似乎是男性的专有特征,而 metis[狡黠]则属于女性群体,但克洛诺斯和普罗米修斯这样有着 ankulometis[诡计多端]——"扭曲的狡黠"(with crooked metis)——称号的男性,也会利用诡计,即便收效甚微。因为每一次的诡计(克洛诺斯吞下孩子,以及普罗米修斯设计瞒骗宙斯)都会招致一次反欺骗。一连串的暴力与欺骗唯有在宙斯完全吸纳了狡黠/墨提斯(metis/Metis)之后才会平息下来。

不过这个问题超出了本书的讨论范围。除了将因于盖娅子宫内的提坦神释放出来外(但不包括库克罗普斯和百手巨人),② 乌拉诺斯的阉割物也使一群奇特的子女诞生:首先是厄里倪厄斯

---

① Cf. Detienne and Vernant (1974),esp. 61–124.

② 参见 Schmidt(1988a)页 55,他通过令人信服的论证解决了一个古老的疑难,他指出,圆目巨人和百手巨人于克洛诺斯治下仍被囚禁,只是到了提坦之战时才被宙斯释放(行 501–506、617–686)。只有大智的宙斯才能想到利用他们的力量,并最终给了他们一份在塔耳塔罗斯中监管提坦神的职位(行 734–735)。Arrighetti(1998)页 328–329 赞同 Schmidt 的看法。

(Erinyes),接着是在宇宙中尚无确定位置的巨人族(Giants)和墨利亚仙女(Melian Nymphs),最后是阿芙洛狄忒(Aphrodite),她生于乌拉诺斯的精液并由不孕且咸涩的大海抚育长大。① 在将阿芙洛狄忒视为乌拉诺斯的阉割物的副产物之一时,赫西俄德重新诠释了阿芙洛狄忒的修饰语"乌拉诺斯的/属天的(Uranian)"②,并将她置于宇宙体系中,这样的身份定位远比"宙斯之女"这一在传统的荷马式亲嗣关系中的身份要早得多;同时,爱若斯与之作伴,成为她的附属。难以想象,乌拉诺斯的男性性征竟导致一位象征着两性相吸的女性神祇的出现,而有悖常理地否定了它的天然结果。[19] 可是,阿芙洛狄忒并不属于第一代神明,而是完全地人格化了,她只是在出生后才加入"诸神行列"(行 202)。

在我所谓的节点的那些组织性选择中,赫西俄德才开始折返,通过历数夜神的后代,以及夜神之女不和女神的子嗣(行 211 - 232),进而完成卡厄斯之原初血统的续写。③ 推延叙述的意义,连同于此处插入的理由并非难以把握。可以说,夜神后代中被拟人化的黑暗力量业已在前述叙事中释放到天地万物间了。乌拉诺斯的纵欲,父子间的相互仇视,乌拉诺斯施加给盖娅的蛮横与性虐,盖娅的痛楚、欺骗与复仇计划,克洛诺斯自愿对父亲实施暴力,乌拉诺斯遭受阉割及日后承诺的暴力——所有这一切都以故事的方式演绎出来——此刻呈现为永恒的毁灭性力量,呈现为此后对宇宙具有无可

---

① 关于ἐθρέφθη[诞生](行 192)和阿芙洛狄忒独一无二的出生方式,参见 Bonnafé(1985)页 136 注释 14。另参 Moussy(1969)页 66。
② [译注]该词亦有"同性性欲的"之意。
③ 荷马笔下的厄里斯是战神阿瑞斯的姊妹(《伊利亚特》4.440)。关于夜神子女,参见 Ramnoux(1986);和 Arrighetti(1993)。

避免的影响力的拟人化事物。①

现在我们可以更加清楚地发现两股宇宙力量的运转,聚合万物的爱若斯和分离万物的厄里斯。②但需要强调的是,它们并不直接对应于男性法则和女性法则,不过,两者对宇宙的生成亦不可或缺。乌拉诺斯与盖娅的故事及其后果,证实了彼此相互影响的复杂性。乌兰诺斯的 eros[爱欲]不可避免地激发了盖娅的 eris[争斗],进而导致二者的分离。的确,作为分离的副产物,阿芙洛狄忒和复仇女神确保了聚合与分离的进程将会连绵不绝。由于原初之神爱若斯业已吸收了厄里斯,故而厄里斯本身与承欢神斐洛忒斯(Philotes)形同姐妹。这两股力量形影不离、相互纠缠,确保了宇宙进化的可能,但它们同样会不断破坏进化过程的稳定性。让爱若斯从属于阿芙洛狄忒,成了驯服繁衍法则的第一步,而这对于建立一个稳定的宇宙秩序必不可少。从原初法则到诸神行列,爱若斯居所的变动将在赫西俄德叙述塔耳塔罗斯与卡厄斯的过程中被反复提及。[20]制造分裂的厄里斯——尽管阿喀琉斯希望她从宇宙中消失(《伊利亚特》18.107)——同样会在宇宙的终极次序中获得一席之地。

---

① Schwable(1970)页 446 承认,赫西俄德此处有意如此安排,因为他"把受苦难的黑暗势力置于乌拉诺斯被阉割及其所引发的结果之后"。另参 Schmidt(1958)页 84–85。某些包含在夜神世家中的拟人化事物的名字已在先前的叙事中出现了:"欺瞒神"(Apata/Deception)和承欢神斐洛忒斯(行 224),比较ἐξαπάτας[欺瞒](行 205)和φιλότητα[承欢](行 206);"争端神"(Neikea,行 229),比较νεικείων[争端](行 208)。序歌中对缪斯的命名同样依循了或源自前文对她们行为的描述。Muellner(1996)页 66 强调夜神后代是"下一幕神话故事中的重要角色"。可是,他们业已在之前的神话故事中发挥作用了。行动总是先于抽象概念出现。

② 参见 Bonnafé(1985)与 Rudhardt(1986)。当前这种情况下,笔者不必提醒读者关注恩培多克勒的争斗(Neikos)与友爱(Phlia)。

赫西俄德结束了夜神的家谱后,接着描绘了海神蓬托斯(Pontos)的家谱,此族千差万别、良莠不齐,兼具积极与消极特征,但最终都融入宇宙进化的主流趋势中。在似乎是男性单性繁殖的独一无二的例子中,①蓬托斯生下涅柔斯(Nereus),只有这位男性后代积极抗衡先前出现的大量的女性之消极力量,涅柔斯的温良、坦诚与正义调和了(但并非抵消了)夜神及其女儿厄里斯之暴虐、欺诈和残酷无情的后代。大海之子涅柔斯与俄刻阿诺斯之女的结合属首次异族联姻,这次联姻把海神后代与天神后代关联在一起,通过联姻,涅柔斯生育了涅柔斯之女,她们美好而悦耳的名字体现了父亲仁慈宽厚的本性(行240–263)。②

随后是两百余行冗长的家谱名录,直到宙斯及其兄妹出生,方才进入第二幕继任神话。起初,蓬托斯与母亲盖娅交合,尽管大地有着极强的生育力,但过度繁殖有时显得不那么负责任,而这段乱伦婚姻不禁使人回想起宇宙进化的最初阶段。在他们的四个子女中,有两位的婚姻实属颇有远见的异族通婚:③陶马斯(Thaumas[奇迹先生(Mr. Wonderful)])同一位大洋之女生育了伊里斯(Iris)及其

---

① 大多数评注者想当然地认为,蓬托斯与盖娅结合生下了涅柔斯,但Bonnafé(1985)页148认识到他绝无仅有的男性单性繁殖能力。亦可参见Deichgräber(1965)页190。中性的卡厄斯的情况略为不同。

② 注意涅柔斯之女中最年幼的那位(行262)被命名为涅墨尔泰丝(Nemertes),ἣ πατρὸς ἔχει νόον ἀθανάτοιο[拥有永生父亲般的心性]。比较行235和Bonnafé(1985)页17;亦可比较Bonnafé(1984)页194和Deichgräber(1965)页194。

③ 母子必要的联盟在第一代神祇中占据主导地位,而姐妹/兄弟的结合则常见于第二代神祇中,随后异族通婚日益成为惯例。比较Bonnafé(1985)页48。宙斯是最大的例外,他不仅以一种伪单性繁殖(pseudo-parthenogenesis)的方式生出了雅典娜,而且和他的许多属于奥林波斯神的姐妹通婚。

他与风有关的奇异现象,而欧律比亚(Eurybie)随后成为提坦神克瑞奥斯(Kreios)的配偶(行 375)。而余下的两位子女福耳库斯(Phorkys)和刻托(Keto)则参加到乱伦婚姻中,由于融合了双亲的基本特征,故诞下怪物。①蓬托斯及其家族接受了不育和可育这两种对立特质的意外组合,而这两种特质将再度出现于他们的畸形后代身上。

福耳库斯与刻托的后代属于一群同族通婚的畸形生物,关于他们,后续章节将作详细剖析。宇宙进化过程中逐渐区分开来的容貌和特质的随意组合,是这些混交物种的典型特征。[21]这些怪物凭借对宇宙进化法则的违反,揭示了不断进化的宇宙的新兴物种的崛起。通过将怪物族群限定于同族联姻中,并切断其与主流的神谱之间的关联,赫西俄德限制并阻断了他们无序的混交行为的蔓延。

赫西俄德在序歌部分描述了缪斯在奥林波斯所吟唱的取悦宙斯的赞歌;她们首先咏唱了盖娅与乌拉诺斯,接着是:

> 大地和广天的后代,
> 以及他们的子嗣,赐福的诸神。(《神谱》行 45–46)

为了自身的计划,赫西俄德坚称缪斯扩大了咏唱的范围,既包括漆黑的夜神之后代,也包括那些"咸涩的蓬托斯养育的后代"(οὕς θ' ἁλμυρὸς ἔτρεφε Πόντος,行 107)。至于θεοὶ δωτῆρες τεάων[赐福的诸神],则是乌拉诺斯与盖娅的后代,赫西俄德称之为广天的子嗣(Ouraniones),他们决定了财富和荣誉的分配,而作为奥林波斯

---

① 笔者将在第七章中详谈怪物名录。比较 Clay(1993)。

神,他们最终也要对我们宇宙的布局负责(行 111 – 113)。① 另一方面,蓬托斯之子,即盖娅与蓬托斯的后代,可被视作一个同宇宙进化这条主线成切角的族群,作为反抗神族者,倘若任其发展,势必会产生一个与宙斯统治的宇宙相对立的宇宙。② 当然,这样的局面不会发生:经过通婚,蓬托斯的后代很快就被融合进乌拉诺斯的后代族群。然而,赫西俄德通过对一群乱伦的、杂交的,以及最终无生育力的怪物的刻画,为读者提供了这样一个对立的宇宙可能是什么样子的初步认识。

在原初之神(盖娅、乌拉诺斯等)后,宇宙的格局在提坦神这一代中变得清晰可辨;但只是在后续的一代即奥林波斯众神中,宇宙才在宙斯治下获得了永恒不变的结构。鉴于赫西俄德在描述怪物的过程中向前推进了好几代,此刻(行 337 及以下)他需折返回去,以便详细阐述早在约两百行之前就已列举的提坦神后代(行 133 – 138)。两位同族通婚者生育了河流、大洋、太阳、月亮和黎明。随后便是更多的婚配,它们将蓬托斯后代与乌拉诺斯后代的家谱关联在一起;[22]蓬托斯的另一位女儿欧律比亚则与一位提坦神结合,而他们的后代则生育了风和群星。至此,我们眼中的自然界的诸般特征便略已成形。

在奥林波斯众神诞生和下一幕的继任神话开始之前,赫西俄德预见性地讲述了两位强力女神的故事:斯梯克斯与赫卡忒(Hecate),前者预示了将引导宙斯获胜的策略,而后者将在宙斯建立的新秩序中扮演居间者这一重要角色。斯梯克斯作为俄刻阿诺斯与忒图斯众女儿中最杰出者($προφερεστάτη\ ἐστὶν\ ἁπασέων$,行

---

① 《神谱》行 461、919、929。
② Schwable(1970)页 450 认为蓬托斯后代的世系一方面与自然(宇宙)领域密切相关,另一方面又有点儿"怪诞"。

361)被提及,而她的双亲至少在荷马的宇宙进化传说中扮演过原始配偶一角。在《伊利亚特》(14.201)中,赫拉谎称打算取道去拜访"众神的 genesis[始祖]俄刻阿诺斯,与始母忒图斯"(Ὠκεανόν τε, θεῶν γένεσιν, καὶ μητέρα Τηθύν)。而在这部史诗的随后部分(行246),睡神称俄刻阿诺斯为"万物的 genesis[起源]"(ὅς περ γένεσις πάντεσσι)。①

赫西俄德赋予忒图斯的重要身份表明,诗人已充分意识到这一可替代性的传说。忒图斯显赫家世的确能令其成为宙斯的潜在威胁;而暴力神、胜利女神、欲美神(Zeal)与强力神,这些被诗人归于她的强大后代们也同样暗示了这一点。但至少在克洛诺斯治下,忒图斯似乎无名无分(ἄτιμος,行395),因此她第一个接受了宙斯加入阵营的邀请,后者许以荣誉与特权给包括她在内的那些于旧制度下无名无分的众神。宙斯笼络旧神并把他们纳入其治下的策略,预示了他将在提坦之战中获胜。忒图斯将强大的子女献给宙斯,则成为宙斯具备政治敏锐度的象征,同时也暗示了未能吸纳女性的生育能力究竟会导致多么大的不稳定甚至灾难。后来,凭借使忒图斯成为众神之重大誓言,宙斯增强了她的特权(行775-806),而重大誓言某种程度上亦是维护宙斯政权的忠诚誓约。

赫卡忒同斯梯克斯一样,也是一位被吸纳进宙斯的秩序中并具有重要职司的强有力的女性神祇。我们将在稍后的第四章中剖析赫卡忒的角色。但眼下值得注意的是,对赫卡忒的详尽刻画恰好处在全诗的中心位置之前,紧随其后便是有关宙斯诞生及其他奥林波斯神的描述。赫西俄德因而给读者这样一种印象,在先于奥林波斯神的那一代神明中,赫卡忒是最后出生的一位——但事实证明,这

---

① 荷马笔下的宇宙及其与赫西俄德的关系,参见 Clay(1992)页131-137。

实属错觉,因为正如我们将观察到的那样,提坦神伊阿佩托斯(Iapetos)的男性后裔家谱,直到克洛诺斯被废黜和囚禁后方才出现。[23]因此,尽管没有哪一节是严格按照时间的先后顺序呈现的,但赫卡忒与普罗米修斯的故事编排的确是有意为之,以便展开《神谱》的中心事件:宙斯的诞生。这两段插曲皆有预见性:在普罗米修斯的故事中,塑造并装扮第一位女性的赫淮斯托斯(Hephaestus)与雅典娜尚未出生;而宙斯许以赫卡忒的 timai[荣誉]很可能出现在提坦神战败以及最终的 dasmos[分配]后(行885)。此外,这两段插曲隐约预示了宙斯治下的宇宙,尤其是与人类种族相关的宇宙的最终秩序。故而,宗教观念而非严格的时间次序,决定了赫卡忒插曲的位置。

赫西俄德控制赫卡忒在诗中的位置,从而赋予赫卡忒一个独特的身份,那就是大海蓬托斯、大地盖娅与广天乌拉诺斯这三大宇宙领域的继承者,所有先于她存在的宇宙进化过程全都在这位女神身上体现出来。Mounogenes[独生女]这一称谓被两度用于赫卡忒(行426、428),这暗示了赫卡忒的独一无二性与特殊地位。赫卡忒的 mounogenes[独生女]身份类似于 epikleros[继承人]。作为唯一的女儿,她本身并不享有继承权,但此项权利可通过婚姻加以转让。①

毫无疑问,赫卡忒的显赫地位本可使其与宙斯门当户对。但细究之下,或许未必。有关宙斯婚姻问题的研究早已有之,②但对那些未曾发生的联姻的研究也许同样重要。这则与斯梯克斯故事相似的

---

① 比较 Arthur(1982)页 68。在《劳作与时日》行 376 中,赫西俄德将那个能够继承父亲遗产的唯一一位儿子称为 mounogenes[独生子]。
② 参见 Bonnafé(1985)页 92－102;Ramnoux(1987);以及 C. Miralles(1993)页 17－44。注意赫卡忒的姑姑勒托(Leto)通过成为宙斯的妻子和阿尔忒弥斯(Artemis)及阿波罗的母亲而被纳入宙斯的统治。赫西俄德反复强调勒托的温和,亦即她天生不具威胁性(行 406－408)。

事例同样具有启发性;宙斯并未迎娶赫卡忒,但在某种程度上宙斯招揽或收编了她强大的子女们,倘若驭下无方,这些子女就会威胁到他的政权。虽然赫卡忒的家系传承与她在旧制度下拥有的大量荣誉,或许赋予了至高无上的统治者以某种合法性,但宙斯与赫卡忒之间确无婚姻之实。①可是,这位女神同样象征着一种潜在威胁:威胁来自那些具备继承父位的强大合法性的子女。更好的权宜之计或许是令赫卡忒保留处子之身。如同对待斯梯克斯那样,宙斯将会给予赫卡忒在新政权中一个与其显赫身份相匹配的重要角色,但也会压制她的女性力量可能产生的潜在威胁。[24]宙斯将封她为 kourotrophos,即人类后代的守护者,以弥补其无子的遗憾。②

在第一幕继任神话中,乌拉诺斯企图镇压下一代、推翻乌拉诺斯统治的图谋、子嗣的降生、克洛诺斯继承天王之位,③这一切似乎同步发生。但与此同时,宇宙已不断进化,变得更加组织缜密;结果,再次重现的继任神话呈现出更大程度的复杂与精巧。在发展程度更高的宇宙中,克洛诺斯子嗣的诞生,克洛诺斯吞下后代以阻止其降生,瑞娅(Rheia)与盖娅设计欺瞒克洛诺斯,宙斯被藏洞中并成长,克洛诺斯吐出被吞下的子女,这一切仅仅是继位这出剧的第一阶段(行 453 – 500)。④ 而在宙斯成为众神之王前,提坦之战与提丰之战避无可避。

---

① 人们会联想到佩涅洛佩(Penelope)的求婚者抑或俄狄浦斯(Oedipus)娶母伊俄卡斯忒(Jocasta)的故事。

② 作为儿童的守护者,赫卡忒后来被阿尔特弥斯同化了。Griffith(1983)低估了赫卡忒女性特征的潜在威胁。但可比较 Arthur(1982)页 69 – 70。

③ 事实上,人们可能会说乌拉诺斯从未真正成为众神之王,因为从某种意义说,甚至就没有出现过一个供其统治的王朝。

④ Muellner(1996)页 52 – 93 说明了每一幕继任故事是如何回顾并阐述前一幕故事的。

接下来的部分尽管重在叙事,但也包含了一些冗长的离题话,在《神谱》的整体结构中,这些离题话所处的位置形成了重要的节点。此外,赫西俄德为这段叙事添枝增叶,并两度中断叙事。首先,通过插入伊阿佩托斯后代的家谱与普罗米修斯神话,赫西俄德明显破坏了继位故事的时间框架。相应地,两个并行的小故事则分列上述离题话前后:一是圆目巨人被释放,他们送给宙斯闪电霹雳,"助其统治凡人与永生者"(行506);二是百手巨人被释放,他们则确保宙斯战胜提坦神。①有关赫西俄德在诗歌该部分中的叙事安排的意义连同普罗米修斯神话,笔者将于第五章中详加分析。

提坦神溃败后,赫西俄德再次偏离叙事主题,对塔耳塔罗斯的地理布局——它开辟出了一个全新的宇宙维度——作了长篇刻画。正如乌拉诺斯被阉割后便迎来了夜神子嗣的降生,此处提坦神的溃败也令先前塔耳塔罗斯晦暗不明且难以辨识的特征得以被发现。而将如上两个部分联结在一起的,同样是夜神的某些居于幽暗之所的子女的出现。[25]说得更准确些,这些夜行生物此时被赋予了一项更加明确的界定和职司,也在宇宙秩序中获得了一个准确的位置。②

百手巨人,在乌拉诺斯与克洛诺斯治下曾被视作政权的威胁而

---

① 有关提坦之战的传统问题以及宙斯和百手巨人在那场战役中的作用,参见 Blaise 与 Rousseau(1996);Saïd(1977)页 183 – 199。

② 参见 Clay(1992)页 136:"提坦和提丰对世界秩序和宙斯的继任威胁有效地揭示了世界秩序隐含的复杂性。"在行 746 – 766 中,Stokes(1962)页 23 注解说"[夜神及其子女]的介绍顺序就是神明的出生顺序,而神明的出生曾在神谱的家谱部分被描述过"。Fränkel(1962)页 114 指出,在塔耳塔罗斯的部分,诗人首先从谱系角度,接着从空间上讲解了夜神子女。在描写地下世界之地理布局的过程中遇到的诸多困难,参见 Ballabriga(1986)页 257 – 275;D. Clay(1992)页 143 – 152。

囚禁起来,如今重回幽暗之地,但极具政治敏感度的宙斯指派给他们一项能充分利用其强大体力的职责。作为提坦神的监守者,他们既为宙斯的秩序效力,也被当作实现秩序的潜在威胁而清除出去。即便永生的原始神卡厄斯也被纳入最终的制度安排中。① 不过,除非战胜大地盖娅与塔耳塔罗斯结合孕育的幼子提丰——此时的塔耳塔罗斯堪称一位生产者,宙斯才能真正就任天庭之王。②

作为评论家中意的主题,提丰之战从未仅仅被视作提坦之战的对应物。③ 这两个事件皆不可或缺,这倒不单单是由于(如某些支持者所宣称的)提丰之战是一场宙斯凭一己之力击败敌手的战役。④ 这些争斗就其范围而言是寰宇海内的;甚至可以说,它们是旨在支配宇宙本身的战役,而战斗的结果决定了宇宙的命运。宇宙的逐步进化要求宙斯与上一代神祇即乌拉诺斯所生的提坦神们较量,并打败他们。此外,宇宙的下界领域亦必受其统御。战败

---

① 参见 Mondi(1989)页 15:"作为随后宇宙其他部分的起源的结果,赫西俄德笔下的χάος[混沌]被降格为到现在依然存在的一处地下场所。"

② 在这一特定语境下,奇怪的短语διὰ χρυσῆν Ἀφροδίτην[通过金色的阿芙洛狄忒](行822)强化了这些原始神在宇宙进化的后期阶段结合的怪异之处。提丰(Typhoeus)的字面意思就是向早先时代的回归。

③ 有关早期学术研究的综述,参见 Blaise(1992)页 350–354,他指出,即便为这段的真实性辩护的评论者也是明褒实贬。譬如,West(1966)页 381–382 就不赞同那些反对这段是真作的理由,但他也发现"这部分的难点与棘手之处恰好就是人们对于一个像赫西俄德般的诗人在写作一个如提丰之战这样的主题时所寄予的期望"。关于为此段情节的辩护,参见 Blaise(1992)页 355–369;Säid(1977)页 199–210;以及 Stokes(1962)页 4 和页 33–36。Worms(1953)则主张这部分虽然由来已久,但并非出自赫西俄德之手。

④ Bonnafé(1984)页 212–216 说明了宙斯何以在同提丰的战争——同时也是一场击败盖娅的战役——中成为焦点。亦可参见 Blaise(1992)页 366–367。

的提丰被掷回出生地塔耳塔罗斯——与此形成鲜明反差的,是乌拉诺斯和克洛诺斯的最初举动:前者拒不允许后代自盖娅腹中出生,后者则吞下孩子们。[26]或许,对这些古老罪行的回忆解释了宙斯在处置最后的对手时的悲痛心理(行868)。①当提丰遭受宙斯的霹雳鞭笞时,大地也不由得呻吟。大地,由于被接踵而至的无边大火吞噬,就像炽热的锡或铁块那样熔化了,顷刻间便失去原有的坚固特征:提丰的败北同样意味着大地的败北。②(如果说大地盖娅为后代而战,是从制作坚韧的镰刀开始[行161-162],那么《神谱》中少有的明喻之一——源自金属铸造术的启发——则预示了她最终的屈服。盖娅设计篡位工具的日子已一去不返了。她的幼子提丰是 acosmia[无序]的化身,声如尖厉的狗吠、公牛般的咆哮,眼睛喷射烈焰,威胁要用遍及寰宇的大火摧毁整个宇宙,因而体现了完全的失序状态。)③宙斯为实现永久统治,必须以彼之道还施彼身,并最终废除大地的繁殖能力;他必须压制大地盖娅联合新神反抗旧神来推动革新的一贯策略,因为后者为达此目的不惜牺牲宇宙秩序的稳定。

有学者发现,盖娅的行为,正如赫西俄德所描述的那样,即便不说不可思议,至少也自相矛盾:④她首先帮助瑞亚和宙斯废黜克洛

---

① 在其他地方作为及物词的ἀπαχών[掷回](行868)无疑不太常见。有关掷回塔耳塔罗斯的主题,参见 Harrell(1991)。

② 比较 Ballabriga(1990)页22,他意识到了熔炼坩埚的比喻同火山活动之间的关联性,而火山活动在别处恰好与提丰有关。

③ Blaise(1992)页362称他为"绝佳的反宙斯者"。

④ 比较 Solmsen(1949)页53注释172,他发现此乃拒绝提丰这段插曲的理由:"通常与宙斯处在同一阵营的盖娅在这段故事中则与宙斯为敌。倘若宙斯刚刚镇压了她的儿子,她就不大可能给予众神友善的忠告,并帮助宙斯获得至高权力(与行882相反)。"但 Strokes(1962)页4的看法似乎是正确的,他说:"盖娅似乎没有理由不再生出一个儿子,给予他必备的武器和狡诈的建议,

诺斯,随后甚至建议宙斯在与提坦开战前释放百手巨人:

> [27]但克洛诺斯之子及其他的永生神明,
> 秀发的瑞娅与克洛诺斯结合生下他们,
> **在大地盖娅的忠告下,使他们**[百手巨人]**重见天日**;
> 因为,她向众神详述一切真相,
> 与三神联手他们方能获得胜利与辉煌的荣誉。(《神谱》行624–628)

但不久,当她的帮助被证实为奥林波斯神族胜利的关键后,盖娅就改变了立场,通过诞下"本可统治神与人"的可怖的提丰来对抗宙斯。①但盖娅自始保持着拥立众神之王者与王朝更迭的幕后推手这样的角色,而对盖娅动机的理解则是解读《神谱》的关键。此前,克洛诺斯不仅是父亲的继任者,也是盖娅最年幼的儿子。但在此后的时代,这两个角色被区分开来:宙斯不仅必须战胜父亲及其同代神祇,也必须征服大地盖娅最年幼的——在这种情况下亦是最

---

以确保推翻宙斯的统治。"Blaise(1992)页356–359将盖娅的行为说成对宙斯的绝对权力以及"坚如磐石的"统治的一次攻击。此外,她把盖娅与塔耳塔罗斯的联姻视作将后者融入宇宙的方法。但在先前的描述中,塔耳塔罗斯已经融入宇宙了。Robert(1905)页170–173极具洞察力,他基于盖娅的作用为提丰这段故事的真实性辩护,他称盖娅为"行动的实际操控者,她不仅是位给予一切的母亲,同时也是知晓一切、思考一切和发动一切的操控之人"(页171)。"如果盖娅这位全能的母亲继续生育,宙斯受到的就不止是来自这一方面的威胁"(页172)。亦可比较Bonnafé(1984)页209–212。

① Thalmann(1984)页44忽略了盖娅在生育提丰的过程中的作用,因而没有直面她与宙斯之间关系的模棱两可之处。

后的——后代。①唯有在宙斯赢得提坦之战和提丰之战的双重胜利后,盖娅才会最终与之结盟,共襄伟业,首先便是劝告众神推举宙斯为王,接着帮助他预测来自一位继任者的威胁。赫西俄德对盖娅的作用——先是对克洛诺斯的作用,接着对宙斯的作用——的说明可资对比。第一种情形是,克洛诺斯待子女从瑞娅腹中诞下后便将其吞下:

> 他心想,在天神的可敬后代里
> 另有一个在永生者那里获享王权。
> **因为他[克洛诺斯]得知于大地和布满繁星的天空**
> 命中注定要被自己的儿子制服。(《神谱》行461–464)

另一方面,宙斯在首任妻子墨提斯分娩雅典娜之际:

> [28]……就在那档口,使计哄她上当
> 花言巧语,将她吞进腹中,
> 依循的是布满繁星的天空与**大地**的忠告;
> 他们如此忠告宙斯,以致没有任何的永生神明
> 会掌管宙斯的王权。
> 原来,她[墨提斯]注定要生下绝顶聪明的孩子。(《神谱》行888–894)

抛开上述诗行中的明显相似之处不论,赫西俄德的话暗示了一

---

① 提丰(行821)、克洛诺斯(行137)和宙斯(行478)都被称作Ὁπλότατοι[最年幼的孩子]。

项微妙但重要的差异;克洛诺斯从盖娅处得知——至于如何知晓,我们并不清楚——他注定要被推翻。但只是在第二种情形下,盖娅才发挥了积极的作用,因为她警示并忠告宙斯如何避免被取代的危险,从而令宇宙秩序在其永久统治下保持稳固。宙斯的先发制人取得了成功,而曾经的克洛诺斯却失败了。通过吞下怀孕中的墨提斯,宙斯重启了前两次继任神话,只是略有不同之处;而通过诞下雅典娜,宙斯则把女性的生育能力据为己有;①同时,他也将迄今为止一直充当代际变革工具的女性的狡黠(metis)本能永久地纳入自己体内。②

在被众神推举为天王后,宙斯立即着手"为众神公正地分配荣誉"(行885)。尽管赫西俄德常常间接提及这次最终的分配,却从未对特权的分配和奥林波斯众神的势力范围作出过系统描述。③他的读者无疑非常清楚众神各自的角色与职司。但赫西俄德省略的动机也可能是由于,对这些内容的描述适合于另一种不同类型的诗歌,即六音步格律颂歌,而著名的荷马颂诗即是此类诗歌最好的代表。荷马颂诗的主题是奥林波斯诸神的诞生与荣誉的获取,这些故事恰好不为《神谱》所涉及。④ [29]因此,赫西俄德的神谱诗表现出对赞美诗体裁的认知,而荷马颂诗同样熟悉神谱的传说。当赫西俄德赋予一位神祇以新的或非传统的职司时,他会提供详细说明。是

---

① 宙斯怀孕的怪诞一面不应被忽视。宙斯的伪单性生殖同样让我们想起蓬托斯生下涅柔斯的反常之举,因而成为向宇宙进化的最早阶段之一的一次回归。

② 关于metis[狡黠]的运转方式,参见Detienne与Vernant(1974)。

③ Frankel(1962)页107失望地评价道:"《神谱》中的神同赫西俄德在所有短诗中所介绍的荷马神系一样枯燥无味和缺乏生气(行912–942)。"

④ See Clay (1989) 268–270.

故,他对赫卡忒之特权——评论家称之为对那位女神的"颂歌"——的详尽阐述或许就并非偶然。

赫西俄德虽未详细说明奥林波斯众神的职司,却描述了宙斯的联姻策略如何不断地将旧神纳入奥林波斯的秩序中,包括一项此前业已被证实对宙斯战胜提坦神起到至关重要作用的策略。[1]譬如,从荷马的诗歌中我们得知,宙斯的某些子女令奥林波斯众神变得齐全。然而,随着继任循环的结束,宙斯之子中无人能对父亲的至高权力构成严重威胁。[2]克洛诺斯的长女赫斯提亚(Hestia),跟赫卡忒一样是位处女。勒托(Leto)的温和令强大的儿子阿波罗(Apollo)卸甲;德墨忒尔(Demeter)也只有一位女儿;赫拉与宙斯唯一的嫡子阿瑞斯(Ares)虽有威胁的可能,但此种威胁也在其与阿弗洛狄忒的联姻中被消解掉了(行933-937)。赫拉的另一位儿子赫淮斯托斯乃私生且身残。系战争与文艺之才于一身的雅典娜则出生于这两位男神之间,但她只对父亲忠心耿耿。

宙斯在早期婚姻中生下的子嗣构成其政权的寓言式象征,他们同原始的黑暗力量尤其是与厄里斯与夜神的后代们相抗衡,作为永恒的实体,这些黑暗神并未在新秩序下消失,但从今往后至少有对立群体与之抗衡;因此,如忒弥斯(Themis)讨人喜欢的女儿们,即秩序女神欧诺米亚(Eunomia,良序)、正义女神狄刻与和平女神厄瑞涅

---

[1]　比较 Bonnafé(1985)页87-102,Ramnoux(1987)和 Miralles(1993),他们都谈到了宙斯通过婚姻吸纳女性能力。

[2]　荷马的《阿波罗颂歌》(*Hymn to Apollo*)描写了这种潜在的奥林波斯神族间的对抗。在那里,赫拉扮演了妒妻的角色。然而,赫西俄德让勒托先于赫拉同宙斯婚配。参见 Clay(1989)页17-94;Miralles(1993)页33-39。值得注意的是,宙斯的前五段婚姻只生下了女性。《德墨忒尔颂歌》(*Hymn to Demeter*)体现了德墨忒尔——与赫拉一样,同为宙斯的姐妹-妻子——对奥林匹斯稳定的威胁。

(Eirene)三位荷赖女神(Horai),则成为无序女神(Dusnomia,失序)、不和女神和纷争女神的抗衡力量。在此语境下的大部分叙事皆围绕着新神摩伊拉(Moirai,命运女神)的出生展开。这些原始夜神所生的令人生畏的三胞胎女神,尽管只是作为对有罪的神与人施加永不停息的复仇之精神而显现(行220-223),但继她们之后出生的同姓神祇,则只为刚出世的凡人安排好运与厄运。① 在表征新制度的和谐有序方面,宙斯与提坦女神谟涅摩绪涅(Mnemosyne,记忆女神)的联姻同样重要,这或许是整部《神谱》中唯一的"恋爱婚姻";② 他们育有和善、可爱的缪斯女神,而诗歌即是从缪斯女神谈起。[30]她们的出现同样达到了支配赫西俄德于诗歌开头和结尾处都歌颂她们的目的(行34)。

有关《神谱》于何处收尾的问题,学界似无一致看法,我们也并不期望能在本书中解决该问题。笔者认为,可以肯定的是,《神谱》以一连串神人结合所生的(至少是)某些后代收尾;这些英雄世家在《列女传》这部古时就被归到赫西俄德名下的作品中得以延续并拓展。③ 然而,除非埃及的沙漠骤然增多,以至出土了另外的莎草纸片段,否则在仅存的辑语中,我们或许永远也无法得知这部作品的诸多细节。不过,鉴于神人结合生出的英雄们早在《神谱》中就已提到,因此势必存在《神谱》的续篇。随着盖娅被制服和墨提斯被吸收,政权更迭的威胁消除了,宇宙秩序的稳定性似乎得以实现。

---

① See West (1966) 229.

② 赫西俄德只在此处(行915)才使用了与 eros 同源的动词 $\H{\epsilon}\rho\alpha\mu\alpha\iota$[爱上]来刻画神明的婚姻。注意形容词"和善的"与"讨人喜欢的"(行8、65、67、70),它们用来形容缪斯九女神及其歌声,也形容其中一位女神厄拉托(Erato,行78)的名字。

③ 对此的概述,参见 West(1985)。

然而,甚至宙斯也不能全然废除那植根于繁衍欲望的增殖本能。他必须为增殖的本能寻找到一个发泄口,而最好的莫过于不对其永久统治构成新威胁的那个。宙斯为这一关键性的难题提供的解决方案是让英雄出生。通过与凡人结合,神明能使自身摆脱掉更头疼的生育问题。在后面一章中,笔者将剖析赫西俄德宇宙进化方案的背景下英雄种族的起源与消亡。

# 第二章　引读:《劳作与时日》

[31]前文已简述了《神谱》的内容,不仅强调了赫西俄德在排列家谱和安插离题话的过程中做出结构上的关键选择的那些节点,也强调了赫西俄德的选择——这些选择突出了某些关涉到宇宙之表达的基本概念的重要性。可是,当《神谱》追溯神明的宇宙自起源到当前的发展与进化时,它的框架从本质上说势必仍然与谱系结构紧密结合在一起。但《劳作与时日》的编排并不具有诸如此类的内在必然性或明显的结构。如韦斯特所言:

> 对期待一连串井然有序且条理清晰的理念的读者而言,这无疑是一部令人困惑的作品。同样的主题在诗歌的不同地方反复出现,相邻段落的内在关联性常常难以把握,一系列想法被看上去牛头不对马嘴的评论中断,教谕的意图被不断悬置,取而代之的是纯粹的叙述;总而言之,内容太过于庞杂,几乎难以用一句话来阐明诗歌的主题。①

而在其他学者看来,赫西俄德的创作风格包含了一种相当易变

---

① West(1978)页41。比较Sinclair(1932)页x:"不可否认,它[《劳作与时日》]是奇怪的混合,充斥着大量的离题话和不连贯的诗行。"但Evenlyn-White(1936)页xix对这首诗作了相当好的总结:"它的真实意图是教导人类如何在不易的世界中最好地生活。"

的观念联想,借此每一部分引出下一个部分,但这首诗无疑欠缺整体上的连贯性或中心论点。

任何对这首诗的研究首先都会遇到一个根本问题:我们读到的《劳作与时日》文本的统一性与连贯性问题。因为这首诗中不仅有些诗行可疑,甚至整段诗也很可疑,至少如部分学者认为的那样,这与赫西俄德的教化精神不符。作为例证,笔者只需提及所谓的"时日"和先于它们的诸般宗教禁忌。相反,其他学者则认为,赫西俄德的思维过程是"原始的",因此不能期望或发现结构与论证的连贯性。[32]事实上,历代学者皆否认这部作品有任何真正的统一性。与《神谱》不同,《劳作与时日》乍看上去像是由零散的部分拼凑而成的,其中毫无章法可言,这是一种见树不见林的古风思维模式的遗留产物。故而,《劳作与时日》的架构在某些人眼中似乎是自相矛盾的。①或许"设计"一词更符合我们的认知,因为"架构"使人联想到一种静态的结构体,而"设计"则暗含了一种与在创作过程中出现的模式、视角转换、多变调性相伴的动态进程。

如果说赫西俄德在《神谱》中是打算咏唱"永生的神族",那么在《劳作与时日》中,他则宣称其意图是"对佩耳塞斯诉说事物的真相"($ἐγὼ\ δέ\ κε\ Πέρσῃ\ ἐτήτυμα\ μυθησαίμην$,行10)。这些话暗示了赫

---

① 事实上,Schwable(1970)页469 提到了《劳作与时日》的"总体结构",但更多用数字术语来看待它。Thalmann(1984)页56 发现"基本的创作原则是不同部分的并存。这些部分之间的重要联系存在于……不断重复的重要观念,这些观念通常被语词的重复所强调"。同样,根据 Verdenius(1962)页111–159,赫西俄德主要借助联想来对作品进行谋篇布局:"赫西俄德眼前并未固定创作的计划,而是让自己被思想的洪流牵着走。"(页127)Heath(1985)提出了一种简单的三重结构。其他的观点有:Kerschensteiner(1944);Blusch(1970)。早期的相关研究,参见 Fuss(1910)页1–22 的总结。

西俄德接下来要讲述的诗歌内容。尽管诗歌包含了真实的事物或"真相",但其在形式上则类似于muthos[神话]、讲辞,有时甚或是故事。很明显,μυθέομαι[创作神话]是一个标志性的字眼。①在《劳作与时日》中,赫西俄德说他有资格劝说刚愎自用的兄弟,更出人意料的是,他自认同样有资格责备王爷们。他在威胁与说服、许诺与引导、命令与劝勉之间来回穿梭。此外,他运用了大量的修辞手法与策略:寓言、讽喻、神话和谚语。赫西俄德意义上的μυθησαίμην[创作神话]远非单纯的描述,它隐含了一种修辞和一项中心论点,即便中心论点意在劝诫,但它既揭示又隐藏了"事物的真相"。或许,用来揭示赫西俄德构思的最佳方法将表明,不破坏其中心论点,也就无法重新排列那些形成《劳作与时日》的构造块/构建单元,而这一中心论点唯有在通览全诗后方能显现出来。此处,笔者将简单剖析其中的某些构建单元,并尝试勾勒出赫西俄德中心论点的线性进程与内在的动态性。

[33]赫西俄德在引出缪斯和宙斯的简短序歌后,突然转向,宣布他的意图就是对佩尔塞斯讲述"事物的真相"。同样突兀的是,他投入为自己指派的任务中,是对自己在《神谱》中有关厄里斯(不和女神)说法的一次明显"纠正",就此而言,《劳作与时日》同稍早的作品《神谱》既有联系又有区别。大地上不只一位而是有两位厄里斯女神:一位有害,另一位则激发人类去劳作,并与同

---

① μυθέομαι[创作神话]是muthos[神话]的次生形式。Martin(1989)认为,在荷马那里,muthos[神话]与epos[史诗]相对,不仅指口头言辞,而且包括权威的讲辞。然而,马丁所做的区分是成问题的。比较Clark(2001);Murad(1998)。亦可比较Mueller(1954)。短语ἐτήτυμα μυθήσασθαι[诉说真相]出现在《德墨忒尔颂歌》行44,当时,神明和人类都不愿告诉德墨忒尔她的女儿珀耳塞福涅(Persephone)事实上(really)发生了什么。

伴展开竞争。但赫西俄德笔锋再次一转,开始直接对先前提到的佩尔塞斯讲话,而直到此时我们才得知佩尔塞斯系讲述者的兄弟。赫西俄德虽然概述了一场牵涉到本人、兄弟与王爷在内的复杂局面,但随后却将他关于两位不和女神的教诲用到佩尔塞斯的个人境况中,后者被劝说拥抱好的厄里斯,而非习以为常的坏的厄里斯。

总体而言,这首诗旨在记录一段对以佩尔塞斯为主、王爷为辅的讲辞。①但无论是王爷还是佩尔塞斯,都未发一言。赫西俄德令两者缄默,他们如 nepioi [稚童] 一般,从未被授予回应的资格。②继赫西俄德之后,沉默的聆讯者的形象就成为教谕诗的一项传统——虽然人们可以轻易地设想出一种能把对话融入其中的有效的教谕形式。③但在《劳作与时日》中,佩尔塞斯与王爷的沉默绝非传统意义上的。因为佩尔塞斯的劣迹与缺点,当出现于诗中时,是以一种言说的方式——更准确地说是以争吵和纠纷的方式,以及与此相伴的谎言与伪证——呈现出来的。同样,赫西俄德对王爷的控诉,也主要是因为后者的枉法裁决与宣判。

---

① 比较行 202 和 248。理解这首诗的谋篇的较早尝试追溯到了佩尔塞斯的角色,参见 Clay(1993)。

② 赫西俄德将 νήπιος [稚童] 与 ἔπος [回应] 联系在一起,即便二者没有真正的词源上的联系。关于 νήπιος 的理解,参见 Edmunds(1990)。

③ 在对古代智慧文学的概述中,West(1978) 页 3–25 提到了几个似乎采用对话体形式的非希腊的例子。最常见的形式包括了父亲对儿子的训诫,有时也包括对王子的训诫,但韦斯特并没有引用类似于《劳作与时日》中兄弟—兄弟的沟通模式的例子。Martin(1984) 页 32 认为《劳作与时日》是"希腊文中这类体裁尚存的最好代表"。但说者与听者之间更加平等的如兄弟般的关系(我们甚至不知道赫西俄德是否比佩尔塞斯年长)或许值得注意:赫西俄德何以拥有教导兄弟的权威?

为了接管宣告判决的贵族特权和约束刚愎自用的兄弟,赫西俄德只能在《劳作与时日》中独自发言。[34]可是,在赫西俄德滔滔不绝地摆出各式各样的论据,来告诫、说服和劝导时,我们必须设想佩尔塞斯正在默默聆听并理解兄弟的训诫,一位 $κωφὸν πρόσωπον$[沉默的人物],时而闪躲,时而赞同,甚至有时处于故态复萌的严重危险中。我们或许可将此次在诗人与其沉默的兄弟间具有暗示性的交谈,称作佩尔塞斯的教化。这是一次训诫的过程,第一步是让佩尔塞斯走上正义之路,接着引导他去劳作,把劳作视作唯一合法的谋生之道,最后,使其领悟到赫西俄德在序歌中许诺的 $ἐτήτυμα$[真相]。一开始,我们这些读者既是佩尔塞斯教化的沉默观察者,也是参与者。有时,当赫西俄德称呼不具名的"你"时,他的劝诫甚至就是直接说给我们听的,而有时,我们则远远地观察并评判赫西俄德对佩尔塞斯的劝诫,以及这些劝诫的效果。最终,赫西俄德戏剧性的独白,既指向了作为聆听者的佩尔塞斯和王爷,也指向了作为目击者的我们亦即他的读者。①

我们要理解赫西俄德的规劝,必须首先明确规劝的出发点,那就是佩尔塞斯的处境与两兄弟间的关系。至于是否确有佩尔塞斯其人的问题,②尽管一直争议不断,但其重要性比不上佩尔塞斯的形象在诗中前后有别这一普遍的主张。譬如,韦斯特就指出:"很明显,赫西俄德根据自身的需要,在诗中把佩尔塞斯设定为一个多变

---

① Green(1984)页 32-39 正确地强调了赫西俄德话语中的戏剧特质。
② 关于佩尔塞斯的真实性与虚构性的讨论,参见 West(1978)页 33-40;以及 Schmidt(1986)页 19-21。这场争论至少和《劳作与时日》的古代评注一样古老。参见 Pertusi(1955)对行 27 的注解。

的形象。"①当佩尔塞斯领悟了赫西俄德的教诲时,他在整首诗中的确发生了变化,但这些变化体现出佩尔塞斯教化的动态的线性发展。

普遍观点(communis opinio)认为,佩尔塞斯此前曾起诉过赫西俄德,靠着贿赂王爷/法官胜诉,从兄弟手中夺取了一大份家产。此刻,佩尔塞斯威胁要把赫西俄德再次告上法庭,企图夺取更多家产,但赫西俄德建议庭外和解。实际上,《劳作与时日》一直被视作赫西俄德针对兄弟的 plaidoyer[辩护词],可以说,这实属把此案置于公共意见的法庭上审理。②部分学者争辩说佩尔塞斯一定是输了第一场官司,进而对这一基本剧情作了修改;其他学者则否认还有一场未决的新审判;但几乎所有人都同意,纠纷主要与过往或将来的诉讼有关。③

[35]这些阐释是从证实赫西俄德对佩尔塞斯行为的描述相当难以捕捉这样一种可以理解的心态,以及从将这些阐释加以区分的差异中逐渐发展而来的。但可以假定的是,尽管婉转含蓄,赫西俄德仍在诗中为我们理解当前的情境提供了充分的细节。与大多数

---

① West(1978)页 36 – 40。Schmidt(1986)页 52 令人信服地论证,一幅有关佩尔塞斯的统一和前后一致的图像贯穿全诗始终。另参 Green(1984)页 30 – 32;Blümer(2001)页 1、5 – 17,基于诗中对佩尔塞斯的描绘前后一致,Blümer 主张佩尔塞斯确有其人,但这一推论并不合乎逻辑。

② Kirchhoff(1889)认为,行 11 – 281 包含了五首有关兄弟间诉讼的不同的歌,另外三首歌则写于不同的背景,并且后来的插补较多。

③ 除上述评论外,参见 Latimer(1930);van Groningen(1957);Gagarin(1974);Lenz(1975);以及 Schmidt(1986)页 21 – 28。可比较 Jones(1984)页 315:"没有理由认为这些向 basileis[王爷]提起的诉讼结束了——笔者想补充一句,它们甚至还没有开始。"亦可比较 Green(1984)页 25:"当时没有事前诉讼(prior litigation)";以及 Blümer(2001)页 16。

评论者的观点不同,笔者相信,并无明确的迹象表明,赫西俄德受到欺骗或在佩尔塞斯手上遭受了损失。①值得注意的是,通篇来看,赫西俄德并未要求赔偿损失或归还被窃取的财产,倘若佩尔塞斯真的欺骗了他,那么提出这样的要求就再正常不过了。但如果我们紧扣文本,接下来出现的剧情就变得可以理解。很明显,兄弟俩分配父亲的 κλῆρος[家产],很可能是地产。佩尔塞斯试图通过不正当手段获取更多动产类的财产——未必就是赫西俄德的,为此他"奉承"那些受贿的王爷们。②对王爷们 μέγα κυδαίνων 极尽吹捧,(行38),这种略显讽刺的指控极其含糊;它可能指诉讼费或仅仅就是奉承,抑或指所有这些含义的一种有意模糊化的混合。此外,虽然佩尔塞斯可能采取了虚假诉讼,但并无明显证据表明这场诉讼曾牵扯到赫西俄德。毕竟,此时的佩尔塞斯几近一贫如洗;只是后来我们才得知,他不久前曾乞求过赫西俄德施舍,并且明显不是第一次(行396)。但这一次,赫西俄德拒绝帮兄弟摆脱困境。

笔者认为,正是这次回绝而非财产损失,引发了兄弟阋墙,同时也为诗歌创作提供了契机,给当前的处境平添了几分紧迫感。争端的解决发生在此时此地(αὖθι,行35),实际上也就发生在当前这首诗中。如赫西俄德随后所言(行286–292),佩尔塞斯置身于十字路口:他要么继续在这条平坦易行的 κακότης[邪恶]之路上前行,要

---

① 比较 Schmidt(1986)页21:"实际上,我们无从了解争执究竟围绕着什么展开,是否关于土地、家畜、农具,还是其他事物,遑论这些争议对象有多大的体积或多大的价值了。我们也无从听闻它们对关涉方自身的意义,以及受损财产的状况和所属。"Verdenius(1985)页37只说对了一半,他评论道:"如果 Ἄλλα[别的]指的是别人的财产,兄弟间就不会有纷争。"——似乎他们只是为财产而争吵!

② 关于土地与动产之间的区别,参见 Walcot(1963)页8;以及 Jones(1984)页315。

么转向赫西俄德的规劝所指明的崎岖、陡峭且艰辛的 ἀρετή[德性]之路上。[36]因此,赫西俄德与佩尔塞斯之间的争论,并非纯粹的财产纠纷,而是人应当如何生活这一更加普遍的问题。①《劳作与时日》虽然是讲给佩尔塞斯这个特定个体的,但它的教化范围更加广泛。②正是此种普遍与具体的结合,为这首诗充当教谕诗提供了可信度。

赫西俄德劝说兄弟应当场解决纠纷,而非诉诸"受贿的"王爷,他们非常"乐于宣布那种人尽皆知的判决"③——因为他们明显可以从中渔利。赫西俄德故而提议越过这类诉讼程序,因为法官们贪腐堕落了,这些立刻就被称作傻瓜(νήπιοι)且对最重大的人类真理一无所知的法官们,在下述两行众所周知的格言中被如此刻画:

这些傻瓜!他们不知一半比全部多,
也不知草芙蓉和长春花里有极大裨益。(《劳作与时日》行40–41)

---

① 笔者很难认同 Rousseau(1996;1993)的论证理由,他视佩尔塞斯为堂吉诃德式的人物,投身于过时的英雄精神中。

② 比较 Solmsen(1949)页 96,他写道:"赫西俄德的特点是,既 sub specie aeternitatis[从永生神明的视角]也——甚至更有可能——sub specie universi generis humani[从人类的视角]去理解自身的经历和境遇。"关于赫西俄德论证的结构,参见 Benardete(1967)。

③ 笔者认同 Verdenius(1985)对 τήνδεδίκην[那种判决]的阐释。Gagarin(1973)相信 dike 始终指一件法律诉讼。他的结论受到 Claus(1977)和 Dickie(1978)的质疑。行 279a 的古代评注(Pertusi)指出,dike 一词在赫西俄德那里有几重含义:ποτὲ μὲν ἐπὶ τῆς σωματοειδοῦς θεᾶς, ποτὲ δὲ ἐπὶ του δικαίου, ποτὲ δὲ ἐπὶ τῆς κρίσεως, ποτὲ δὲ ἐπὶ τῆς τιμωρίας[有时指那位有形的女神,有时则指正义、审判和惩罚]。

尽管这些谚语的确切含义我们或已无从知晓,①但它们的普遍意义再清楚不过。第一行似乎再次提及兄弟共有的 κλῆρος[家产]。佩尔塞斯由于不满自己的份额,企图通过不正当手段攫取更多家产。作为受贿者的王爷同样十分贪婪,试图凭借枉法裁判获取更多利益。因此,王爷与庶民被控相同罪名:表面上更多,实非更多,看上去虽更少,只要取之有道,便具持久价值。在第二行诗中,天然野生的草芙蓉与长春花很可能是久远黄金时代人类的主食,那时的凡人与神明更加亲近,农耕尚未发明。② [37]而今,这些野草的"极大裨益"并不在于可口,③而在于让人认识到,它们给当前的人类供应了不良饮食。④这些野草提供的有益教训源于它们揭示了令人不快——和倒胃口——反倒成为劳作的替代选项。因此,两句谚语预

---

① 比较 West(1978)页 152 - 153,他相信这两句谚语是相似的;也可比较 Tandy and Neale(1996)页 56:"这里的重点是,正当的劳动所得胜过凭借不正当手段获取的奢华生活。"这种解释很符合第一句谚语,却不适用于第二句;草芙蓉与长春花属于野生品种,无需人工培育;它们似乎是动物的饲料。比较 Wilamowitz(1928)对行 41 的解释。

② 比较 Rousseau(1996)页 155 - 156; Ballabriga(1998)页 318 - 319。Detienne(1972)页 90 - 93 指出,毕达哥拉斯学派和厄庇米尼德斯(Epimenides)的素食——其中就包括草芙蓉和长春花——体现了黄金时代人类曾与神明同吃的原始食物。

③ 行 822 与此处所传达的意思如出一辙。在列举了吉日与凶日后,赫西俄德总结道:"这些日子对大地上的人类大有裨益(μέγ' ὄνειαρ)。"他并非意指自己提到的所有日子都是吉日,而是说知道吉凶大有裨益。另参《神谱》行 871。Rousseau(1996)页 156 把 μέγ' ὄνειαρ 译作令人费解的"极好的享受"(grande jouissance)。

④ 比较 Virgil, *Georgics* 1. 158 - 159;尽管维吉尔没有提到草芙蓉和长青花,而是提到了其他的前农业时代的食物——橡实,但这几行诗似乎证实了如下的解释:谷神首先将人类的食物从橡实变为小麦(*Georgics* 1.8),而没有长年累月的辛勤劳动,人类将再度回到原始时期的饮食。

示了贯穿于赫西俄德诗歌中的两大主题:劳作与正义。

两则神话以倒叙的方式继续了上述主题。鉴于以解释性的词语 γάϱ[因为]打头,紧随其后的普罗米修斯故事说明了人类必须劳作的原因。由于我们将在后续章节详细研究这则神话,笔者在此处仅概述一下故事的始末。诸神"藏起了人类的生计"(行42)。①普罗米修斯与宙斯交锋的最终后果,首先是人们必须以劳作为生,其次则是人类生活充满了大量无形且未知的厄运。由于二者皆是宙斯意志的结果,人类亦无法逃避:

因此,没有办法逃脱宙斯的意志。(《劳作与时日》行105)

第二则故事讲述(heteros logos)人类的境况,对象是无名的单数人称"你",我们可将其视为佩尔塞斯,②故事描述了人类历史中继任发展的不同阶段,从最早的与诸神亲近到现在的疏远。赫西俄德刻画了当前时代与最后的黑铁时代两个阶段:当前的时代中"善与恶相交"(行179),而最后的时代中只有无尽的恶。[38]兄弟失和、不敬义人或信守誓言者,这一切恰似佩尔塞斯的所作所为(行184、190–194)。此时,我们身处人类历史的紧要关头;除非佩尔塞斯能转向正义一方,否则灾难即刻降临。赫西俄德的启示以一种对将来的末日想象——彼时,人与神完全疏离,一切羞耻感与道德义

---

① Κϱύψαντες...ἔχουσι[藏起……生计]这种表达意味深长。否则,人类就会一劳永逸地掌握谋生之道。然而,它却被永远地隐藏起来了,因此人类需要持续劳作才能获取它。

② 笔者曾表明(Clay[1993]页27),佩尔塞斯意识到自己类似白银种族的 μέγα νήπιοι[大傻瓜]。应当注意的是,第一次对正义之必要性的论证是说给佩尔塞斯而非王爷们听的,因为后者总是以复数形式出现。

愤感[羞耻女神(Aidos)与报应女神(Nemesis)]都离人类远去——结束,而教导的紧迫性就在于人类将毁于宙斯之手。①

两则故事虽看似不同,却拥有某种共同的框架:它们都描绘了此前较为幸福的人类生活状态及其衰亡;在两则故事中,宙斯均为导致衰落的幕后推手。可是,除了同样惨淡的人类生活景象外,在涉及人们应当如何生活,以及在有能力改善自身处境之时是否行有所止的问题上,两则神话的启示也不尽相同。普罗米修斯的故事教导人类必须以劳作为生,而种族的故事则指导人类在对待他人及神明时践行恰当行为的必要性;这两项势在必行之举最终都源自宙斯的授意。因此,人类需要生计来源(食物,以及不单单是口粮的富足),就必须受公正行为准则的指引和约束。

总体而言,赫西俄德认同现代人所谓的零和经济概念,亦即财富总量是限定的,若想获得更多,就势必夺走他人的份额。②可是,夺走他人之物乃不义之举,因此,在赫西俄德看来,合理创造财富的唯一办法就是农事劳作。从额外的农业生产中获取的财富最终使购得他人的所有物成为可能(参见行341)。然而,赫西俄德指责佩尔塞斯抛弃了实现富足的唯一正当途径,反而在王爷们的纵容下走上偷窃与行贿之道,如果说偷窃之术是不义的,那么行贿则是愚蠢和短视的败家之举。佩尔塞斯(Perses)果然不辱其名,其名源于Πέρϑω,意指"荒废""窃取"。在企图窃取他人财产的过程中,佩尔塞斯终于愚蠢地荒废了自己的财产。然而,两种获取财富的方式都注定会失败,因为佩尔塞斯不明白人世间的劳作之道——亦即赫西俄德在上述引导性的神话故事及诗歌其他部分详尽阐释的 etetuma

---

① Cf. Rousseau (1993) 70-71.

② Cf. Millett (1984) 95-96.

[真相]。

诗歌接下来的部分交替对王爷和佩尔塞斯说话,阐明公正行为的理由,并同样慷慨激昂地劝阻不义之举。[39]赫西俄德继续以倒叙法(hysteron proteron)展开其著名的正义规训。笔者将赫西俄德的叙述称为三角型态,因为它依次指向王爷和佩尔塞斯。

赫西俄德的叙述因而由两部分构成,他的策略亦是如此,这就好比现代博弈论中的"囚徒困境",可被恰当地概括如下:

> 无法取得交流的 A 和 B 必须分别作出选择,是否打算(i)遵守一项道德规范,或者(ii)违反此项道德规范,在此种情况下,倘若 A 和 B 皆选择(i),那么都将获得良好的结果,倘若两者皆选择(ii),则都会得到较差的结果,而如果 A(或 B)选择(ii),B(或 A)却选择(i),A(或 B)将获得对其而言可能最好的结果,B(或 A)则获得对其而言可能最坏的结果……因此可以断定,道德教化就是让人们坚信,在任何情况下都应当选择(i)项,因为(ii)项虽看似为每个个体的利益提供了最好的结果,但总体观之却会导致极坏的结果。①

尽管佩尔塞斯认为其行为对自身有利,但行为本身不仅不义,并且其成功依赖于王爷们的纵容,而王爷们在收受贿赂和枉法裁判的过程中,同样只盯着自己的眼前利益。因此,赫西俄德必须同时劝说佩尔塞斯和王爷,不仅应公正处理自身的利益,同时违反正义将招致惩罚和大灾祸。

---

① Sihvola(1989)页 51。Sihvola 虽然声称这项普遍准则与赫西俄德的策略有关,但他并未将 A 和 B 等同于佩尔塞斯和王爷。

于是,赫西俄德开始向王爷们讲述鹰隼和夜莺的寓言。夜莺为鹰之利爪所擒,不住悲啼,但鹰却如此相告,既然他更为强大有力,就可对其为所欲为,甚至饱餐一顿。这则寓言似乎表达了力量即正义的观点,但并未传递出任何道德意涵。倘若如人们通常所理解的那样,鹰隼代表王爷,而夜莺代表赫西俄德自己,那么赫西俄德似乎在暗示,王爷与诗人之间的 eris[争斗]无异于浪费光阴。① 毕竟,夜莺没有作出回应。王爷被留待自行思考此则寓言之深意。既然歌者只与歌者竞争,想必也只有王爷才能与王爷匹敌。[40] 可是,夜莺迅即恢复了歌唱能力;假如诗人能与信赖王爷的 demos[民众]结盟,那么这场争斗就会变得势均力敌。佩尔塞斯即是所有这类人的代表,他们愚蠢地相信,道德沦丧的王爷会大公无私。赫西俄德的策略需要赢得佩尔塞斯的支持,以便形成一条统一战线与王爷对抗。

此时,赫西俄德弃离不纳谏言的王爷,转而对佩尔塞斯说道:"但你,佩尔塞斯,你要倾听正义。"(行 213)② 因鹰而噤若寒蝉的夜莺此刻开始用一种新的声音歌唱:正义之声。③ 佩尔塞斯不应滋养

---

① Wilamowitz(1928)页 64 相信这则寓言的重点在于:如果赫西俄德的诉讼案件由王爷裁决,那么,他也将遭受夜莺的命运。Bonnafé(1983)指出夜莺同随后对正义女神的刻画之间的相似之处令人义愤填膺。要了解近来的"修正学派的"阐释,参见 Perysinakis(1986)页 106,他将鹰隼和夜莺分别等同于宙斯和王爷。Nelson(1998)页 77 – 81(同样还有,Nelson[1997—1998])与 Leclerc(1992)主张存在两个层面:一为王爷与诗人,一为王爷与宙斯。比较 Beye(1972)页 39。Lonsdale(1989)坚持认为,这则寓言也可以解读为一种预兆。Hubbard(1996)则把佩尔塞斯视为夜莺,而把宙斯视为鹰隼。

② West(1978)页 209 与 Mazon(1914)页 78 指出,我们期望此处有一场直接针对王爷的劝诫,但却被延后了:"他将把最大的劝诫给予佩尔塞斯。"

③ 笔者认为正义(Dike)在此处已被拟人化了;所有格形式容易引起歧义。Arrighetti(1998)将首字母大写了。

无度的肆心(Hybris),"因为肆心不仅对δειλόςβροτός[小人物](如佩尔塞斯)是负担,甚至对ἐσθλός[显贵](亦即王爷)也是重负",并最终招来某种灾祸。赫西俄德于此处使用了象征性语言,我们称之为讽喻。赫西俄德描绘了一场肆心女神、正义女神和誓言之神(Horkos,Oath)共同参加的竞赛,但无疑,正义女神终将赢下这场竞赛。① 接下来描绘的景象是,正义女神横遭受贿的王爷们践踏,伴随着"遍布民众间的低声抗议"。②此种怨声载道之景表明,王爷的不义之举实非人心归向。并且有一项很好的理由:正义女神会把她的复仇之火施与整个城邦。而复仇之火,既会吞噬有罪之人,也会伤及无辜者。

为了结束这部分规劝,赫西俄德描绘了两个对立的场景,一为正义之邦,一为不义之邦(行225-247)。后者注定因饥荒、瘟疫和战争而毁灭,前者则呈现出一派和平富庶、繁荣兴盛的景象,类似于丰饶多产的黄金时代和遥远的极乐岛。但这幅理想的画面似乎与诗人在描绘种族继任中的早期教导背道而驰。抑或说,我们是否认为,人类将以橡实、蜂蜜为生,而不事劳作?③食素和无需出海远航意味着黄金种族与前普罗米修斯时期的人类,但据赫西俄德说,城

---

① 行219中难解的讽喻对赫西俄德的论证非常重要。和其他地方一样,此处枉法裁判的是王爷;但誓言神——以及随之而来的对伪誓的惩罚——落在了如佩尔塞斯般在法官面前作伪誓的那些人头上。比较《劳作与时日》行282-285。不仅枉法裁判,包括作伪誓,都将受到惩罚。
② West(1978)对行220的解释。
③ West(1978)在解读行233的橡实时拿捏不定。比较Knox(1982)页326-327:"赫西俄德在此处以极端形式呈现出公民彼此践行正义与不义的结果,这些结果与道德范例同这些通常以神话形式表现出来的戏剧画面相符合。在现实生活中,界限并非如此分明;但伸张正义的最好方式是力劝人们勿要走上极端。"

邦只是随着英雄种族的出现才形成的(参见行162及165)。

[41]赫西俄德在此部分借正义女神的声音自始围绕着(about)王爷说话,但他的慷慨陈词指向的却是佩尔塞斯。正是佩尔塞斯必须被劝说,他的利益建立在促使王爷践行正义,而非通过奉承和贿赂来鼓励他们贪婪的基础之上。否则,整个共同体都必将遭受重创,最终也会危及佩尔塞斯自己。有关理想化的正义之邦与不义之邦的对比想象表明,作为一个整体的城邦的福祉取决于王爷是否施行正义。但在两类描述中仍然存在着不对称性:尽管好的王者会令人民生活优裕,但即便只有一人行不义——无论是王者还是平民——都会招致宙斯对整个共同体的愤怒。①这一修辞手法的核心要义就在于,建议佩尔塞斯应当行事公正,并且他的举止同王爷及平民的正直与否休戚相关。唯有佩尔塞斯被劝说他的富足不能依赖于不公判决——判决的腐化堕落对他而言乃是祸根——并且深信宙斯会施加共同的惩罚,亦即当佩尔塞斯本人包括其他人被争取到正义的事业中时,赫西俄德才能把注意力转回王爷身上。

此时,诗人/夜莺采用了一种新的威胁式语调。赫西俄德借助神罚的威胁向王爷直言,发动了修辞上的狂轰滥炸,他提醒王爷,他们的不义之举无法遁形:宙斯的三万个庇护者正监视着他们的一举一动,就像正义女神那样向父亲控诉;最终,万事万物皆难逃宙斯法眼,因为宙斯眼观万物,洞悉一切($πάντα\ ἰδὼν\ Διὸς\ ὀφθαλμός$,行267)。王爷终将因恶行而自食其果。不仅他们自身的威望,包括整个共同体的持存,都依赖于王爷实践并提倡的正义品德。的确,缺少正义,

---

① Erler(1987)页20,他相信赫西俄德在此处修正了一种东方的神圣王权概念,并评论说一个人的不义会毁掉一座(不义的)城邦;但他似乎并不承认,在赫西俄德笔下,正义之城的福祉同国王的正直更加休戚相关。

王爷甚至连拥有一个能够管理的城邦都是奢望。诗歌开篇的祈祷（行9）得以应验。

此处,赫西俄德表达了一种令人费解的祈愿,稍后我们会回到这个话题上:他不愿成为正义的人,并且他也不希望他的儿子成为正义的人,因为倘若不义横行于世,做一个正义的人并非一桩好买卖。①但赫西俄德补充道:"但我期冀宙斯永不让此事应验"（行270–273）。[42]人们无法独自践行正义,因为正义是一项公共事务,需要包括王爷和demos[民众]在内的整个城邦通力协作。王爷将直接遭受来自宙斯无可逃脱的惩罚;demos[民众]也会蒙受城邦毁灭之难。王爷与佩尔塞斯的私利和自保不仅需要践行正义,也需要对正义的共同强化。

赫西俄德突然从王爷转向佩尔塞斯,佩尔塞斯必须听从正义女神,并且"彻底忘却bie[暴力]"。至此,我们总算明白了赫西俄德初谈正义时所讲寓言的确切含义。此前无助的夜莺终可一展歌喉,更确切地说,她加入正义女神和宙斯的三万个庇护者的歌唱行列,形成一个回击鹰隼的强大合唱团。宙斯加诸人类的nomos[礼法],不允许人类像飞禽和鱼类那样自相蚕食,因为他已把dike[正义]给予了人类。在青铜种族自我毁灭和奥林波斯神被引入公共生活后,宙斯把正义馈赠给人类。宙斯的dike[正义]既接纳了大人物（王爷）,也接纳了如佩尔塞斯一般的小人物,换言之,囊括了整个共同体。在维系正义方面,大人物与小人物之间的必要协作与联合,在接下来的部分被呈现出来（行280及以下）:谁知晓并谈论正义（王爷）,宙斯会赐予其福祉;谁若发伪誓和说谎（佩尔塞斯）,其家族必将式微,相反,信守誓言者的子孙后

---

① Mazon(1914)页84援引《奥德赛》2.230与5.8作为类比。

代定会兴旺昌隆。①因此,王者和农夫皆应以自己的方式维持正义,这既是为了自身的利益,也是为了 polis[城邦]的保存,因为二者相辅相成。②王爷的正义之辞体现在他们的公正裁决中;佩尔塞斯的正义之辞则体现在他对誓言的信守中。《劳作与时日》本身就是赫西俄德的正义讲辞。

在行 213 至行 285 之间,包含词根 dik - 的词出现了不下 27 次。此后,赫西俄德才开始了劳作尤其是农事的主题。考虑到赫西俄德的如下决定对诗歌的整体构思产生了深远影响,因此笔者不禁要问一个鲜有评论者提及的问题:赫西俄德为何选择将劳作的讨论置于正义的讨论之后这样的叙事顺序,而非相反。劳作——希腊人并不认为其在本质上是高尚的——在正义女神之后出现。正义涉及并界定了整个共同体,劳作则不然;[43]人们可以独自劳动,抑或在相对隔离的 oikos[家庭]中劳动;③可是,赫西俄德说得非常清楚,任何人都无法独自践行正义。④正义被拟人化为一位强大的女神和宙斯之女,但劳作并未被人格化。赫西俄德在讨论较低的事物前,先从更高的事物谈起,这是理解其中心论点的关键。

赫西俄德在规劝人们朝 dike[正义]靠近的过程中,运用了各式各样的修辞手法,之后,为强化论证,诗人借用了著名的十字路口比

---

① Mazon(1914)页 85 注释 5 恰当地引用了 Antiphon 5.11:"最大的誓言:自己、家人和寓所遭到毁灭。"

② 人们可能会说,柏拉图的《王制》(*Republic*)卷二都在致力于驳斥利己主义的正义观。

③ 譬如仔细想一想《奥德赛》中的拉厄尔特斯(Laertes)。

④ 注意行 270:$ἐν ἀνθρώποισι δίκαιος$[与人交往成为正义之人]。同时注意,在诗歌开头(行 33 - 34),赫西俄德为佩尔塞斯保留了如下的可能性,只要他食物充足,就可以继续滋生纠纷,抢夺别人的财产。后来(行 341),购买他人财物的可能性取决于神明的善意。

喻:一条是通向 kakotes[邪恶]的平坦易行之路,另一条则是通向 arete[德性]的狭窄陡峭之路。① 紧接着,赫西俄德阐明自身的卓越品质时,同样抵达了论证的顶点——因为能独自参透一切道理,进而教导和指引他人的 panaristos[至善之人]正是赫西俄德自己。诗人借助一位神明振聋发聩的声音,向先前愚蠢但顷刻间就被提升到英雄地位的佩尔塞斯发出命令:②

> 但你,得时刻牢记我们的告诫,
> 劳作吧,佩尔塞斯,宙斯的孩子。(《劳作与时日》行298-299)

至此,赫西俄德完成了序歌部分所宣称的宙斯的行动,即抬升无名之辈($\ddot{a}\delta\eta\lambda o\nu\dot{a}\dot{\epsilon}\xi\epsilon\iota$,行6),譬如悲惨不幸的佩尔塞斯。从卓越这样的高度急转直下,赫西俄德进入下一个过渡段落,这部分的忠告、gnomai[箴言]和劝诫共同编织出诗歌的两大主题:劳作与正义。再现诗歌的开场与佩尔塞斯的处境,强化了向赫西俄德中心论点的一个新阶段的过渡,而作为劳作之奖赏的财富则反复重现(行22;比较行313、377、381)。全诗中最后一个含词根 dik 的单词于此处出现,[44]而王爷和 polis[城邦]这两个先前如此突出的词汇则从诗

---

① 许多学者从务实的角度将此处的 κακότης[邪恶]与 ἀρετή[德性]定义为"失败"与"成功"(Tandy[1996]页81-82),或者如 West 所言"低下的和优越的社会地位"。然而,我们不能忽略十字路口比喻同接下来讨论 panaristos [至善之人]的诗行之间的密切关联,而它们之间的关系也需要一种伦理学意义上的解释:前者描绘了通往人之卓越的道路,后者则定义了这条路。

② δῖον γένος[宙斯的孩子]同样让我联想到神明与人类在英雄时代建立的联系。古人对这样的表述感到困惑,并将其理解成佩尔塞斯的父亲是某位名叫迪翁(Dion)的人!其他人则认为它意指"高贵的出生",这不仅弱化了赫西俄德所玩的文字游戏,也对他的反讽置若罔闻。

中消失了,①相反,与劳作、词根 erg - 和词根 erd - 相关的单词却开始崭露头角。但是,规劝人们靠近正义女神乃先决条件,就如同佩尔塞斯的成功蜕变是先决条件一样,因为代替劳作的不再是在 agora[集会]上的争吵,而是乞讨(行 394 - 404)。

如果说诗歌的前半部分着眼于 polis[城邦]内的正义,那么后半部分则呈现为一种专注于 oikos[家庭]、农田和邻居而非更大的共同体的狭窄视角。在农事历法中,合乎时令的正确劳作才能撑起丰收的希望(行 383 - 617)。自然万物、星移斗转,鸟语蝉鸣,皆为适合于一年四季不同时节的活动提供了信号。即便承认赫西俄德并未提供任何农耕指南,多数评论者仍视这部分为全诗核心。无疑,赫西俄德将农业看作后普罗米修斯时代人类的关键活动,但农耕只是其教导的部分内容。农事部分也仅占据三分之一的篇幅,因此我们亦须掌握好恰当的分寸。

虽然农事这部分的开头与结尾都提到在秋季耕作、播种,进而普遍遵循着年复一年的周期循环即"历法"的重要性,但细查之下,一系列按部就班的季节性苦差仍被频繁打断,一会儿怀着希望与忧虑的心情急切地提前瞥一眼来年的收成,一会儿又扭身回看每项农事所需的准备工作。实际上,恰是在开头部分,赫西俄德列出了秋耕开始前的一个月内务必准备妥当的所有苦差事的明细表——伐木,制作工具、木犁和马车,挑选合适的耕牛与雇农(行 414 - 447)。此种急促突变的创作技法,营造出一种在春秋两季的农忙时节分秒必争的紧迫感,并突出了时间对于农民的重要性。奈何这样的农忙

---

① Fränkel(1962)页 145 注意到,《劳作与时日》中没有对公共生活进行描述,但他认为赫西俄德生活在前城邦的社会中的观点却不再被认同。可参见 Raaflaub(1993)。

时期因被迫无事可做的寒冬酷暑时节而暂时中断。在对冬季的进一步描写中,恶劣的天气与无处遮风避雨的兽类,衬托出少女沐浴并在闺中小憩的场景,而少女又同在未生火的屋内哆嗦着的章鱼形成鲜明对比。同样,酷热难耐的夏季让人们暂离辛劳,获得喘息,能在树荫下饮酒茹荤。①

[45]两幅对比鲜明的画面强化了如今被迫闲适的场景。娇宠的少女不谙男女之事(行519-523),而在令男人虚弱无力的三伏天里,放荡的女人饥渴难耐(行586)。但这两段小插曲都暗示了人与自然之间错综复杂的关系。前一段描写了人类在面对恶劣的自然环境时,有能力缝制兽皮来抵御(ἔρυμα)严寒,甚至保护最脆弱的家庭成员。由于即将促成两个oikos[家庭]之间的联合,待字闺中的少女备受呵护。②在下一幅画面中,自然对男女产生了不同影响,因而人类的性欲永远与自然的周期循环不一致。这两幅有关女性的画面——一幅是积极向上的,因为它将人类社会联系在一起,另一幅则是长期分歧与分离的根源——令我们想到潘多拉的模棱两可和人类生活的必然不幸。

尽管如此,赫西俄德愉快的仲夏之宴仍被突然中断——似乎过分的闲散时光会令佩尔塞斯恢复原先的懒惰习气。于是,诗人再次回到秋耕开始前一整个月的关键的打谷屯粮期(行597-608)。自始至终的口号就是及时,及时筹备,及时了解恰当的信号,及时完成前期工作。③

---

① 对诗歌这部分的内容与结构的讨论,请参见 Nelson(1998),尤其页44-58;以及 Riedinger(1992)。最近的研究亦可参见 Marsilio(2000)。

② Cf. Lèvêque (1988) 52.

③ ὡραῖος、ὥρη和Ὠρίον[译注:这三个词皆有"及时"之意]在这部分出现不下16次。

赫西俄德在农民的历法中，显然勉强地附上了一段适合航海的时节（行 618 – 693），并语带轻蔑地介绍了这整个主题："万一你被不合时宜的远航的热情所征服。"（εἰ δέ σε ναυτιλίης δυσπεμφέλου ἵμερος αἱρεῖ，行 618）①那种欲望出现得的确不合时宜，因为它恰好在航海季快要结束时影响了佩尔塞斯（行 619 – 630）。显然，正如这两句对佩尔塞斯的责难所暗示的那样（行 633、641），②他很可能抵挡不住通过航海实现快速致富的诱惑。③但赫西俄德坦言自己对航海技艺知之甚少，因此必须仰仗缪斯赐予知识。[46]黄金时代和正义城邦皆无需驾船远航（行 226 – 237），这或许能解释他何以对风险大过收益的航海事业不屑一顾。倘若马车出了毛病，你尚可修理；但如果在海上遭遇不测，你失去的就不只是货物，还可能搭上性命。无论如何，只有穷困潦倒者或投机者才会冒着生命危险出海。赫西俄德说他们的父亲就是这样的人，曾因一贫如洗而出海远航，并最终在环境恶劣的阿斯克拉（Askra）定居，辛勤工作倒也为两个儿子留下了一份κλῆρος［家产］。事实上，赫西俄德建议仅把航海作为农事的补充，而非替代。因此，他表现出对春季航海的异常厌恶（行 682 – 683）：在这个关键时刻，你当在家中收割庄稼，倘若你无所事事，必将成为走投无路之人。不过，夏季航海只是打扰了夏日的宁静与欢宴，可话虽如此，你也必须赶在葡萄采摘（vendanges）和

---

① δυσπέμφελος［乖张］于行 722 再次出现，用来形容宴会上的不友好行为；在荷马那里，这个词也用来形容大海。

② 在行 633 中，佩尔塞斯再次被贬为"大傻瓜"（μέγα νήπιε Πέρση，比较ἀεσίφρονα θυμόν［愚蠢的心思］，行 646），而在行 641 中，赫西俄德让他的兄弟牢记及时的迫切需要，尤其在航海方面。

③ κέρδος［利润］这个词赫西俄德在这部分就用了两次（行 632 与 644），而在其他地方只用了两次（行 323 与 352），皆有负面含义。

秋雨纷落前及时返回家中(行674)。但赫西俄德十分了解他兄弟的为人,后者是位天生的投机者,一个更愿意速战速决而不愿循序渐进之人。实际上,佩尔塞斯的争吵与诉讼无非是蹩脚的投机行为,最终作茧自缚。赫西俄德煞费苦心地强调了航海的危害与风险,这一点贯穿航海日程始终。在陆地向大海的转变中,我们明显感到从更加稳妥到难以预测的发展变化。

《劳作与时日》接下来尚有近两百行,但自航海日程之后,佩尔塞斯的名字就从文本中消失了,赫西俄德只对一个无名的"你"进行教导。有学者指出,佩尔塞斯的消失暗示了从诗歌的特定情景(无论是真实的抑或想象的)向更普遍的大众的转换。① 这样的看法或许部分可信,但它忽略了如下事实,即诗歌的大部分内容都包含了并非与佩尔塞斯的特定处境密切相关的普遍真理,同时它也忽视了佩尔塞斯的教化的动态性。在诗歌的发展进程中,赫西俄德声称可能业已说服了懒惰的兄弟接受有关正义与劳作的教导。但起初,赫西俄德曾许诺告诉佩尔塞斯ἐτήτυμα[真相],即事物的真实状态。赫西俄德于全诗各处都提供了这些真实事物的微妙迹象,但机运在人类生活中的作用——或者说机运就是诸神?——则在诗歌临近结束时开始增多。② 笔者认为,佩尔塞斯无法理解这类ἐτήτυμα[真相],但还是会辛勤劳作和践行正义。他充其量只能接受赫西俄德明晰的忠告,即便佩尔塞斯不能成为ἐσθλός9[高贵之人],至少也会成为一位正派的人类共同体成员。[47]至于更深层次的真相——践行正义或许并不总是有所回报,甚至辛勤劳作也可能颗粒

---

① Cf. e. g. Calame (1996) 181.
② 比较 Benardete(1967)页166;Gagarin(1990)页177–178、181;"表层寓意本质上是'伦理'训诫,'遵循某些准则,你就会获得幸福';但潜在的含义则是对模棱两可和恣意妄为的全新和更加复杂的训诫。"

无收——并非为佩尔塞斯所准备,而是为赫西俄德理想的听众,为一位如赫西俄德那样的 ὁ πανάριστος[至善之人]准备的,"此人能独立思考一切,并看到事物的最终结果"。①

如果说全诗的第一次高峰维护了赫西俄德言说的权威,那么第二次高峰则出现在"自传性的"讲述中,在这一部分,赫西俄德谈到他在卡尔基斯(Chalcis)赢得了颂诗头奖,并把奖品三足鼎献给了赫利孔的缪斯女神(行654 - 659)。对赫利孔的缪斯的提及将这部分同《神谱》的序歌紧密地联系在一起,因为在序歌部分,赫西俄德第一次邂逅了他的守护女神。而这则进一步暗示了他的获奖作品正是《神谱》。②从这些制高点开始,诗歌急转而下,一直到结尾处刻画了人类的脆弱性。

如果我们比较与历法紧挨着的两段箴言(行327 - 380、706 - 764),就会更加明显地感受到视野逐渐变得阴郁黯淡起来。第二段中的部分gnomai[箴言]实际上同先前给出的忠告背道而驰:先说远亲不如近邻(行345),马上又说朋友和兄弟皆不可信(行370 - 371),到后来却说,莫要对待朋友如自家兄弟(行707)。毕竟血浓于水。虽然人类交往中的互惠原则和慷慨大方支配了诗歌的早期部分,③但后续部分的特点则是一种消极的互惠性和躲避感,最终在传言(Gossip)这一似神般的强大力量的出现中达至顶峰(行761 - 764)。

另外,赫西俄德在先前提到的禁止虐待来客、父母和孤儿等一连串的戒律中发出警告,某些不义之举会招致宙斯严厉的惩罚,而这些不义之举原本可以避免(行333 - 334),但第二段箴言侧重于

---

① 译文出自Athanassakis(1983)页74。
② Cf. Wade - Gery (1949) 87.
③ Cf. Millett (1984) 96 - 103.

有关自然的生理机能方面的宗教禁忌和迷信说法,违反它们将会遭到无以名状的报应(行 724–756)。与此同时,关注的焦点甚至进一步缩小到人的身体方面,缩小到仅仅是产生排泄物与污秽物的腹部。此处,赫西俄德描绘了一个充斥着莫名恐惧的世界;人体成为名副其实的污水池,在面对超出人类控制和理解范围的神秘与不利的力量时,人们最希望的就是避免不洁和躲避灾祸。

一年四季都有相应的征兆和劳作,自四季更替后,赫西俄德开始转向更加有限和更少预知性的月份指南,以便继续完成他的时日目录。① [48]于是,赫西俄德笔下的人类在对事物的把握性方面开始降低,相应地,人类生存的不确定性开始增加。由此,赫西俄德中心论点的总体轨迹就可以被勾勒出来:一种上升轨迹(对 Dike[正义女神]的论证)在赫西俄德自我表现为 panaristos[至善之人]时达至顶峰,接下来便是逐步下降(对劳作的论证),此间出现了第二次高峰(赫西俄德在卡尔基斯),但衰落最终无法改变。

无论在结构还是内容上,《神谱》和《劳作与时日》都存在着大量的差异,从试图揭示两部作品之构思原则的本书的大纲提要中应

---

① 许多学者否认行 724–764 以及随后的"时日"部分的真实性,他们大多受到 Wilamowitz 的影响,后者的版本(1928)就结束于行 760;也可比较 Fränkel(1962)页 124、143–144;以及 Solmsen(1963),对他而言,"'时日'最好被视作一种野蛮生长,亦即不受控制和没有方向的扩增,它们体现了迷信同样不受控制地迅速蔓延"(页 314);另参 Samuel(1966)。West(1978)列出了这部分的问题,但仍然为它的真实性辩护,Schwabl(1970)页 468–470 也同样认可它的真实性,对此他评论说:"在我看来,迄今为止对洁净的礼仪和时日部分的删除是基于……这样一种尝试,即把赫西俄德伦理意义上的(对他而言是可以接受的)敬神拆分成(对他而言难以置信的)迷信的和琐屑的元素。"即便人们面对的是根深蒂固的成见,这些诗行在整部诗中的功能仍然需要解释。Pellizer(1975)就论证了"时日"部分的统一性,而 Lardinois(1998)则令人信服地表明,"时日"部分与诗中其他地方发现的主题和中心思想紧密相关。

当看得很清楚。两部作品截然不同的内在动态性,亦即每部作品的线性运动,或许构成了我们最引人注目的分析结果。《神谱》展现出一种积极的代际更替,最终使宙斯的永久统治和稳定的宇宙秩序得以确立。《劳作与时日》则包含了更为复杂的调节变动。经由普罗米修斯和人类种族神话中的人类历史的决定性时期,到年月的周而复始的变化过程,《劳作与时日》的逐级收缩从时间上展现出来。[1]空间上看亦是如此,从城邦到oikos[家庭],再到最低生理需求的人体,视线在不断收缩,这也使得作品最终在极度悲观的气氛中收场。因此,两首诗的引读表明,在神明的宇宙与人类的宇宙之间存在着不可调和的分歧,后续章节将尝试阐明此点。

---

[1] Cf. Leclerc (1994).

# 第三章　序歌

## 《神谱》

[49]刚完成宇宙的安排（κοσμήσαντα），宙斯旋即询问诸神是否有所遗漏；诸神挨个请求宙斯为他自己创造一些神，以便后者能够用言辞和文艺来装饰他的伟大作品和整体安排。

品达，辑语 31（Snell – Maehler）

圣经以 Beragshit[起初]开始；《约翰福音》以 ἐν ἀρχῇ ἦν ὁ λόγος[太初有道]开始；而创世史诗《埃驽马·埃利什》（*Enuma Elish*）则以"其时在高处……"开始。这些对开端的解释只是开了个头，并没有说明自身，也没有解释自己这些解释从何而来。我们如何知晓这些开天辟地或有文字记载之前的原初事物？上述文献从未提出过这一问题。但早期希腊人却心系这样的问题，并坚持要解释他们对原初事物的知识的来源。譬如，巴门尼德就讲述了追随一位向其揭示宇宙本源的女神的历程。而恩培多克勒自诩为堕入凡尘的天神，因而知晓宇宙的起源和运行规律。此外还有第一次系统说明宇宙创生和进化的赫西俄德，他同样以长达 115 行的序歌作为诗歌开场，因为序歌赋予其讲述此类超出常人认知范围之外的主题的能力。宇宙进化的开场白自然引发了如何解释开端的认识论问题。

## 第三章 序歌

希腊谚语有言：开端是整体的一半（ἀρχὴ ἥμισυ παντός）。《神谱》是关于开端和 archai[起源]的诗歌，是有关世界法则及其起源的诗歌。[50]据亚里士多德说，希腊古风思想即前苏格拉底哲学，包含了对万物法则和起源的思考。① 遵循这一视角，人们必须将诗人赫西俄德纳入前苏格拉底哲学家之列，因为他似乎同样热衷于开端问题。或许更加准确的说法是，人们可以把前苏格拉底思想既看成是由赫西俄德提出的关于诸神和宇宙的起源问题的延续，也看成是对它的回应。②

接下来，让我们从开篇逐一谈起：

Μουσάων Ἑλικωνιάδων ἀρχώμεθ' ἀείδειν.
让我们最先咏唱赫利孔的缪斯吧。（《神谱》行 1）

《神谱》的开场通常被称作"缪斯颂歌"，但正如福里德兰德（Friedländer）、名顿（Minton）等学者所言，③其结构实际上与希腊颂

---

① Aristotle, *Metaphysics* 卷 A 各处。对起源的兴趣甚至可以追溯到荷马；通常，荷马在描述对象时，不是根据它们的完成形式，而是通过它们的起源或制作（譬如，阿伽门农的权杖、潘达罗斯的弓、阿基里斯的盾牌、奥德修斯的床）。Ἀρχή不仅指"开端"，也指"从开始一直持续到现在"，因此兼具"起源"和"法则"双重含义，参见 Classen(1996)。

② 赫西俄德对个别前苏格拉底哲学家的影响，参见 Diller(1946); Strokes(1962)页 1-37; Heitsch(1966b); Hölscher(1968)。

③ Friedländer(1914); van Groningen(1958)页 258-260; Büchner(1968); Minton(1970); Lenz(1980)页 127-181; Janko(1981)页 20-22; Thalmann(1984)页 134-139。Walcot(1957); Bradley(1966)和 Schwabl(1963)过于突出纲要式的解释，没有给予序歌的动态性应有的重视。在 Verdenius(1972)看来，序歌的特点是缺少固定体系的联想。有关序歌的形式与结构的探讨，笔者自认为与 Thalmann(页 134-152)最投缘。另参 Clay(1988)。

歌,尤其与托名荷马颂歌的合集大体相当。它们之间包含了某些共同特征:对被歌颂的神直呼其名,后面跟着描述神之特性的定语从句;描述了神的显灵;神赐予人类的礼物;神的特定职司与活动;以及最常出现的对神诞生的说明。

但进一步思考即会发现,《神谱》的第一行没有预想中的那么典型。不同于那些使用现在时第一人称单数的ἄρχομαι("我开始")的荷马颂歌,[1]赫西俄德采用虚拟式第一人称复数的ἀρχώμεϑα("让我们开始")。此种形式并不简单等同于"让我开始"或"我会开始";[2][51]它暗含了说话者与受邀或被劝说参与行动的另一个人或其他人都在场。但谁是其他人?在合唱诗中,这样的激励形式是典型的并容易理解的,因为合唱队在某种程度上代表并同时包含了那个构成听众的共同体。[3]但荷马使用复数的"我们"来指他自己却只有两次,非常有意思的是,这两次的语境都同缪斯有关。在《奥德赛》第十行,诗人在祈祷结束时请求缪斯讲述她的传说,并把自己当作这首诗的听众:

---

[1] 《荷马颂歌》第 2、11、13、16、26、28 首;细微的变体形式,见第 22 首。比较第 25 首颂歌,它包含《神谱》行 94–97,并以Μουσάων ἄρχομαι[让我以缪斯女神开始]开头。

[2] 如 West(1966)页 152;Verdenius(1972)页 226 和 Podbielski(1994)页 175 所声称的。比较 Kambylis(1965)页 46:"在诗歌开头……他给自己定下了要求。"比较该书页 35。另参 Schwyzer(1950)2;315;Goodwin(1889)页 88。《伊利亚特》22.392–393 常被作为一个特例引用,却证明了这个规则。因为在敦促希腊人高唱凯歌并将赫克托的尸体带回船上后,阿基里斯(比较少见地)同所有的希腊人分享了胜利的荣耀。

[3] 想了解史诗和抒情诗中不同的表达模式,参见 Calame(1995a)页 27–57。

> 我乞求神圣的女神,宙斯之女,也给我们讲述故事。

《伊利亚特》中,诗人在开始列举希腊军队前乞求缪斯的援助:

> 你们贵为女神,当时也在场,知晓一切;
> 我们听到的只是传闻,一无所知……(《伊利亚特》2.485–486)

此处,荷马所谓的"我们"特指包括他在内的人类共同的无知状态,因为人类无法知晓缪斯的知识。在两种情境下,荷马的"我们"都与定义清晰的"你/你们"即缪斯或文艺女神不同。然而,《神谱》的第一行诗并不符合此种模式。①当赫西俄德开始咏唱时,既未将自身等同于听众,也未等同于普遍的人类;他似乎也没有在自己与缪斯之间制造一种对立。②相反,他把缪斯纳入他的劝诫中。③一开始,诗人就把他的咏唱视为合作的结晶;[52]咏唱不仅是其一人之事,只要他的咏唱才能是受灵感激发的,那么咏唱就与缪斯

---

① Wachernagel(1981)页1和页100就是这样认为的。

② Maehler(1963)页43认为,《神谱》行36中的τύνη[你]和ἀρχώμεθα[让我们开始]是说给赫西俄德的听众的:"通过祈使句的直接的'你'及其复数形式,[赫西俄德]叙事诗中的无名者也指向了听众……赫西俄德因此迈出了从叙事诗向抒情诗发展的决定性一步。"比较Sellschopp(1934)页45–46;以及Lenz(1980)页141注释1。把赫西俄德置于叙事诗和抒情诗之间的那种进化方案就受到上述解释的影响。Schadewaldt(1926)页201将τύνη[你]理解成赫西俄德的自我劝勉。与之类似,Theraios(174)页136称其为"诗人的自我提醒"。

③ 比较 Epigoni fr. 1 (Bernabé):Νῦν αὖθ᾽ ὁπλοτέρων ἀνδρῶν ἀρχώμεθα, Μοῦσαι[缪斯啊,此刻让我们从最年轻的壮勇开始];以及 Theocritus 17.1:ἐκ Διὸς ἀρχώμεσθα καὶ ἐς Δία λήγετε Μοῖσαι[缪斯啊,让我们从宙斯开始,也以宙斯结束];另参 Aratus, Phaenomena 的开头,句中复数的"我们"指的是说话者和全人类。Calame(1995a)页46和页63–67正确地提到了行36中的"双重的我";

的声音是一致且不可分离的。随后,赫西俄德描绘了他与缪斯合作的缘起,讲述他同女神的邂逅,以及他的诗人加冕礼(Dichterweihe)。

笔者似乎在一个看上去微不足道的语法细节上小题大做了,但它与赫西俄德在《神谱》中的创作重心关联紧密:从事物的初始阶段描述它们的起源。然而,《神谱》本身无法以事物的开端作为开场,因为它预设了一个更早的开端,换言之,赫西俄德是借助缪斯初涉诗歌这门技艺的,而缪斯在邂逅之初便命令赫西俄德,要始终以她们作为开场:①

> 女神最先(πρώτιστα)对我说话——唯一在此处的人。(《神谱》行24)

《神谱》的第一节恰好描述了"最先"(πρώτιστα,行116)生成的事物。在序歌结尾处,当赫西俄德祈求缪斯为他咏唱最初的事物时,"开始(从头)"和"起初"这两个字眼总共使用了五次;类似的术语同样出现在描写诗人初涉诗坛的序歌开篇。②赫西俄德在诗歌启蒙方面的"最先",要早于赫西俄德坚持让缪斯从头开始讲述神谱层面上的"最先",但却以后一种"最先"为前提。鉴于赫西俄德承担了描述宇宙起源的任务,他理应思考起源的问题,尤其应当思考

---

但他相信,行1中的"我们"与民众"很可能存在关联"(页73)。然而,Calame(1995b)页18指出"我们却只有一个(un nous englobant)"。这就回避了赫西俄德与他的缪斯何时开始或曾于何时开始合作的问题。

① Cf. Brague (1990).
② ἀρχώμεϑα[让我们开始](行1、36);πρώτιστα[最先](行24、116);πρῶτον[开端](行34、115);Τὰπρῶτα(行108、113);ἐξαρχῆς[从开头](行105)。

他受神的启发去阐明宇宙起源这项能力的缘由,这一点并不出乎意料。思考的结果呈现在序歌的结构中,这一结构虽稍显奇怪但仍然符合逻辑,实际上,序歌的结构包含了三个开端:首先,对赫西俄德诗艺来源的说明(行1–35);①[53]其次,对缪斯命令的履行,即总在开始时咏唱她们(行36–103);最后,《神谱》正式开始前祈求神助(行104–115)。赫西俄德的序歌尽管在形式要素方面与颂歌类似,却遵循了一种自身的内在逻辑,这种逻辑使人们自觉注意到赫西俄德所承担的那项拉开宇宙进化序幕的任务的不确定性特征。

赫西俄德的开篇还暴露出另一个语法上的异常现象。在荷马颂歌中,程式化的短语 *ἄρχομαι ἀείδειν*[让我们开始咏唱]每次出现时,其后通常跟着宾格的神名,来充当动词"咏唱"的对象。那位注释学家改写作 *ἀπὸ τῶν Μουσῶν ἀρχὴν ποιούμεθα τοῦ λέγειν* 并非没有道理。②赫

---

① 行35的含义争论已久,它中断了赫西俄德与缪斯女神邂逅的叙述。参见 West(1996)页167–169。古代评注者将这行诗释义为 *ἀρχαιολογεῖν*[讲述古老事物];《奥德赛》19.163把 *παλαίφατος*[古老的]看作橡树的修饰词。Nagy(1990)认为,赫西俄德众所周知的橡树和岩石指的是"古代有关人类纪元的神话"(页182),并将这行诗改述为"相当于问他为何在开端处徘徊"(页199)。这句话恰好引发了人们对原初起源的关注:此处则让人注意到赫西俄德之歌成问题的起源。至于其他的新近解释,参见 Hoffmann(1971);Schmoll(1994);和 O'Bryhim(1996)。West(1966)坚持认为"在早期史诗中,带宾格的 *περί* 总是具有一种方位意涵,以至于这个词不单指'关于'(about),亦即关于橡树和岩石,它也有'在周围'(round)之意"。但请比较《伊利亚特》3.408:*περὶ κεῖνον ὀΐζυε*[为他受苦难];以及短语 *περὶ δόρπα...πονέοντο*[为晚饭……忙碌](《伊利亚特》24.444)和 *περὶ δεῖπνον...πένοντο*[为饭食……忙碌](《奥德赛》4.624及24.412)。实际上,赫西俄德的表达省略了 *πενέσθαι*("忙于"、"全身心投入")。因此这句话一般可能译作"拐弯抹角"。

② 对第一行的古代评注(Di Gregorio):"从缪斯那里开始我们的讲述。"

西俄德并不仅仅打算歌颂缪斯,相反,他答应从缪斯开始他的咏唱。①二者区别看似微小,实则并非如此,原因有二:首先,在笔者看来,它解决了序歌与《神谱》之间有机联系的老问题,并推翻了古往今来那些把"缪斯颂歌"视作《神谱》本身之增补部分的评论者的看法;②其次,它揭示了缪斯构成赫西俄德之歌恰当的甚或必要的起点,但并非它的对象。唯有借助缪斯这一媒介,赫西俄德才能吟唱他的《神谱》。但我们也会看到,描写那条媒介之径的序歌,要求我们在达成它的目标之前迂回兜圈。

那些叙述序歌构思的尝试通常都过分简略,因为它们旨在提供一种受环形结构所支配的静态建模。其他学者则认为并不存在一种构思,有的只是建立在联想之上的变动过程。[54]前一种解释忽视了演绎的内在动态性和线性发展,后一种解释却认为赫西俄德具有一种"古风式的"思维模式,并缺少总体的构思原则。然而,在序歌中,赫西俄德似乎为读者提供了有意义的空间和时间范畴,它们以一种易于理解的方式影响了序歌进程的展开。

接下来,让我们从赫利孔山开始,缪斯在那里载歌载舞,进行着

---

① 比较行 36 和《荷马颂歌》25.1 中的属格,它看上去像是赫西俄德序歌的简版。然而,复数属格的 ἄρχομαι [我们开始] 通常以过渡的程式化表达 σεῦ...ἀρξάμενος [你……让我开始] 或更加明确 ἐκ σέο δ' ἀρξάμενος [让我先从你开始] 位于荷马颂歌的结尾处(《荷马颂歌》第 5、9、18、31、32 首)。比较 Apollonius Rhodius, *Argonautica* 1.1。但属格与宾格之间区别的最明显例证出自 Theocritus 22 (*Dioscouri*) 25 - 26: Κάστορος ἢ πρῶτον Πολυδεύκεος ἄρξομ' ἀείδειν; | ἀμφοτέρους ὑμνέων Πολυδεύκεα πρῶτον ἀείσω [卡斯托尔和波吕丢刻斯,谁是我最先开始歌颂的?两者我都颂扬,但我首先颂赞波吕丢刻斯]。比较 Van Groningen (1958) 页 256:"第一行诗……业已证明诗人把赞美缪斯视作开场,(ἀρχή),一个不同主题的前奏。"

② 比较 West(1966) 页 150 对这场争论细节的描述。Lamberton(1988) 页 45-48 相信,序歌是在希腊化时期附加上的。

神秘的仪式,由于秘仪在"众神出没"(ζάθεον)的山顶,无人——至少无一俗世之人——能一睹众神尊容。赫西俄德对缪斯沐浴之地的不确定似乎暗示有多个场所:她们可能在珀尔美索斯河(Permessus),也可能在马泉(Hippocrene),抑或在俄尔斯泉(Olme)沐浴玉体(行 5 – 6)。①ἀκροτατω Ἑλικῶνι[在赫利孔山巅],缪斯女神纵情舞蹈,更确切地说,她们围着一处山泉或宙斯圣坛转圈。可是,她们突然变换了舞步:排成一列,逐渐远去(στεῖχον)。她们从赫利孔山巅离去,说得更准确点,她们正在离去——时态上采用的是未完成过去时(行 10)。这里的未完成过去时看似并不符合传统的希腊语语法规则,②但它从时间上表达了已从空间上——亦即通过缪斯从众神的神圣居所下降到凡人宅邸之举——表达过的事了。事实上,στεῖχον[离开]这个未完成过去时的词语,准确并生动地传达了从众神的永恒不朽向人类的转瞬即逝变迁的瞬间。

缪斯吟唱着,于夜间自赫利孔山往下行;歌声暴露了她们的行踪。苍茫夜色中,她们被云雾笼罩着,隐而不见,颂吟着众神(行 11 – 21)。首次出现的十九位神明名录被视为一份逆序的《神谱》名录表。③但细查之下很快就会发现,这样的构思原则与赫西俄德

---

① Marg(1970)页 87 声称"这三处地方彼此相距甚远",对此,赫西俄德的听众当然知道,但这也突出了赫西俄德并不清楚缪斯的确切所在。赫西俄德列出的这几个地方不完全就是神明喜欢光顾之地,譬如《德墨忒尔颂歌》行 490 – 491 和《阿芙洛狄忒颂歌》(H. Ap.)行 141 – 145。

② 比较见 West(1966)页 156 与 Verdenius(1972)页 229,他们似乎认为缪斯女神的目的地是奥林波斯山;比较《阿芙洛狄忒颂歌》行 5 与 Clay(1989)页 23 – 29。至于 Kambylis(1965)页 50 – 53 的讨论,则并不具有说服力。

③ 譬如 Aly(1913a)页 54 注释 1:"以相反的顺序对神谱的概括。"比较 von Fritz(1956)页 301;Kirk(1960)页 84 – 85;以及 Buchner(1968)页 21。

的构思原则迥然不同;①实际上,这份名录存在几分独特和晦涩之处。②人们毫不奇怪宙斯会优先出现,对于其配偶兼妹妹的赫拉的优先出现人们同样不感到意外,尽管诗人并未如此明确地称呼赫拉。[55]雅典娜与宙斯的关系被言明了($κούρην...Διός$[宙斯……女儿],行13),但阿波罗及阿尔特弥斯(Artemis)同宙斯的关系并未得到清晰说明。自忒弥斯开始,我们仿佛从宙斯的后裔和同辈神祇转向早期一代的神祇,但提到阿芙洛狄忒(Aphrodite)似乎有些格格不入;下一行诗中狄俄涅(Dione)的出场则不禁令读者推断,阿芙洛狄忒是荷马诗歌传统中的宙斯之女,③如同邻近的赫柏(Hebe),乃宙斯与赫拉之女。然而,自勒托之后,表面上的秩序似乎再次显现:首先是两位提坦神,接着是太阳和月亮这两种与气象有关的最突出的形象,最后则是韦斯特所谓的"元神"(elemental divinities):④大地、洋流和黑夜。

赫利孔山的缪斯之歌与赫西俄德自己的歌之间的对比,揭示了许多显著差异。首先并且最明显的是,行11–21中的名录主要是倒过来从奥林波斯众神向早期神明回溯,而赫西俄德的神谱则 $ἐξαρχῆς$[从最初]开始。再者,除雅典娜外,有名号的神明彼此之间的关系并未得到说明。在名录表的中间部分,任何纯粹依照时间先后顺序的方案似乎都被丢弃了,也未出现过其他任何明确的次序原则。此外,阿芙洛狄忒隐藏的家谱与赫西俄德在其随后的神谱中给

---

① Hamilton(1989)页12称之为"混乱的"和"可能就是有意要造成混乱"。Snell(1975)页55暗示这个顺序并非谱系上的,而是建立在地位之上的。

② Schlesier(1982)页152–153列举了其中的一部分。比较Clay(1989)页325–327和Rudhardt(1996)页33–34。

③ 此处的古代评注强调,这里的狄俄涅不可能是阿芙洛狄忒的母亲。

④ West(1966)156.

出的阿芙洛狄忒的家谱相抵触(行188-200);狄俄涅,这位荷马史诗中阿芙洛狄忒的母亲,后来再次出现(行353),但只不过是大洋女神的后代之一。同样,天空的躯体在此处比在赫西俄德后来的描述中占据了更加明显的位置;把黑夜女神放在首位——这在所谓的俄尔甫斯神谱中同样如此——似乎是传统的甚或相互冲突的神谱的一项特征。①最后,行21表明,对众神的列举仍然不够完整,但赫西俄德至少暗示说他的列举详尽无遗。

另一项重要的对比,乍一看或许不是十分明显。赫西俄德描绘众神时,似乎避免了地方性崇拜的称谓。阿芙洛狄忒是个明显的例外,却也证实了此项规则,因为赫西俄德不厌其烦地从阿芙洛狄忒的出生而非任何具体的及地方性的仪式联想中获得她的称谓:"塞浦路斯的"(Cyprian)和"塞西拉的"(Cytherean)。②一般而言,赫利孔的缪斯在此处所描绘的众神的称谓似乎相当合乎习俗。但其中一项称谓十分突出,不仅因为它只在赫西俄德的这部作品中出现过,而且因为它在性质上迥异于其他神明的称谓:″Ἥρην Ἀργείην [阿尔戈斯的赫拉]。③[56]赫拉被恰当地称作阿尔戈斯人(Argive),因为其最古老和最重要的圣地就位于阿尔戈斯(Argos)。赫利孔的缪斯属于地方化的神明,因而在她们的咏唱中保留了地方性崇拜的痕迹,而赫西俄德的咏唱,由于受到奥林波斯的缪斯的启发,则有意识地成为泛希腊的。④

---

① See Ramnoux (1986) 177–230.
② Cf. Nagy (1990) 46.
③ Judet de la Combe(1993)页29-30认为,这份名录体现了"《伊利亚特》的神学宇宙"(页29)。但赫拉在荷马史诗中只有两次被称为阿尔戈斯人(《伊利亚特》4.8和5.908)。这个称谓更常用来指海伦。
④ Cf. Nagy (1990) 57–59.

总而言之,那份包含在伴着缪斯从赫利孔山下降的夜曲中的名录,似乎既没有严格依照时间先后顺序进行叙述,也没有遵循一项清晰的谱系方案。此外,它并未如赫西俄德在其神谱中那样,从第一代神即 ἐξ ἀρχῆς [从最初]开始,而是从宙斯和奥林波斯众神这批最新一代的神,亦即那些人类最易见到的和最亲近的神明开始,接着向前回溯到早期神明,但这两代神明之间的相互关系仍然晦涩不明。最终,这份名录是地方性和不完整的,而赫西俄德的神谱则像是泛希腊的和完整的。①

随着缪斯从赫利孔山下降,这第一份名录从离我们最近的事物开始谈起,如亚里士多德所言:to proton pros hemas [对我们而言的原初事物]。在《尼各马可伦理学》中,亚里士多德区分了两种论证并说道:"人们必须记住,论证(logoi)要么从第一原理开始,要么朝着第一原理进发";他接着解释说:"实际上有两种原理:那些为我们所知的原理,以及那些绝对意义上的原理"。②赫利孔的缪斯之歌就属于第一种类型。③ 另外,缪斯之歌的从此时此地(hic et nunc)开始,它的不完整性和谱系的晦涩不明之处,包括缺少任何明确的次序原则,都体现了后来的思想家称之为 doxa [意见]甚或 ortha doxa [正确的意见]的事物:既非完全正确,亦非完全错误,但很可能

---

① 赫西俄德提请注意他的神谱的上述特征,特别是在他为无法细数所有河流名称而致歉时: τῶν ὄνομ' ἀργαλέον πάντων βροτὸν ἄνδρα ἐνισπεῖν, | ὑποκάτω τοῦ ὄρους ὡς βροτός ("细说所有河流名称超出我凡人所能,不过每条河流岸边的住户都熟知",行 369–370)。

② *Nicomachean Ethics* 1095b.

③ 这或可解释行 19 中的黎明、太阳与月亮(在一份莎草纸文献和一份抄本中,他们被删去了,而在其他文献资料中,他们则被置于行 18 或行 15 之前)的重要性,这一重要性与他们在《神谱》中无足轻重的作用形成了鲜明对比。至少对于人类而言,他们是最容易观测到的天象。

是为了达到更加完整和准确的记录而做的一项必要的前期准备工作。①

从圣山一路下行,缪斯抵达人类的居住地,Ἑλικῶνος ὕπο ζαθέοιο([在神圣的赫利孔山下],行23)——更确切地说,抵达人类世界的尽头,ta eschata[那最后的地方],也就是神与人可能会相遇的高高的牧场。与此同时,借助与时间有关的不定过去时(αἵ νύ ποθ'...ἐδίδασκαν[从前……教给],行22),我们进入了人类的时代;[57]一位名叫赫西俄德②的人接受了女神的教导。借助指示词τόνδε[这],赫西俄德表明,我们已抵达此处(here),抵达了已知的凡间。③此外,描述缪斯的夜间活动、她们从圣山下降以及她们传授技艺的对象的那个声音,正来自此刻我们面前的那位讲述者。在"所有希腊文学作品中的讲述者的最清晰的自我展现"中,④赫西俄德认为当前的演绎同其最近的诗歌启蒙的经历和虚构的宇宙进化的过往有关。实际上,借助赫西俄德与女神私下偶遇的关键时刻这一媒介,遥远的过去此时此地仅为我们所展现。

τόνδε[这]在行24中所处的位置表明,它是με[我]的修饰词,⑤但严格来说,它同样可以搭配μῦθον[话语];由于ὅδε[这]兼具前指和后指两项功能,因此τόνδε μῦθον[这番话]既可指接下来缪斯的具体

---

① 比较 Arrighetti(1998)页 311-312;Leclerc(1993)页 198-202,他发现了行 1-21 中夜行的缪斯与序歌其他部分"光彩夺目的"缪斯之间的差别。

② 关于赫西俄德的名字,参见本书引言部分注释 6。

③ 参见对行 23 的古代评注: αἱ Μοῦσαι <ἐν> ἀκροτάτῳ Ἑλικῶνι ὡς θεαί αὐτὸς δ' ὑποκάτω τοῦ ὄρους ὡς βροτός[如果缪斯是<在>赫利孔山巅的神明,山下则是有死的凡人]。

④ Bakker(1999)页 10。他接着指出,"宙斯的统治、神明的荣誉和农事历法,这些赫西俄德所讨论的都是日常生活中的重要部分"(页10-11)。

⑤ Cf. Verdenius (1972) 233, n. 2.

言辞(行 26 – 28),也可指整首诗——包括最初的启蒙场景。我们再次面对如下的 aporia[难题]:赫西俄德与守护女神的合作何时开始?①

与此同时,缪斯的名称和位置的改变——从赫利孔山到奥林波斯山——突出了从局部和本地的视角向希腊全境视角的转变。②上述转变强化了一种类似的发展变化,亦即从有限的人类视野逐渐转向奥林波斯众神的视角。无论如何,"奥林波斯的"这一称谓,突出强调了芸芸众生与不朽神明之间不可逾越的鸿沟——此时恰逢缪斯正在训斥赫西俄德。她们的第一句话无情且傲慢,却揭示出不朽的女神同牧羊人赫西俄德及其同类人之间的差距,这群"只知果腹者"(mere bellies)与他们牧养的羊群无异。③

[58]下面的隐晦措辞引发了广泛的争论:

> 我们知道如何把许多假话编得来同真话难以分辨;
> 但只要乐意,我们也知道如何述说真实。(《神谱》行 27 – 28)

评注者们通常认为,这些谜一般的诗句乃是赫西俄德宣告他的

---

① Rudhardt(1996)页 28 – 29 隐晦地指明了这个问题:"在说出自己的名字时,他并没有自称是一位赫赫有名的诗人——他尚且不是。"但前面几行诗会不会是外行人所吟唱?

② Nagy(1990)页 58:"赫利孔山的本地女神被吸收进属于全希腊的奥林波斯女神中。"比较 Latte(1946b)。

③ 笔者认为,复数形式有鄙视之意,同时体现了人类普遍的野蛮特征。比较《德墨忒尔颂歌》行 256 – 257。

诗歌是有关真相的,不同于其他诗人的诗歌,只会讲 pseudea polla[许多假话]。因此,缪斯的声明应被理解为一场针对荷马或一般而言的英雄史诗的论战。①斯文博(Svenbro)认为,从社会阶层的角度看,赫西俄德的论战是一场对那群仰仗贵族资助的诗人的攻击,他则为自己的独立自主感到自豪。②据纳吉(Nagy)所言,赫西俄德的攻击目标是那些演绎仅具地方趣味的神谱的诗人,而他本人的眼界却是全希腊的。③近来,阿里盖蒂(Arrighetti)对缪斯的玄妙措辞提出了另一种解释:赫西俄德论战的对象并非荷马,而是荷马笔下的奥德修斯(Odysseus),或如奥德修斯般的人,这些人或许有能力劝说甚至迷惑听众,但没能从缪斯那里获得咏唱真相的才能。④

提供一份有关缪斯玄妙措辞的详尽无遗的观点汇总,会离题太远。⑤可是,就任何对《神谱》的解读而言,这几行诗都十分重要,因此需要读者领会其中的深意。在此之前,笔者提醒各位注意到那些一直以来左右着众多评注者的潜在的甚至是无意识的偏见:由于赫西俄德坚信他的教导是绝对真实的,因此,当他提到"假话如真的一

---

① Cf. Puelma (1989) 75.

② Svenbro(1976)页 46 – 73。对 Svenbro 的批评,参见 Judet de la Combe (1993)页 26 – 28。

③ Nagy(1990)页 45。Neitzel(1980)认为行 27 和行 28 指的是其他诗人,他们刻画的神明是相互对抗和品行低劣的。Otto(1952)页 51 – 52,虽然视这两行诗为赫西俄德对自己咏唱的真实性的声明,但他也发现,在 pseudea polla[许多假话]中并没有论战,有的只是"为想象中的栩栩如生的形象所陶醉",而它们同样是缪斯管辖的一部分。

④ Arrighetti (1996) 53 – 60.

⑤ 想了解观点综述,参见 Svenbro(1976)页 46 – 49;Stroh(1976)页 90 – 97;以及 Neitzel(1980)。

般"时,必然指的是文本之外的事物。①为了赫西俄德所谓的论战的需要,有必要发现一个外在对象,这种发现外在对象的需要源于人们确信,赫西俄德不可能怀疑自己诗歌的真实性。[59]即便那些承认缪斯的陈词本身存在模棱两可之处的学者,最后一刻也没有作出结论性的阐释。

因此,海奇第一个承认:"缪斯的恩赐并非毫无含混之处;缪斯赋予诗人述说真相的能力,但也赋予了欺骗,对此,人类包括诗人自己皆无法觉察。"但他后来又说,"赫西俄德只对他自己的灵感来源的事实深信不疑,因为缪斯明确向他保证,对他而非其他诵诗者(rhapsodes)述说真相。"②然而,在《神谱》的现代版本中并未发现诸如此类的保证。即便普奇(Pucci)深入分析过缪斯措辞的模棱两可之处,最终也摒弃了自己的分析所必然导向的结论,因为他认为赫西俄德是天真质朴的,这就使得诗人自己的叙事不会受制于缪斯的 logos[言辞]所固有的双重性。③笔者认为,是时候丢弃掉赫西俄德是原始粗犷的这一陈旧观念了,并承认他很可能十分清楚自己措辞的深意。

———

① 比较 Arrighetti(1996)页54,笔者引用他的观点,不是出于辩论精神,而是因为他清楚地表达了每位评述者必须面临的问题:"如果我们没有在赫西俄德的作品之外为《神谱》行27建立一个确切的标准,那么在解读他的作品时,我们都必须接受一个基本的前提,那就是他不可能摆脱得了虚假与真实之间的不确定状态,因为缪斯既能启发他,也可以启发别人。这样的状态完全合乎情理,如果在赫西俄德的整个作品中,亦即从《神谱》首行到《劳作与时日》的尾行,了解真相的坚定良知没有显露出来的话……(楷体和翻译皆出自笔者)。"比较 Leclerc(1993)页71:"如果我们假设,诗人从一开始就向授权他咏唱的缪斯传达了一个与他的真实意愿明显相反的意图,就是自相矛盾的。"

② Heitsch(1966b)页199、233(译文出自笔者)。

③ Pucci(1977)页1:"然而,赫西俄德确信如此危险的 logos[言辞]是缪斯给予其他诗人,而非自己的。"

回到文中,我们必须首先确认缪斯不曾说过什么。令人诧异的是,缪斯的措辞中并无挑起论战的语气——主要是因为赫西俄德在其他地方影射过诗人之争(Dichterstreit)的可能(参《劳作与时日》行26),并在随后描写缪斯赐予人类礼物时(行94–103),有充分的机会去表明说真话的诗人与说假话的诗人之间的区别。[1]然而,缪斯在对赫西俄德说话时,并未言明她们论战的对象。[60]人们或许对一场避免说出攻击对象名字的论战感到奇怪。最终,女神也没有说自己将把真相赋予赫西俄德,而这样做原本只需一行即可。纵使缪斯的言语中并无半点挑起论战之意,她们依然强调凡人的粗鄙和她们作为神明的优越性之间的鲜明对比。看来,缪斯同时声称和夸耀她们拥有独特的专长,这种专长体现在两类讲辞中。她们反复说ἴδμεν("我们知晓"),这一点同塞壬(Sirens)向奥德修斯的吹嘘如出一辙:

> 我们知道(ἴδμεν)阿尔戈斯人和特洛亚人
> 在广阔的特洛亚遭受的苦难皆出自神意;

---

[1] 在那里,赫西俄德明确指出史诗是缪斯女神赐予人类礼物的一个方面,因此,让荷马或史诗无法成为任何论战的对象。Stroh(1976)页85–112有效地驳斥了对行27的容易引发论战的传统阐释:诗歌包含了貌似真实的谎言,也包含了真相。但Stroh认为,赫西俄德为了自己的貌似真实而作出的声明仅限于十分有限的范围内,譬如,他声称克洛诺斯吞掉而非吃掉自己的孩子(页108)。同许多评论者一样,Stroh忽略了行28中的εὖτ' ἐθέλωμεν[只要乐意]。Rudhardt(1996)页30也认为赫西俄德并不谴责诗人撒谎,但他指出,赫西俄德列举了两类诗歌,"他[赫西俄德]打算在它们之间建立一种等级:后者要优于前者"。West(1966)同样否认存在任何对立,但改写为:"不可否认,我们有时会欺骗;但只要乐意,我们可以揭露真相,并打算把它揭示给你看。"不过希腊文中并无最后一句。

我们也知道(ἴδμεν)在丰饶大地上所发生的一切。(《奥德赛》12.189 – 191)

这也让我们联想到德墨忒尔,她声称自己的技艺是一种(善意的)魔法(《德墨忒尔颂歌》行 229 – 230):

我知道(οἶδα)比伐木者的魔咒更强的解药,
我也知道(οἶδα)能阻挡痛苦攻击的坚硬盾牌。

如同在缪斯的措辞中一样,此处魔咒的再现似乎是附加的,而非起对比作用:强调的是声称对两类讲辞都拥有专业知识。缪斯首先宣称,她们的专长是把种种假话编得①好似真的,或如真的一样。ὁμοῖα兼具"相同"和"相似"两种含义,为了保持该词的多重含义,此处当译作"难以分辨的",于是,同一性和相似性之间的区别就几近消失了。

人们常常忽视ἀληϑέα[真理]和ἔτυμα[真实]之间的区别,但无论对这两句诗还是赫西俄德的所有作品而言,这一区别都至关重要。② Aletheia[真理]存在于言辞中,et(et)uma[真实]却能存在于事物中;③ alethe[真理]是对某人所见之事完整无误的记录,而 etu-

---

① Wakker(1990)页 87 注释 8 指出,在早期的希腊叙事诗中"λέγω verbum dicendi[言说动词]:它总是具有'说出一系列相互关联的事实'这样的细微差别"。亦参 Krischer(1971)页 151 – 158,他把λέγειν定义为"搜集"和"挑择",并解释说,λέγειν与谎言关系更为紧密,而καταλέγειν则与真理相关。

② 在《劳作与时日》行 10 中,赫西俄德声称对佩耳塞斯述说ἐτήτυμα[真相]。见下文。

③ 注意《奥德赛》3.241,在那里,ἐτήτυμος[真相]被用来指νόστος[回家/归程]。

mos[真实]这个词可能来自 εἶναι[存在]，意思是真实的、真正的事物，或者相当于事物的本真状态。[61]《奥德赛》中的一段诗歌为上述区别提供了有用的例证(《奥德赛》19.535-569)，尽管 aletheia [真理]一词并未直接出现，但它的确暗含其中。虽渐入深夜，伪装的奥德修斯与佩涅洛佩却谈兴正浓。突然，佩涅洛佩让这位魅力不凡的异乡人帮她解梦，一只鹰猛冲下来杀死了她最心爱的鹅。接着，这只鹰说自己就是她的丈夫奥德修斯，并将很快杀死所有的求婚者。奥德修斯回答说，既然雄鹰-奥德修斯自己已如此说了，那就无法"篡改"(ἄλλη ἀποκλίναντ')此梦。

换言之，只要奥德修斯的解释在任何时候都没有偏离鹰的解释，他可能给出的任何解释都将是 alethes[真理]；可以说，奥德修斯的解释是准确的，并且切中要害。但这样的说辞还不足以说服佩涅洛佩：万一此梦整个儿就是虚假的呢？这个梦是穿过出现无法实现的虚假之梦的象牙大门，还是穿过美梦的确成真(ἔτυμα κραίνουσι)的牛角大门呢？Etuma[真实]指的是事物的真实状况，因此不能失真，而 aletheia [真理]，只要是完整而真实的记录，就可以有意无意地通过省略、添加或曲解进行篡改。一切诸如此类的篡改皆为 pseudea[虚假]。

因此，aletheia 就是"真相、全部真相、只有真相"。① 此时，[笔者]脑海中迅速浮现出法律术语，因为 aletheia 是对某人亲眼目睹之

---

① 比较 Cole(1983)页 12："涉及的是严格的(或者严格且严谨的)传达或公布——某些并非吹嘘、捏造或无关之事，遗漏或轻描淡写。"另参 Krischer (1965)页 167 有关 ἀληθής 与 ἔτυμος 区别的讨论，这种区别同赫西俄德的段落相关："ἀληθής 的范围大体上局限于目击报道，在目击报道中，说话者据实说话，并且只需要确保并没有任何疏漏。相反，作为 ἔτυμος 的表达，说话者从何处获得信息无关紧要：他或许是在猜测，或许是在幻想，抑或把真理散播谎言中，这就是所谓的 ἔτυμος。"比较 Pratt(1993)页 96，他将 aletheia 解释为"诚实的目击者对发生的真实事件的精确描述"。

事的完整和实事求是的记录。倘若 aletheia 这一古风时期的希腊概念比现在的"真相"(truth)一词的含义更窄,那么相比于假话(falsehood)这个现代概念,希腊语 pseudos 的含义则更加宽泛——引人注意的是,缪斯声称会说许多假话(pesudea polla)。① Pseudea[假话]不仅包括旨在欺骗的有意识的误导性表达,而且包括无意犯下的错讹、省略、不实,以及添加、篡改,甚至隐喻。[62]缪斯虽不会犯这样的低级错误,但她们似乎相当自豪地声称,会说所有其他种种 pseudea[假话]。②

此时,转向《奥德赛》中的一行诗或许同样有用,因为它能帮助我们解释清楚缪斯谜一般的言辞。我们在这里不必考虑何者更重要的问题。③奥德修斯仍然伪装成乞丐,向佩涅洛佩讲述他的种种奇遇,而后者尚未认出她的丈夫。他的故事说得真实、详尽,令佩涅洛佩相信这位异乡人在从克里特去往特洛亚的途中遇到过奥德修斯。但荷马告诉我们:

> 他说了许多假话,说得它们[为了使它们]像真的一样。
> (《奥德赛》19.203)

不似奥德修斯所讲的其他的克里特传说——我们可以将其与

---

① 比较 Luther(1935)页 80–90 对希腊语 pseudos[假话]更加宽泛的含义的讨论;亦可比较 Levert(1976)页 201–214。

② 对说 ψεύδεα...ἐτύμοισιν ὁμοῖα[假话……如真的一样]的能力明显正面的评价,参见 Theognis 713,在罗列了人类的各种美德——拉达曼斯(Rhadamanthus)的 sophrosyne[节制]和西绪福斯(Sisyphus)的聪慧——后,忒奥格尼斯将此项技艺归于涅斯托尔(Nestor)。

③ 参见 Neitzel(1975)页 8–10 的探讨。Russo(1992)页 87 的意思是"这种措辞是传统的"。除 Theognis 713 外,另参 Xenophanes fr. 35 (DK)。

他所讲的法伊阿基斯人的故事相比较,因此乍一看似乎是假的,这位乞丐的描述很可能真假混杂(λέγων)。我们无法核实奥德修斯是否真的在去往特洛亚的途中,于克里特驻足停留。但这位异乡人对奥德修斯服饰和样貌的描绘又那么真实可靠(比较ἐτεόν[真事],19.216),令佩涅洛佩不得不相信了故事的其他部分。余下的故事半真半假,即便无法核实,却也令人信服,就像缪斯的自夸一样。① 因为辨识此中真伪超出了人类的认知范围。

缪斯的隐微表达中有大量模棱两可之处,这在她们宣称"只要我们乐意"(εὖτ' ἐϑέλωμεν,行28)就会述说真相时进一步突显出来。在人们注意到她们的善变本性时,缪斯展现了她们所共有的一种特质,这种特质在别处也体现了诸神对人类的态度。即便缪斯有能力也乐意宣告②真相,作为凡人的我们也无从知晓,更无法辨别真相和谎言。用德蒂安的话说:"真理女神亦是谎言女神。"③[63]缪斯对赫西俄德巧舌如簧般的(ἀρτιέπειαι,行29)④话使我们意识到,我们同样无法辨识接下来的亦即在《神谱》这部作品中的真相。尽管赫西俄德可能是缪斯优秀的代言人,并且缪斯注入给赫西俄德的声音(aude)使他拥有了她们的权威,但他仍然无法确保咏唱的是绝对

---

① 比较 Pucci(1977)页10:"奥德修斯的故事须经证据与证词加以核实;但缪斯关于过去和将来之歌却不受任何的质询。"

② 注意不常见的动词 γηρύσασϑαι(行28)和未被注意到的动词 λέγειν[说得](行27)之间的区别。前者用来指正义女神向父神宙斯控诉人类的不义之举(《劳作与时日》行260)。

③ Cf. Detienne (1967) 74.

④ 这个词可能意指"表达清楚、准确"和"表达流利"。赫西俄德很可能故意在此处使用了这个模棱两可的词。参见 Pucci(1977)页18-19;Pratt(1993)页110。

真相。①

我们不应过分强调缪斯非凡言辞中的模棱两可之处的重要性。乍看之下,它似乎是同荷马诗学的一次明确的决裂。但认识到它是如何从对如沙场点兵前的乞灵这类诗句的反思发展而来的,则同样重要:

> 现在请告诉我,居于奥林波斯山上的缪斯女神啊——
> 你们贵为女神,当时也在场,知晓一切;
> 我们听到的只是传闻,一无所知……(《伊利亚特》2.484–486)

尽管这位史诗诗人宣称他全凭缪斯女神来讲故事,但他旨在让人们认识到人与神在知识方面存在的鸿沟。然而,在荷马那里,随着缪斯借诗人之口来述说,并与听众分享她们的知识,这一鸿沟立刻就被消除了。而在赫西俄德那里,鸿沟的意识在增强,诗人对缪斯的依赖也变得不再确定。②由于赫西俄德描述缪斯正在训诫他,因此他就将自身与缪斯分离开,而这在荷马的作品中从未发生过。在诗中插入自己作为缪斯训导的对象,也就证实了分离势所必然。神与人在知识方面的差异,导致缪斯与其门生之间存在着无法逾越

---

① 比较 Thalmann(1984)页151:"缪斯从未明确承诺把真相告诉赫西俄德;她们言辞中的模糊性,以及更加微不可察的迹象,都暗示着《神谱》终究还是以人的视角来讲述这个世界,并不必然是对这个世界的绝对真实的再现。"另参 Wade–Gery(1949)页86;Stroh(1976)页97–112;Wilamowitz(1916)页473;Judet de la Combe(1993)页31–32;和 Pratt(1993)页106–113。

② 比较 Thalmann(1984)页149:"正是对缪斯的依赖才有了错误与缪见的可能……缪斯之歌的真实或虚假最终取决于她们自身的善变。"Walsh(1984)页22–36似乎相信听众能够凭借缪斯之歌对他们的影响来辨别它的真伪。但无论真假,缪斯之歌总是令人愉悦的。

的鸿沟,说得更具体一点,人的知识无法辨识真正的真相与虚假的真相,能够辨识真伪的知识只属于神。

[64]但同样重要的是,我们不能忽视缪斯训诫赫西俄德的语境。多数评论者要么把她们的话视作古风时期的希腊诗学,或具有迷惑性的修辞术乃至一切演说的惯常表达,要么把她们的话同"诗人总爱说谎"的格言相提并论。①然而,这般笼统的解释忽视了赫西俄德在《劳作与时日》中对修辞的运用,以及他宣称要述说真相的事实。赫西俄德借缪斯之口,引入了一种重要的甚至可以说革命性的但仍有所保留的怀疑论思想,只是他并没有说一切诗歌都是虚假的,更没有说所有言语都难免会歪曲真相。②赫西俄德并非德里达式的文字为先(avant la lettre)。他的缪斯女神既坚持她们在给予和拒绝给予真相之间的善变性,也坚持凡人不可能辨识她们的假话和事物的真实状态。不足为奇的是:《神谱》中所讲之事连同宇宙和诸神的起源都超出了凡人的认知范围,因而无法得到证实。

此外,甚至缪斯自身都很难说清楚自己的出生,遑论她们诞生之前的远古事件。但赫西俄德必须思索起源问题,当其分别在序歌(行53–60)和靠近诗歌结尾处(行915–917)两次讲述缪斯的诞生时,他使我们注意到此处的矛盾。③在这样做时,他也履行了女神

---

① 比较 Arthur(1983)页104–106;Pucci(1977)页12–13。
② 对 Pucci 与 Arthur 的解构主义阐释的反驳,参见 Ferrari(1988)。比较 Detienne(1967)页76:[缪斯的措辞]"是不同寻常的,因为它体现了神话层面(双重的欺瞒神)和理性层面(真相与虚假)的中间阶段"。
③ 比较 Heitsch(1966b)页197:"缪斯(赫西俄德转述了她的歌)讲述了过去,宇宙的开端和诸神的起源……那么是谁目睹了这一切,知晓并记述一切?绝不可能是缪斯,因为她是宙斯与记忆女神谟涅摩绪涅最年幼的孩子。"他认为,由于赫西俄德必然意识到异议的存在,为了掩盖这一点,他才两次讲述了缪斯的出生。

"在开头和结尾咏唱她们"(行34)的命令。某种意义上,缪斯既是《神谱》的必然开端,也是它的顶峰。

由此,我们很可能回想起在品达献给宙斯的颂歌中讲述另一个版本的缪斯诞生的故事,而在品达的颂歌集中,宙斯颂歌显然居首。这首著名的诗歌仅余辑语,但其内容梗概即笔者用作本章题词的部分却流传了下来:

> [65]……刚完成宇宙的安排($κοσμήσαντα$),宙斯旋即询问诸神是否有所遗漏;诸神挨个请求宙斯为他自己创造一些神,以便后者能够用言辞和文艺来装饰($κοσμήσουσι$)他的伟大作品和整体安排。
>
> 品达,辑语 31(Snell – Maehler)

宙斯颂歌的辑语,似乎概括了缪斯所咏唱的宇宙的初创过程。显然,宙斯对宇宙的布局直到获得歌咏后才算大功告成。至于那首歌,唯有待神谱完成后才能咏唱,反之,咏唱此歌也就预示着神谱的完成。①宙斯的宇宙就反映在缪斯之歌的宇宙中,亦即言辞的宇宙中。

缪斯除了要求诗人于开头和结尾时歌颂她们外,也赐予他两份

---

① 对品达诗歌的讨论,参见 Snell(1975)页 82-94。对比《赫耳墨斯颂歌》,其中,那位新生的神吟唱了一首神谱之歌,而他自己的出生则成为这首歌的高潮事件。比较 Clay(1989)页 138-139。亦可比较 Arthur(1983)页 97:"它既是《神谱》的终曲又是《神谱》的序曲:从叙事的时间上看,它被置于宙斯政权巩固后,因此同样位于《神谱》的结尾处;但它也是关于开始的故事——是赫西俄德初涉诗坛的故事,这反过来承认了赫西俄德有权讲述起源的故事。"比较 Hamilton(1989)页 40。

礼物:一把月桂杖枝,①和注入诗人心扉的"神性的人声"(thespis aude)——一种"近似悖论或矛盾"的表达。②这种人的声音(aude),因为有了神性(thespis)的注入,令赫西俄德得以完成缪斯的要求,即传颂($\kappa\lambda\varepsilon\acute{\iota}o\iota\mu\iota$)"将来和过去之事"($\tau\acute{\alpha}\ \tau'\ \dot{\varepsilon}\sigma\sigma\acute{o}\mu\varepsilon\nu\alpha\ \pi\rho\acute{o}\ \tau'\ \dot{\varepsilon}\acute{o}\nu\tau\alpha$,行23)。③赫西俄德声称从缪斯那里获得了传颂"将来之事"的能力,这成了一个古老的 aporia[难题],因为他在《神谱》中并未展现出此种预言的能力。早在公元2世纪,琉善(Lucian)就戏谑式地指责赫西俄德没能履行预言未来的承诺;赫西俄德羞怯不语,琉善认为诗人并不知道自己在做什么,只不过是同其他神一样善变和不可靠的缪斯,违背了对诗人的承诺罢了。④注释家们把诗歌同预言相提并论,进而规避了该问题,可是,尽管两者有颇多相同之处,但仍非一回事。

[66]此外,行32指的并非"将来之事和过去之事"这两类不同的事物,否则就需要重复冠词。⑤赫西俄德的措辞指的是一类事物,兼具了将来和过去。当女神要求赫西俄德传颂过去和将来之事时,她们同时也在命令赫西俄德歌咏"永生的快乐神族"($\mu\alpha\kappa\acute{\alpha}\rho\omega\nu\ \gamma\acute{\varepsilon}\nu o \varsigma\ \alpha \dot{\iota}\grave{\varepsilon}\nu\ \dot{\varepsilon}\acute{o}\nu\tau\omega\nu$,行33)。这两处表达是类似的,并且有着

---

① 笔者更愿意把行31中的词读作 $\delta\rho\acute{\varepsilon}\psi\alpha\sigma\vartheta\alpha\iota$。被动的灵感启发与主动的折下之间的结合类似于《奥德赛》(22.347-348)中的菲米乌斯(Phemius)对自我技艺的描述。比较 Jacoby(1930)页78-79;Friedländer(1931)的评论;Kambylis(1965)页65-66;和 Marg(1970)。相反的观点,参见 Rzach(1912);West(1966)页165;以及 Arrighetti(1998)。

② Ford(1992)页186。对这一独特的组合的讨论,详见页172-197。

③ 对行32的阐释,参见 Neitzel(180)页396-398,他正确地注意到歌颂($K\lambda\varepsilon\acute{\iota}o\iota\mu\iota$)将来没有任何意义,而"过去和将来之事"则属于单独一类。

④ Lucian, *Hesiodus*.

⑤ 比较 Sophocles, *Ajax* 34-35: $\tau\grave{\alpha}\ \tau'\ o\mathring{\upsilon}\nu\ \pi\acute{\alpha}\rho o\varsigma\ |\ \tau\acute{\alpha}\ \tau'\ \varepsilon\grave{\iota}\sigma\acute{\varepsilon}\pi\varepsilon\iota\tau\alpha$[从前 | 今后];以及 Plato, *Timaeus* 37e: $\tau\acute{o}\tau'\ \mathring{\eta}\nu\ \tau\acute{o}\tau'\ \acute{\varepsilon}\sigma\tau\alpha\iota$[过去之事与现在之事]。

相同的指涉；将来和过去的事物都是永恒的，亦即 genos aien eonton［永生之族］。以及 *Certamen Homeri et Hesiodi* 95–101 中的谜语。①传颂永恒的存在者是缪斯对赫西俄德提出的要求，向上去往奥林波斯山，她们的咏唱令父神宙斯"心生欢悦"。她们咏唱的对象也越来越广，既包括 τά τ' ἐσσόμενα πρό τ' ἐόντα［将来和过去］，也包括 τὰ ἐόντα［现在］。大部分学者将行 32 与行 38 等同起来，认为前者不过是对后者的缩写。②但几行之后，赫西俄德概述了缪斯的奥林波斯之歌的全部内容即人类种族（ἀνθρώπων γένος，行 50），也就阐明了何谓 ta eonta［存在者］。把 ta eonta［存在者］与短暂易逝的人类事物相

---

① 注意多多那神谕所（Dodona）的女祭司的吟诵：Ζεὺς ἦν, Ζεὺς ἐστίν, Ζεὺς ἔσσεται［宙斯过去存在，现在存在，将来也存在］（Pausanias 10.12.10）；这项任务将在《神谱》中完成。但这并非缪斯知晓的一切。在完成对赫西俄德的启蒙后，缪斯离开了位于赫利孔山脚的阈限空间——人神相遇之处，比较 Neitzel（1980）页 397–398："如果我们现在问：什么是'将来和过去之事'？……我们可以说在人类历史上从未出现过这样的情况，这样的情况在过去是在将来也是。'将来和过去之事'贯穿于时间中并持续着，亦即总是存在。因此 τά τ' ἐσσόμενα πρό τ' ἐόντα［将来和过去之事］指的并非人类和短暂易逝之物，而是永恒的神。"比较 Wismann（1996）页 19–20。

② 譬如，West（1966）页 166；Neitzel（1980）页 396；Lenz（1980）页 151；Stroh（1976）页 89；以及 Van Groningen（1958）页 257 注释 2。但请注意 Pucci（1977）页 22，他评论说，行 32 中的"缺失了'现在'的确令人讶异，尤其考虑到行 38 中，赫西俄德的老师缪斯女神们被说成正在咏唱'现在，将来和过去'"。Arrighetti（1998）页 315–317 由 ta eonta［现在诸事］的缺失，联想到赫西俄德承认对河流名称的无知（《神谱》行 369–370）以及对航海准则的无知（《劳作与时日》行 649、660）。但在航海方面，正是缪斯传授他这些准则！Schlesier（1982）页 164 注解道："如果缪斯要颂扬现在之事、将来之事和过去之事……她们就会命令诗人咏唱过去和将来之事（行 32）；时间上的现在似乎被排除在外了。"就此而言，人们或许应当把《伊利亚特》（1.70）中卡尔克斯（Calchas）的描述重新诠释为这位先知"知晓神明和人类之事"，并且应当明白它们之间的内在关联性。另参下文结论部分的讨论。

等同,这会令研究希腊哲学的人大吃一惊。在后来的哲学思想中,to eon,即存在(Being),乃是永恒的,但赫西俄德的ἐόντα却相当于生成(Becoming)。这一本体论上的重大转变,实际上是从对神谱观念的彻底探究中产生出来的:诸神这一永恒的存在何以能够形成?①

[67]无论如何,在赫西俄德看来,缪斯既懂真相,也懂虚假,因此永恒的神明和短命的人类皆为其所知晓;女神可能许诺给她们的侍从即吟游诗人此类知识,后者既咏唱"人类"(ἀνδρώπων γένος),也咏唱"居于奥林波斯山的快乐神族"(μάκαράς τε θεοὺς οἳ Ὄλυμπον ἔχουσιν,行 100 - 101)。但至少在《神谱》中,女神只传授给赫西俄德部分技艺:有关永恒事物的知识。换言之,赫西俄德在《神谱》中把自身限定在只讲述永恒事物的范围内。他会在别处讲述人类世界,但正如我们将看到的,此种界分是其所有作品的典型特征,也是其诗歌编排的基础组成部分。

为取悦奥林波斯山上的宙斯,缪斯一开始(ἐξ ἀρχῆς,行 45)就按照家谱的顺序歌颂了神族:先是原始神大地和广天,然后是诞生自他们的奥林波斯众神。接着,她们传颂宙斯及其至高权威(行 46 -

---

① 比较 Parmenides, B 8.5 - 6 (DK); Xenophanes, B 14.1 (DK);尤其 Epicharmus B 1.3 - 6 (DK),他明确影射了赫西俄德:– ἀλλὰ λέγεται μὰν Χάος πρᾶτον γενέσθαι τῶν θεῶν. – Πῶς δέ κα; μὴ ἔχον γ' ἐς ὅ τι ἀπό τινος μηδ' πρᾶτον μόλοι. – οὐκ ἄρ' ἔμολε πρᾶτον οὐδέν; – οὐδὲ μὰ Δία δεύτερον ...("但据说卡厄斯的确成为第一位神。""这是如何实现的?因为它拥有它首先从中生成的虚无或拥有它首先生成的虚无。""实际上没有什么首先生成吗?""凭宙斯,甚至连第二个也不会!")迈出这决定性的一步的究竟是帕默尼德还是他的一位前辈(也许是阿那克西曼德),仍然不清楚。参见 Kahn(1973),尤其页454 - 457。M. Kraus, *Name und Sache:Ein Problem im frühgriechischen Denken* (Amsterdam 1987)看到了在帕默尼德单数形式的(与复数的τὰ ἐόντα[现在诸事]相对的)τὸ ἐόν[现在之事]中出现的关键性变化。

47）。这一次序颠倒了人类秩序，亦即 doxa[意见]的秩序，因为意见的秩序是从现在开始，回溯到起源（比较行 11 – 21）。这是从奥林波斯神明的视角出发的次序，并且也类似于赫西俄德在序歌结尾处请求缪斯所赐之歌（行 105 – 115）。赫西俄德的《神谱》就是缪斯的奥林波斯之歌的另一个版本。但赫西俄德在开始记述前，首先得阐明缪斯复杂的运行轨迹。追踪了缪斯在空间和时间上的轨迹，也就揭示了缪斯如何在过去与现在、凡俗世界与奥林波斯、神明与凡人之间发挥中介作用。

缪斯在赫利孔山巅的歌唱历久弥新，随后她们下行来到山坡，在过去的某个历史性时刻邂逅了赫西俄德，此时，缪斯又重回奥林波斯山，永居宙斯府邸（行 36 – 51）。她们在不同的场合都放声咏唱，而她们的咏唱也与她们每次置身的时空环境相得益彰。[68]凡人听不见她们在赫利孔山巅的咏唱，唯一能听见的是她们曼舞时的脚步声（行 8）。对赫西俄德这个门外汉而言，根本无法记录下她们咏唱的内容。我们已了解到，与缪斯的下降一道出现的是一份不完整的神明名录，而这正反映出凡人对诸神的认知状况（行 11 – 21）。尽管在序歌部分缪斯反复咏唱，但唯有一次，也就是在她们向赫西俄德讲述时，诗人才直接援引了她们的话。在其他所有场合，赫西俄德都只是转述她们的咏唱。①

缪斯刚在奥林波斯山用最类似于赫西俄德自己的咏唱——尽管他的咏唱似乎并不包括"人类和巨人"——的咏唱取悦完父亲，赫西俄德就及时地把读者从奥林波斯带回缪斯的出生地，也就是

---

① 一个特例是行 71 – 75，我们后来才发现赫西俄德是在转述缪斯之歌。同样，这位被誉为"缪斯仆人（therapon）"的诗人的咏唱传达了女神们的演唱（行 98 – 103）。

"离积雪的奥林波斯山顶不远"(行62)的皮埃里亚(Pieria),即便现在,女神在那里也有自己的居所和舞场,并且"赞美永生者们的法则和高贵习性"(行66-67)。正是在皮埃里亚,记忆女神同宙斯生下了"遗忘不幸和了却忧愁"的她们。此处,遗忘并不被视作记忆的缺失(amnesia, λήϑη)或真相(ἀλήϑεια)的反面,而是治愈的能力,通过将记忆女神的女儿与遗忘矛盾地关联在一起,赫西俄德强化了她们模棱两可的本性。有读者或许会问,"生活惬意"的神明何时会需要这样的治愈?可能只有一次,即其他神明在提坦神溃败后不得不臣服于宙斯的统治时,这一点由缪斯接下来的咏唱(行71-74)所阐明。可是,正如我们将看到的,记忆女神的女儿同治愈遗忘的能力之间的结合,把她们的益处主要限定在人类领域。遗忘女神(Lethe)同厄里斯一样皆为夜神的女儿,虽然她本性消极,却在人类领域获得了积极的特征。

女神一降生就一路载歌载舞,飞向她们的父亲。①但十分离奇的一幕发生了。②方才还在描写缪斯去往奥林波斯山的赫西俄德,并无丝毫过渡,立马就转向对宙斯的强力和当前统治的描述,包括他如何战胜克洛诺斯而夺取政权,并在永生者间确立了法令和荣誉(行71-74)。但突然间,我们发现:

[69]这一切乃是住在奥林波斯的缪斯所吟唱。(《神谱》行75)

---

① 行71中的 νισομένων [去往] 意味着缪斯女神正去往奥林波斯山的住所,因此,她们是奥林波斯神,同时她们也去往父亲的寓所,因此她们是宙斯的女儿。一位新神首次抵达奥林波斯是常见的颂歌主题。

② West(1966)认为《奥德赛》8.83、367和521与之类似,但它们也体现出了荷马与(此处的)赫西俄德之间的差异。

因此,赫西俄德不仅在自己的作品中吸收了缪斯的第一曲咏唱宙斯赢得王位的歌,并且他的声音也变得与缪斯的声音难以分辨。他们之间的合唱再一次引出了他们何时开始合作的问题。

至此,当身为宙斯之女的缪斯前往自己在奥林波斯的住所时,赫西俄德才历数了女神们的名字,也就是她们在序歌中业已获得和使用的悦耳之名。①奇怪的是,此处并未提及她们述说真相的能力,这暗示了述说真相或许不是她们必备的禀赋。②她们的名字突出的不是她们咏唱的内容,而是咏唱所带来的欢愉。由于女神们此刻已抵达奥林波斯山顶,并且获得了歌者这一永久的身份和职司,她们便把神圣的礼物赐予(再次采用现在时态)凡人。受人爱戴的王者被赐予了能够平息严重纷争的美妙辞令,遭受委屈的人们也因而得到抚慰和调解。③至于她们人间的侍从和同行,即歌手($ἀοιδοί$),女神则赋予他们能够遗忘不幸和缓解悲痛的甜美歌喉。

于是,王者与歌手把缪斯的礼物转送给凡人,他们提供的并非真相,而是注意力的分散。通过抚慰因互相争执而受伤的双方,以及通过遗忘忧愁、远离伤害与哀愁,忘却苦痛($μαλακοῖσι\ παραιφάμενοι\ ἐπέεσσιν$,行 90;$ἐπιλήθεται,\ παρέτραπε$,行 102、103;比较 $ἄλλῃ\ ἀποκλίναντ'$,《奥德赛》19.556),女神的祝福使人们不再关注痛苦的当下。赫西俄德再次弄出个双重悖论:记忆女神的女儿带来遗忘(lethe,亦见行 54 -

---

① Klauben(1835)页 443 - 444 已注意到这一点。比较 Friedländer (1931)页 114 - 115;以及 Thalmann(1984)页 138:"伴随着描述性的动词、名词与形容词转变成特有名称,赫西俄德通过语言召唤这些女神现身。"

② Cf. Marg (1970) 95.

③ West(1966)在笺注行 89 时指出,$βλαπτομένοις$[遭受委屈]"最好被视为被动态"。显然,有过错者不需要这样的心理治愈。从始至终,笔者使用的都是"kings(王爷/王者)"这个词,尽管赫西俄德似乎只提到了他们的裁判职能。

55),而遗忘又是对真相(a‑letheia)的否定。此处,赫西俄德同样非常明确地表示,缪斯赐予人类的不可能仅仅是 aletheia[真相],因为 aletheia[真相]无法被随意弯曲或失真。相反,她们的礼物的益处在于治愈和抚慰,以及从与人类境况相伴而生的持续不断的忧愁中解脱出来的能力。①

[70]女神在尘世的能力,无法重现取悦宙斯和奥林波斯众神时的那种纯粹无比的快乐。当然,就像她们的父亲和其他奥林波斯神,缪斯自身无需治愈,因为她们彼此同心,心中不知愁虑(ὁμόφρονας, ἀκηδέα θυμὸν ἐχούσαις;行60、61)。缪斯送给王者与歌手的两份礼物,缓和了严酷的人类生活,让我们随遇而安。缪斯在授予赫西俄德月桂枝杖和神性声音的过程中,似乎将她们的双重能力都集于这位她们最喜爱的凡人一身。

最后,赫西俄德概述了歌手的两重责任:赞美"从前人类的功绩(κλεῖα)和住在奥林波斯山的极乐神族"(行100–101)。赫西俄德的创作主题与其他诗人的明显不同,因为其他诗人歌唱英雄或赞美现在的奥林波斯众神。因此,赫西俄德的神谱之歌有别于史诗和赞美诗。②

借助一系列复杂的比拟、并置和对比手法,序歌中缪斯所吟唱或启发灵感的每一首歌,都是为了确认随后赫西俄德自己的神谱之歌的独特性。同时,女神在时空上的位移——从往昔她们在皮埃里

---

① 对缪斯分散注意力的能力的讨论,参见 Pucci(1977)页17–29。比较 Lamberton(1988)页68:"王者与诗人作为治愈师出现,他们在人类普遍悲惨的生存境况中发挥作用。"Ledbetter(2003)说明了赫西俄德的治愈系诗歌如何不同于荷马述说真相的诗歌。

② 关于这三种不同类型的 epos[诗歌]的一般性区别和互补性,参见 Clay(1989)页15和页267–270。

亚诞生和第一次登临奥林波斯山,到最近与赫西俄德在赫利孔山坡相遇,再到她们在赫利孔和奥林波斯山巅历久弥新的咏唱,以及赐予人类源源不断的礼物——体现了她们在过去和现在、人类和神明之间的媒介作用。①

用这样一种引人注目的位移来体现一位神明特有的职司或行动方式,亦即他的 timai[荣誉],似乎是神明叙事的典型特征。譬如在《赫耳墨斯颂歌》中,这位新出生的神在前往奥林波斯时走的之字形路线,证实了他作为道路之神的特权。[71]同样,《德墨忒尔颂歌》(*Hymn to Demeter*)追踪了德墨忒尔及其女儿在广天、大地以及幽冥之境间的运动轨迹,进而揭示出两位女神的角色是充当这些宇宙领域间的传达者,而《阿波罗颂歌》(*Hymn to Apollo*)的诸多地理名录,也突出了这位神无处不在。②至于赫西俄德笔下的缪斯,她们不仅游走于神界和尘世(奥林波斯山、赫利孔山和人间),也穿梭于神明与人类的时间(过去和现在,永恒以及瞬间),这一切都体现出她们在神明与人类,现在与过去之间的媒介作用。

赫西俄德以请求作为序歌的收尾,严格来说这是一次乞灵(行104－115)。它与缪斯在奥林波斯所咏唱的种种歌曲相类似,但却将它们合而为一。赫西俄德首先恳请缪斯,像她们在奥林波斯山所做的那样ἐξ ἀρχῆς[从头]开始,然后依次讲述大地盖娅和广天乌拉诺斯的后代神祇(行106;比较行45);另外,他还请求女神描述奥林

---

① 参见 Clay(1989)书中各处。Thalmann(1984)页143同样注意到缪斯从最初在赫利孔山上的与世隔绝到最后在神界和人间发挥作用的变化过程,这揭示了诗歌的教化功能。

② Cf. Clay (1989); and Vernant (1965b).

波斯众神,即"赐福者"[δωτῆρες ἐάων(行111;比较行46)];①他们如何分配财富和 timai[荣誉]——明显影射宙斯的分配(行112;比较行73-74);他们如何第一次占领奥林波斯——影射宙斯战胜提坦神(行113;比较行71-73)。但更加有趣的是,赫西俄德的请求也包括了缪斯的奥林波斯之歌中并未出现的若干元素:他恳请她们,除了大地和广天,也请讲述河流、海洋、星辰等自然现象的起源(行108-110)。②值得注意的是,在靠近诗歌结尾处,赫西俄德不仅告别了"居住在奥林波斯的"众神,也作别了"岛屿、陆地和咸海",至此,宇宙格局最终形成(行963-964)。而赫西俄德之歌,由于同时涉及宇宙进化和神谱,因而有别于缪斯之歌。此外,赫西俄德似乎将夜神和蓬托斯算作第一代神祇(行107)。尽管赫利孔的缪斯把夜神置于她所咏唱的众神名录的最后一位(行20),但奥林波斯的缪斯并没有说出夜神和蓬托斯的名字。事实上,夜神纽克斯的位置暗示了她或许是第一位原始神。③但随后我们发现,赫西俄德的神谱证实了上述想法是错误的。[72]夜神、大洋和蓬托斯皆非最早的神明——就此而言,盖娅和乌拉诺斯也并非原始配偶,奥林波斯的缪斯对此似有暗示。赫西俄德本人首先(πρώτιστα,行116)是从为混沌卡厄斯命名开始的。实际上,引人瞩目的是赫西俄德再三坚持(τὰ πρῶτα,行108、113;πρῶτον,行115;ἐξ ἀρχῆς,行115)正确的开端,

---

① West(1966)页190 遵循 Rzach(1912)的做法,把本不可或缺的行111删去了。作为 δωτῆρες ἐάων[赐福者]的奥林波斯神此时尚未被提及,正如 West 所言,他们并不"属于行108中的θεοί[神明]"。

② 在他的版本中,Solmsen(1970)将行108-110置于括号内,但可参见 Marg(1970)页102-103对这几行诗的辩解。

③ Ramnoux(1986)页177-231讨论了几种古代的神谱,夜神在其中都是第一位神。比较 Ballabriga(1986)页276-278。

他要求缪斯从真正的开端讲起,并依照严格的时间顺序推进。

赫西俄德在采纳缪斯的奥林波斯之歌,并使其变成自己的歌的过程中,同样采用了她们的奥林波斯视角,放弃了第一份神明名录中(行11–21)所勾勒的人类视角,在这份名录中,赫西俄德并未按照神明的出生和家谱的顺序,而是按照他们与人类的亲近程度来看待这些神。只有牢牢记住这一神明视角,我们才有可能理解《神谱》。

## 《劳作与时日》

《劳作与时日》的开篇同样从缪斯谈起,因而遵循了她们在《神谱》中阐明的总要以她们开始这一纲领性的要求。然而,较之于《神谱》包罗万象的开场,《劳作与时日》序歌最显著的特征在于简洁:前者长达115行,后者仅有10行。为何如此简洁?很明显,《劳作与时日》的主题决定了无需如此冗长的序言:不必详细刻画赫西俄德与缪斯在赫利孔山的邂逅;无需描写他的诗歌启蒙;也没有女神对赫西俄德咏唱神谱的要求,因为神谱本就源于她们的启发甚至口授。没有缪斯的授权,也就没有《神谱》。但在《劳作与时日》中,赫西俄德的主题并非诸神及其起源,因为这类主题远远超出凡人正常的理解范围,他歌唱当时的人类事务、人类的尘世生活,歌唱人应该如何生活,应该如何对待同胞和神明,以及如何在宙斯制定的法律和永生神明强加给凡人的限度内劳作与兴旺。

不难理解,描绘人类世界并不要求像《神谱》那样得到缪斯的授权。在《劳作与时日》中,缪斯的不在场——有人甚至说她们是多余的——是以一种近乎滑稽的方式呈现出来的,特别是在赫西俄德后来祈求缪斯的权威时,这倒不是因为她们拥有超过人类认知范围的知识，而是为了阐明航海准则——赫西俄德由于缺乏实践经验，并不了解这类知识。但悖论的是，缪斯的援助对于赫西俄德在《劳作与时日》中所承担的任务，以及实施任务的方式恰恰十分重要。[73] 为了理解这项任务的本质，我们必须回到《神谱》序歌中令人费解的诗行，在那里，缪斯送给赫西俄德一根月桂做的 skeptron[枝杖]，同时用神的声音去激励他(行 30-32)。鲍萨尼阿斯(Pausanias)和其他的古人认为，这根权杖等同于 rhabdos[棍子]，也就是歌手携带的手杖(staff)，因此他们推断赫西俄德不会弹奏竖琴。韦斯特并没有把 skeptron[枝杖]等同于歌手的手杖，并特别指出，在行 95 处赫西俄德曾把诗人与弹竖琴关联在一起。但韦斯特接受了传统的观点："倘若赫西俄德携带的是手杖而非竖琴，那是……因为他无法得到竖琴或根本就不会弹奏竖琴。"①

赫西俄德 skeptron[枝杖]的意义体现在其他方面：它与《伊利亚特》卷一中阿喀琉斯发出庄重誓言时所凭借的权杖的功能最为相似:②

……阿凯亚人之子
手中握着这根权杖( φορέουσι )，那些伸张正义者( δικασπόλοι )，以及捍卫
宙斯法令之人。(《伊利亚特》1.237-239)

---

① West(1966)页 164。Østerud(1976)页 27 的评论十分在理："手杖之所以被选择，无疑是因为它……预先回答了行 80-103 中诗人与王者的关联性问题。"

② Arthur(1983)页 106 同样对比了赫西俄德的 skeptron[枝杖]与阿基里斯的权杖："就像阿基里斯的权杖'再不会发出新芽……也不会长出新绿(《伊利亚特》1.234-237), δάφνης ἐριθηλέος ὄζον[茂密的月桂枝条]从根深蒂固的自然循环中挣脱出来，成为文化秩序的一部分。"

权杖是王权的象征,而权威最终出自宙斯,拥有了权杖就势必需要维护宙斯的法令和恪守正义。① 赫西俄德在《神谱》中曾解释过,歌者源自缪斯和阿波罗,但王者出自宙斯(行 94 – 96)。可是,被缪斯赐予荣誉的王者获得了雄辩的天赋,得以和平化解争端:

> [74]　　　众人
> 抬眼凝望着他,当他捍卫法令,
> 作出公正判决;他言语不偏不倚,
> 迅速巧妙地平息严重的纷争。(《神谱》行84 – 87)

索尔姆森(Solmsen)指出,在文艺女神掌管的领域纳入政治修辞,似乎是一种赫西俄德式的创新。② 在赫西俄德看来,只要缪斯垂青,无论诗人还是王者,都会分有"甜蜜的声音"(《神谱》行 96 – 97),

---

① van Wees(1992)页 276 – 280 认为荷马的作品中只出现了三种枝杖:手杖或拐杖,basileis[王者]权杖,祭司权杖(忒瑞西阿斯[Teiresias],克律塞伊丝[Chryses])。事实上,第一种枝杖仅出现过一次(此时,skeptron 意指与身份或权势无关的普通手杖),正是(或许别有深意?)伪装的奥德修斯所执的手杖(《奥德赛》13. 437;14. 31;17. 199)。在荷马作品中,Skeptron 常常与 themistes[法令、审判]联系在一起(《伊利亚特》2. 206;9. 99、156、298;《奥德赛》11. 569)。Combellack(1948)考察了荷马作品中发言者手持权杖的场景,并总结说,此时发言者的"言辞都庄重严肃且有着特殊的意义"(页 215)。

② Solmsen(1954)。但 Thalmann(1984)页 140 正确地提醒读者注意《伊利亚特》1. 249 用类似的语言描写了涅斯托尔的辩才,并且评注说"涅斯托尔试图平息两位盟友之间的公开争吵"。然而,他的修辞术明显与缪斯无关。《神谱》行 84 – 93 与《奥德赛》8. 166 – 177 之间关系的老问题,参见 Neitzel(1977);Braswell(1981)。两位学者都支持《奥德赛》的那一段在时间上更早,但另一处不常被引用的相似段落即《奥德赛》7. 71 – 74,倒是给予我一个暗示,这些描述都是传统式的。另参 Arrighetti(1998)页321 – 322。

能够抚慰委屈和悲伤者,并转移他们的注意力($παραιφάμενοι$,行 90;比较$παρέτραπε$,行 103)。①但据索尔姆森等人所言,对王者辩才的积极评价及其与缪斯的关联,只不过是昙花一现,赫西俄德在《劳作与时日》中对王者不公判决的控诉才是其真实意图。②然而,《神谱》中对 basileis[王爷]劝说能力的描述明显属于离题话,同诗歌的关注点似无相干。③只是在《劳作与时日》中,这一赫西俄德式的创新的全部意义才浮现出来。因为在那部作品中,赫西俄德行使了王者的特权,他的标志就是那根把宙斯的权威同阿波罗标志性的木杖结合在一起的月桂枝杖。事实上,正是赫西俄德自己提议当场解决同佩尔塞斯的争端:

> [75]……此刻就让我们来了断纠纷,
> 凭着宙斯最公正的判决。(《劳作与时日》行35–36)

---

① 比较 Pucci(1977)页 17–18。Roth(1976);Duban(1980);以及 Brillante(1994),他强调了诗人与王者之间传统的相似之处。但笔者认为 Gagarin(1992)正确地强调了赫西俄德的创新,并且不赞同赫西俄德式的 basileis[王者]是对口传的法令或神明判决无所不知之人这样的观念。比较 Laks(1996)页 83–86。

② Solmsen(1954)页 13–15。比较 Wilamowitz(1916)页 477,他认为这一段旨在博取王者听众的好感;另参 West(1966)页 44,他认为《神谱》曾在王者面前演绎过。Puelma(1972)页 94–95 拒绝接受如下的观点,那就是赫西俄德对 basileis[王爷/王者]的自相矛盾的评价,可以通过诗人的生平或他的思想历程得到说明。在《劳作与时日》中,赫西俄德保留了其对王爷的敌意,这绝非因为他们的王爷身份,而是由于他们堕落腐化。

③ 比较 West(1966)页 181,他指出"把话题转到王者身上稍显刻意","再从王者转向歌者更显别扭",并接着问道(页 182):"为何非要扯上王者呢?"Stein(1990)页 14–18 认为,赫西俄德正面刻画王者,是为了提升他自己和诗歌的地位:缪斯女神既青睐诗人,也青睐王者。

赫西俄德此处的话重现了他早先提到的正义王者的公平决断（《神谱》84－87）。在《劳作与时日》中，王者不再是那些"握有权杖"或"伸张正义"之人：他们成了"收受贿赂的王爷"。①既然王爷渎于职守，自甘腐化，赫西俄德也就只能自行主持公道了。王爷的威信扫地和品行不端，迫使赫西俄德取而代之，行使王权和辩才，掌管权杖。②

人们可能会联想到一种稍显类似的情形，那就是当出现政治真空状态时需要介入干预；在《伊利亚特》卷二，由于阿伽门农（Agamemnon）不明智地试探军心，加速了希腊军队的逃亡，随后奥德修斯重新整饬了军队秩序（《伊利亚特》2.183－332）。他一把抓起阿伽门农的权杖，荷马曾将这根权杖的历史一直追溯到宙斯（2.101－108）。奥德修斯设法利用他的权威，迅速而有效地阻止军队的仓皇奔逃。这段故事的最终结果是众所皆知的：奥德修斯在拿温和的话语和威慑恫吓分别安抚了各位首领和普通军士后，用权杖击打了不听话的忒尔西特斯（Thersites）。在这一幕中，荷马似乎意在为我们阐明，对统治而言什么才是最重要的。③

由于具备了缪斯的口才和宙斯的权威，赫西俄德开始着手在《劳作与时日》中实现一项类似的成就。即便赫西俄德没有诉诸暴力，但对他的听众王爷和佩尔塞斯而言，赫西俄德庄重的话语更多

---

① Von Fritz（1956）页312意识到两首诗之间的关联，并相信赫西俄德在创作《神谱》时业已预见到与佩尔塞斯不可避免的争执，因此插入了一段对一位能够解决这场纠纷的王者的理想化描述。如果他的想法正确，赫西俄德的确有先见之明。当然我们更容易作出下述推断，每一部作品都是比照着另一部来修改的，或者它们从创作之初就被设想成互补性的作品。

② 比较Laks（1996）页91："赫西俄德笔下的游吟诗人是柏拉图哲人王的雏形。"

③ Reinhardt（1961）113.

是在威胁、命令和规劝,而非劝诱和抚慰。无论王爷还是平民,都没有被待之以温和的言辞(比较《伊利亚特》2.189),他们皆为 νήπιοι [懵然无知者],类似于白银种族的孩童,既不敬拜神明,也不听从长者,最终被愤怒的宙斯毁灭。

如果说有什么区别的话,那就是赫西俄德似乎颠倒了奥德修斯的策略,保留了他对王爷们最猛烈的威胁,并自始至终把自己表现为宙斯的代言人。通过这种方式,《劳作与时日》也就完成了《神谱》开篇所勾勒的编排方案。[76]就赫西俄德的诗歌启蒙而言,不仅有缪斯女神准许他咏唱永生神明这样的灵感来源,也有她们馈赠的将宙斯的权威同阿波罗的诗艺结合在一起的月桂枝杖。某种意义上,赫西俄德的双重启蒙——以此开始了《神谱》创作——不仅提供了对《神谱》本身的介绍,同时早早预示了他在《劳作与时日》中的角色。

《劳作与时日》开篇向缪斯乞灵,它不仅远远短于《神谱》的开篇,同时在形式上也与《神谱》不同。如果《神谱》体现了颂歌的某些形式要素,那么《劳作与时日》的序歌则与祷词的典型特征相类似。①赫西俄德呼唤来自皮埃里亚(Πιερίηθεν)的缪斯,从天上的居所,更准确地说,从《神谱》中所描写的她们的出生地(行53)下降。很明显,在《神谱》中,她们是从赫利孔山谷上升到奥林波斯山巅的,而《劳作与时日》则是以降落凡间开始。②此外,赫西俄德请求缪斯做其常做之事,那就是歌颂她们的父亲。但此处咏唱的对象也与她们在奥林波斯咏唱的对象不同。她们并未赞美父亲的伟大和对

---

① 比较 Rousseau(1996)页103–104;Race(1992)页32。Calame(1996)页174称其为长短长格(cretic[译注]原文为cletic,疑似对cretic的书写错误)或异教颂歌。比较 Livrea(1966)页444。

② Cf. Rousseau (1966) 95–96.

众神的无上权威(ὅσσον φέρτατός ἐστι θεῶν κάρτει τε μέγιστος[在众神中如何最有力和最出众],《神谱》行 49),也未曾赞美宙斯战胜克洛诺斯(《神谱》行 71-74)。相反,随着宙斯之名被说出——这凸显了赫西俄德的中介作用(ὄν τε διά,"通过他",行 3),她们赞颂了宙斯的一项职司,事实上,这项职司通常被归于缪斯:①赐予或剥夺人类声望与美誉的权能。

> 通过他,有死的凡人是声名狼藉还是声名卓著,
> 是为人称道还是籍籍无名②,全凭伟大宙斯的意愿。(《劳作与时日》行 3-4)

于是,从一开始,对《神谱》的计划不可或缺的缪斯就让位于宙斯。宙斯对人类声望的掌控,端赖(γὰρ)他对人类的普遍和绝对的权力,源自他不费吹灰之力就拥有的无上全能:。

> [77]因为,他轻易就使人强大,也轻易压制强者;
> 轻易贬低显赫之人,抬高无名之辈。(《劳作与时日》行 5-6)

但接下来的诗句暗示宙斯的权力并非随意滥用的,而是处在规

---

① 短语ἀοιδῇσι κλείουσαι即"用歌唱把 kleos[名声]给予"(行 1),由于缺少宾语(比较《神谱》行 44-49),使人们注意到了此项职司。比较 Pucci (1996)页 192。

② 这两组形容词很难区分。在两种情况下,否定形式都比肯定形式更容易理解:ἄφατον意思是"无法被表达的";ἄρρητον则意指"不可言说的"。相关讨论,参见 Mancini(1986)。Mancini 将后一组形容词译作"控制得好或不好"(ben regolati oppure no),笔者认为此种译法并无说服力。

范和惩戒的范围之内。①

> 他轻易纠正歪曲者,挫败傲慢者,
> 高处打雷的宙斯,住在天顶。(《劳作与时日》行7–8)

接着,缪斯几乎消失不见。②我们甚至无法确定,她们是否听到了赫西俄德的请求;同样无法确定的是,开篇对宙斯的溢美之词,究竟出自她们之口还是赫西俄德之口。③然而,她们的王者修辞术,在《劳作与时日》中远比在《神谱》中要重要得多。毕竟,诗人突然抛开缪斯,直接向宙斯说话。他对最高神的祷告是相当唐突的:"请侧耳倾听啊,边看边听。"(κλῦθι ἰδὼν ἀιών τε,行9)④

《劳作与时日》开篇的祷词风格与《神谱》开头的颂歌基调截然不同。颂歌甚至可以在奥林波斯山吟唱,但祷词则来自凡间。在《劳作与时日》中,缪斯进一步强调了神人之间的差距,在结束对父亲的赞美时说道:"高处打雷的宙斯,住在天顶。"(Ζεὺς ὑψιβρεμέτης, ὃς ὑπέρτατα δώματα ναίει,行8)此刻,赫西俄德突然地甚至愈发鲁莽地再度中

---

① 关于这几行诗开始转向一种伦理视角的讨论,参见 Rousseau(1966)页102;Muth(1951)。Mazon(1914)页36正确地发现,这几行诗透露了宙斯的角色是"挫败那些'枉法裁判'和'受贿'的王爷的法官",并评论说"对他[赫西俄德]而言,相比于救世主,宙斯更是一位复仇者"。

② Verdenius(1985)页2–3和页9误以为缪斯继续借诗人之口咏唱。

③ 如我们所见,类似的事情出现在《神谱》开头。在《神谱》行75中我们发现,之前歌颂宙斯在众神中的权威的诗行出自缪斯之口;而在此处,我们无法确定之前歌颂宙斯主宰人类的权力的诗行哪些出自缪斯之口,哪些出自赫西俄德。但可以断定,在上述两处,两种声音的瞬间融合皆是刻意为之。

④ 比较 Verdenius(1985)页9:"κλῦθι[倾听]。祈祷的宏大开场。"比较 Kerschensteiner(1944)页153。Calame(1996)页175认为,此处体现了一种从颂歌的表达方式向抒情诗的表达方式的转变。

断,乃至没有如通常那样向宙斯致以颂歌般的敬意($\chi\alpha\tilde{\iota}\varrho\varepsilon$):

[78] 您让审判公正,
至于我,要向佩尔塞斯述说真相($\dot{\varepsilon}\tau\acute{\eta}\tau\upsilon\mu\alpha$)。(《劳作与时日》行 9 – 10)①

此处,《神谱》和《劳作与时日》之间再次呈现出重要的差异。在《神谱》中,赫西俄德的确能够传达缪斯的话,但他无法确保这些话语的真实性,这是因为他终归是凡人,没有能力辨识 aletheia[真实]与 pseudos[虚假]。换言之,赫西俄德没法弄清缪斯的话语与真实之间的关联性。但赫西俄德在《劳作与时日》中讲述的是人类事物,而这类知识的获取全凭人类自身的经验,因此赫西俄德得以向佩尔塞斯宣告他的意图,那就是告知后者 etetuma[真相],亦即"事物的本质"。②赫西俄德很快就对贯穿于两部作品中的人类视角和神明视角之间的差异提供了例证。在谈到厄里斯时,他修正了缪斯原先的说法,并告诉我们"大地上有两种不和女神"——而不是《神谱》中所说的一种。这意味着,从神明的角度出发,不和女神只有一种,但从人类的角度出发,则有两种不和女神。在此,总结一下《劳作与时日》序歌部分的复杂剧情:缪斯将歌颂,亦即赞美她们的父亲宙斯及其对人类的权力,具体而言,对人类施加惩罚的权力。宙斯

---

① Rousseau(1996)页 106 – 100 注意到此处催促的语气,并将这个短语理解成"矫正不公的法令"。
② 比较 Roussear(1996)页 113 – 115。Nagy(1990)页 68 注释 84 和(1996)页 50 – 52 将 $\dot{\varepsilon}\tau\acute{\eta}\tau\upsilon\mu\alpha\ \mu\upsilon\vartheta\acute{\eta}\sigma\alpha\sigma\vartheta\alpha\iota$[述说真相]视为一种早期的表达,相比于较新的且更常使用的表达 $\dot{\alpha}\lambda\eta\vartheta\acute{\varepsilon}\alpha\ \gamma\eta\varrho\acute{\upsilon}\sigma\alpha\sigma\vartheta\alpha\iota$[咏唱真相],它变得不受关注。这种历时的解释,模糊了赫西俄德在两首诗的内容上作出的重要区分。

打算倾听、观察并采取行动。显然，宙斯的行动是专门针对那些判决不公的王爷；就赫西俄德自身而言，他准备向他的兄弟述说 etetuma[真相]。① 这一在序歌中概述的分工合作，奠定了序歌后续部分的框架结构。倘若在《神谱》中，赫西俄德领受了缪斯赞美众神的指令，那么在《劳作与时日》中他显然不会赞美众神，他要做的是述说事物的真相。

赫西俄德两部诗歌开篇的形式要素和实质内容，揭示了它们各自的导向。基于先前对两首序歌的分析，此刻我们能够提供一份公认的纲要性的但依然有用的示意图，它绘制了两部作品的坐标，并证实了彼此的互补性（见下表）。

[79]

| 诗歌 | 《神谱》 | 《劳作与时日》 |
| --- | --- | --- |
| 授权 | 超出人类之外的授权 | 人类经验 |
| 序歌体裁 | 颂歌 | 祷词 |
| 主题 | 神明起源；宙斯的统治 | 宙斯统治下的人类生活 |
| 语域 | 欢庆的 | 非欢庆的（实事求是） |
| 真实性 | 真假交织 | 事物的本质（etetuma[真相]） |
| 象征性的礼物 | thespis aude[神性声音]：缪斯赋予灵感的咏唱 | skeptron daphnes[月桂枝杖]：缪斯赋予灵感的雄辩 |
| 诗人的角色 | 缪斯之仆：aoidos[歌手]（《神谱》中的赫西俄德） | 缪斯给予荣誉的王者或其代理人（《劳作与时日》中的赫西俄德） |
| 职责 | 带来愉悦<br>转移人类对苦楚的注意力<br>忘却了人类的生存境况 | 解决纷争<br>缓解人类的苦楚<br>提醒人类关注自身境况 |

---

① Cf. Mazon (1914) 36.

[80]综上所述:从一开始,《劳作与时日》就表现出与《神谱》相反的特征:借助缪斯这位中介角色,《神谱》提供了一种观察宇宙的奥林波斯视角,相反,《劳作与时日》无需一个神圣的媒介,直接呈现了人类视角。两部诗歌为我们设定的任务,使强调上述两种视野成为必须,同时,尽管需要顾及它们的差异性,但也必须把它们的视角整合到一个更大的整体中。实现这一目标的最佳方式,就是去剖析《神谱》中人类的表现,以及《劳作与时日》中诸神的作用。但我们必须从一开始就承认,两部作品间缺少了某种程度的对称性。神明应当在人类事务中扮演重要角色这件事并不令人奇怪,因此,他们在《劳作与时日》中的关键出场是可以预见的。可是,鉴于《神谱》的主题是吟唱不朽的神明和"永生的神族"($\gamma\acute{\epsilon}\nu o\varsigma\ \alpha\grave{\iota}\grave{\epsilon}\nu\ \acute{\epsilon}\acute{o}\nu\tau\omega\nu$),有死的人类一族似乎就未被提及,因为人就其本质而言是短暂易逝的。倘若命运无常,人终有一死,那么(宙斯凭借其永恒的法令确立的)人类的生存境况就是永恒的。最终,我们可能仍需在《神谱》所限定的范围内,去探索这些决定人类生存境况的永恒法则。而人类的生存境况,又产生于人类的起源以及与起源密切相关的外部环境,这些构成了下一章关注的重点。

# 第四章 人类的起源与本性

[81]如笔者试图表明的那样,《神谱》一开始就展现出了一种观察宇宙的奥林波斯视角。人类,作为天生短命的生物,必然具有局限性。为了研究赫西俄德笔下人类的起源与本性,我们必须(至少暂时地)不去理会奥林波斯山巅,而是回到更接地气的《劳作与时日》,因为正是在那里,人类的起源成为赫西俄德五代种族神话的焦点。

从天堂般的黄金种族到悲惨的黑铁时代,人类种族日渐衰败,赫西俄德用不同的金属作为象征来描述这一衰败过程,这样的描述很可能出自近东或印欧传说。①但赫西俄德的版本极大地修正了原初的那种直线衰败的模式。首先,由于在青铜种族和黑铁种族之间插入了英雄种族,衰败明显得到抑制,而在东方神话中似乎并无类似的情况。对此,绝大多数学者认为,将这些在希腊神话中扮演如此重要角色的传奇人物纳入其中,具备现实的需要。②不过,韦尔南

---

① 参见 West(1978)页 172 – 175;Gatz(1967)页 7 – 27。另参 Koenen(1994)。Most(1997)页 120 – 127 最近主张,赫西俄德受非希腊传说的影响远不及通常所声称的那样多,他可能依据史诗对人类史前时代的描述来制定写作计划。Ballabriga(1998)相信神话是赫西俄德的发明,被用作对普罗米修斯故事的"社会和宗教批判"(页 333),这体现了一种"贵族意识"(页 334)。

② 譬如,Frankel(1962)页 133 就是这样认为的。但请注意,英雄时代在柏拉图、阿拉图斯和奥维德(Ovid)等人的描述中被略去了。Matthiessen(1977)

(Vernant)的阐释具有影响力,他极力论证说,英雄的出场不能简单归于传统的影响力。①事实上,他们的出场极大地改变了神话的结构和意义(插入英雄种族的一个结果——至于它的充分意义,业已被忽视了——就是它将青铜种族置于神话的总体结构的中心位置。②关于青铜种族的重要性,会在后面谈到)。[82]此外,即便不去考虑英雄的插入,但就像赫西俄德所言,这段神话故事并没有描写一种纯粹的衰落,而是揭示了一个复杂得多的结构。譬如,赫西俄德自己强调说,白银和青铜种族彼此大相径庭,但并无明确的标准去评判何者更好或是更坏:两个种族都有 hybris[肆心]的毛病——尽管可以肯定,各自的表现形式稍显不同。③韦尔南设想 hybris[肆心]与 dike[正义]交替出现;黄金和英雄种族代表着 dike[正义]的统治,而白银和青铜种族则具有 hybris[肆心]的特质。

总的来说,在相邻种族的排序方面,韦尔南的结构主义分析法,有意识地淡化了它的叙事顺序或叙事逻辑的重要性。④此外,笔者认为他的解释面临着一项致命的反驳:黄金时代中没有 dike[正义]

---

认为,即便英雄在近东地区也有先例,例如 Genesis 6.1–6 中的拿非利人(nephelim)。Nelson(1998)页 72–74 主张黑铁种族比英雄种族更好,笔者认为这一看法是错误的。

① Vernant (1965a); and (1985). See also Goldschmidt (1950).

② 比较 Gatz(1967)页 32;亦可比较 Rudhardt(1981)页 252 对"青铜种族的奇异之处"的评论,指出它"占据了两个相关种族的中间位置"。

③ 比较 Nelson(1998)页 71,他则认为"无论以何种传统的标准来衡量,早期的白银种族都远不及青铜种族,因为他们既不践行正义,也不敬重神明"。

④ 比较 Vernant(1985)页 43:"在描写种族神话时,叙事的顺序表达得不够清晰,从而难以理解整体的编排及意义,因此需要从结构中去寻找关键的线索。"在前面四个种族中出现了 dike/hybris/hybris/dike[正义/肆心/肆心/正义]

的任何位置。① 黄金种族一代的确是和平与心满意足的，可是，由于他们物质丰裕，也就无需劳作和保有私人财产，或是为了有限的资源而相互竞争——要么通过好的厄里斯，要么通过坏的厄里斯。最终，这个时代也就无需 dike[正义]。赫西俄德的 dike[正义]概念明显不是一种自然的宁静状态，而那种状态显然只在黄金时代存在过。相反，dike[正义]涉及公平的分配，不论是诸神间的权力或荣誉，还是人类生活的稀缺资源。诗歌开篇，宙斯就被请求凭借 dike[正义]作出公正 themistes[审判]。

就此而言，dike[正义]是矫正性的，匡正歪曲裁判。当然，我们不应忘记，赫西俄德与佩尔塞斯的纠纷集中在财产的不公分配方面，而财产在黄金时代是不存在的。[83]用赫西俄德的话说，厄里斯和肆心女神(Hybris)先于正义女神出生。只是在很久以后，随着第四代的英雄种族的到来，正义才进入人间。得益于宙斯之女正义女神这一宙斯馈赠给人类的礼物，英雄才比早于他们出现的青铜和白银种族更好。

韦尔南借助柏拉图《治邦者》中的神话故事，同样主张，赫西俄德神话的时间框架并非线性的，而是循环的；随着黑铁时代——诗

---

的交替，紧随其后出现的是"更加正义的"第一个阶段的黑铁种族，最后出现的则是"不那么正义的"第二个阶段的黑铁种族，然而，这种交替序列似乎没有内在的必要性。dike/hybris[正义/肆心]这一自始至终的简单交替，由于揭示了相同的结构，将会更容易理解。

① 如下学者也表达过同样的观点：Crubellier (1996) 页 451；Redfield (1993) 页 47；以及 Carriere (1986) 页 204："正义以非继任的方式进入历史。"同样，品达笔下的许佩尔波尔人(Hyperboreans) (*Pythian* 10.43-44)的生活远离了 ὑπέρδικον Νέμεσιν[非常公正的复仇女神]（笔者参考了 A. Bernadini）。阿拉图斯的改编版本，即 *Phaenomena* 96-136 将种族数减少到三个，并让正义女神成为自始至终的焦点。参见 Schiesaro(1996)最近的讨论。

人将其一分为二①——的终结,种族间的继任再次开始,一个全新的黄金时代出现了,或者更有可能,按照逆序的方式出现了一个全新的英雄时代。②在赫西俄德的表述中,韦尔南为自己的解释找到了确凿证据,见行 174 – 175:

> 但愿我不是生活在第五代人类[种族]中,
> 要么先死,要么后生。

"先"字指涉的是英雄种族,"后"字则意味着,随着新一轮的循环,要么返回黄金时代,要么回到英雄时代。尽管许多学者认为,韦尔南的循环体系不具说服力,但这些谜一般的字词的意涵仍旧晦涩不清。③当韦尔南说"现实中并不存在一个黑铁时代,而是存在两种人类的生存状态"时,实际上已经提供了解答。④但笔者仍然坚持黑铁时代的两个阶段的说法。在第一个阶段,即我们所身处的当下,即便人类生活充满了不幸和苦痛,"可他们[人类]总还是善恶交织"(行 179)。但在随后的采用将来时叙述的诗行中,唯有"灾祸等着凡人,恶行难以补救"(行 200 – 201)。赫西俄德在行 174 – 175 中所表达的稍早或稍晚出生的愿望,能够被转述如下:"但愿我生活在之前的时代(英雄时代),或生活在黑铁时代的最后阶段,但最坏

---

① [译注]亦即当前的黑铁时代和将来的黑铁时代两个阶段。
② Mezzadri(1988);Carriere(1986)页 228 – 229:他们详细阐释了韦尔南的循环体系。Gatz(1967)页 25 对早期学术观念做了综述。
③ Verdenius(1985)页 105 认为"整段诗的意思是,赫西俄德愿意生活在任何时代,除了当前的时代"。Rudhardt(1981)页 280 – 281 虽然拒绝了循环体系,但相信赫西俄德在这里表达了对未来更加乐观的看法。
④ Vernant(1965a)页 20。无疑,对他的交替体系而言,韦尔南势必将黑铁种族一分为二。亦可参见 Martin(1942—1943)。

的可能是生活在善恶交织的当下。"

[84]为了弄清赫西俄德的意思,我们有必要思考另外的诗行:

> 如今(νῦν δή),我不想做正义之人,
> 我的儿子也一样,因为做正义之人得不到好处,
> 既然越是不义之人越是拥有更大的好处。(《劳作与时日》行270-272)①

Nun de[如今],亦即在我们的时代,善恶交织,在一帮不义之人中成为正义之人,可能是最坏的结果。很明显,在英雄群体中,正义者为数众多。但诗人预言,将来,正义消失,不义获胜,并横行于世。②事实上,最痛苦的是,诗人发现自己正身处于这样的时代:环顾四周,除一人正直外,余众皆不正直,包括自家兄弟。我们的时代之所以变得如此艰难,就在于它处在正义和hybris[肆心]的中间状态。据赫西俄德说,尽管艰难和困苦,但并非毫无希望,因此他接着说道:"但我希望宙斯不会让这些事应验。"(行273)实际上,对此的解决办法就是赫西俄德在《劳作与时日》中为自己设定的任务:坚守正义,不让hybris[肆心]横行于世。为了改造犯错的兄弟和受贿的王爷,赫西俄德必须证明,正义不仅比肆心更可欲,并且践行正义

---

① Wade-Gery(1949)将行270-271恰当地译为:"啊,谁愿在这样的世界秉持公正? 我不会,我的儿子也不会。"比较Lamberton(1988)页123-124颇有见地的阐释:"在一个成功更多靠贿赂的世界中,我们应当培养自己的孩子成为贿赂的成功者还是诚实的受害者? 唯一的办法就是重塑这个世界——这也是此诗内在的出发点。"

② 比较Rousseau(1993)页69对赫西俄德的"矛盾的愿望"的评论:"我们将会看到,甚至诗人自己都宣称放弃依据正义行事。"

符合佩尔塞斯与王爷的利益,而抛弃正义将会不可避免地导致毁灭和神圣的惩罚。

福克纳(Falkner)敏锐地观察到,种族的演变恰好反映了人类生活的不同阶段:从幼稚的白银种族,到年少张狂的青铜种族,再到平和成熟的英雄种族,最后是两鬓斑白等待审判的黑铁时代末期。①宙斯将在婴儿长大成人后毁灭人类,这一威胁暗示了,此种模式不是以新的循环为结果,而是以死亡告终。②此外,循环解释的假设将会彻底削弱掉赫西俄德故事的教谕性和紧迫性。[85]倘若好日子终将到来,又何苦烦恼?为何要弃恶从善?的确,如果好日子终将到来,赫西俄德对人类——对佩尔塞斯——的关键抉择、他的伦理责任,灾祸临近的再三主张,就仅仅是空洞的胡话。③

再者,倘若黄金时代尚且不存在正义,那么两个彼此相邻的种族之间的关系,就会如韦尔南所断言的那样,无法凭借 dike/hyris[正义/肆心]这组相对的概念获得充分的解释。最后,更加复杂的是,即便把英雄种族排除在外,从白银到青铜的种族演变,似乎并不符合一种简单直接的衰败模式。④一种继任不断的堕落方案并不符合赫西俄德的需要;既然结局临近且不可避免,为何还要试图去劝诫佩尔塞斯和王爷摆脱恶行?⑤《劳作与时日》的整个计划看来终成徒劳之举。

---

① Falkner(1989);想要了解心理学上的解读,亦可比较 Smith(1980)。
② 对循环论观点的反驳:Rosenmeyer(1957);Smith(1980)页 155;Bona Quaglia(1973)页 119。对行 160-161 的古代评注(Pertusi)中业已出现了循环论观点。
③ 比较 Bianchi(1963)页 193。Neschke(1996)页 477 指出,如果灾难不可避免,这首诗将会失去它的教谕功能。
④ Bianchi(1963)页 15 的注释很贴切:"并不存在……一个单一且继任的后代世系,每个种族或多或少都有属于自身的情况和问题。"
⑤ Cf. Most (1977) 108.

某些早期的评论者发现了赫西俄德神话故事中的两个层面：从黄金种族到白银种族的演变过程中，包含了一种有关人类堕落的哲学或神话的视角，而从青铜到黑铁时代的演变中，则包含了一种有关人类发展的"历史"视角。①另一种解释强调，赫西俄德尝试将从早期的幸福到最终的堕落这一人类种族衰败的东方神话，移植到一种希腊式的观念中，这种观念认为，英雄种族既优于当前的种族，也优于他们的前代种族。②这些异质元素的综合，势必会引发种种反常现象和矛盾之处。然而，赫西俄德如此彻底地重塑了一种有关人类衰败的简单明了的描述，则暗示了赫西俄德对人类的起源进行过深刻的思考，至于神话故事的潜在的一致性，则有待我们去发掘。

　　为了重新开始分析种族神话，③笔者将从一项十分简单的观察着手。不同于诸神的遗传式起源，赫西俄德的人类种族神话是相当不连贯的，但仍然有章可循。顺序十分重要，因此势必存在一种次序原则。不同种族——仅有一次例外，我们很快就会看到——并非出自他们的祖先，[86]而是由诸神或宙斯创造（ποίησαν，ποίησε）的。人类并非偶然或随机产生的（对赫西俄德而言，即便生殖繁衍亦有其 telos[目的]），人类亦非从土里自发生长的，他们是基于某种（出

---

① 例如，比较 Bamberger(1842)；Roth(1860)。同样，Meyer(1910)注意到两个类似的发展进程：克洛诺斯的统治（从黄金种族到白银种族）；宙斯的统治（从青铜到黑铁种族）。其中每个序列中的第二个种族的兴起都体现了第一个种族的衰亡。对种族神话的旧有阐释的概述，参见 Gatz(1967)页1-6；新近的阐释则参考 Smith(1980)页145-153。

② E. g. Reitzenstein (1924); and Heubeck (1955).

③ 笔者的阐释多受惠于 Benardete (1967)页156-159；Rudhardt(1981b)；和 Sorel(1982)。

自神明的)目的而被创造或被制作而成的。①此外,在前三个种族中,神明创造人类的每一次尝试皆以失败告终,要么由于种族自身内部的某种缺陷或虚弱这一内在原因,要么由于遭受神明的毁灭这一外部原因。我们似乎面对的是一系列建立在不断试错基础之上的实验。因此,在每个阶段,查明导致一个种族毁灭的原因,以及在下一个种族中纠正这一不足的尝试,就变得十分重要。这是因为,每一个继任种族的制作并非随机的产物,而是神明深思熟虑的结果,旨在实现一种可以理解的目标。

乍一看,黄金种族似乎十全十美:

> 他们如神明般生活,心中不知愁虑,
> 远离辛劳和悲伤,悲惨的老年
> 从不令他们烦恼,双手和双脚依旧有力,
> 他们死去犹如沉睡;美物
> 一应俱全;丰饶的大地自动结出
> 充盈的果实;他们知足和乐

---

① 绝大多数评论者实际上忽略了神明造人的弦外之音。代表性的要数 Nelson(1998)页 68 – 69,他贬低了神明"创造"的意图性,并认为它"苍白刻板"。但请比较盖娅"制作出"($ποιήσασα$)"坚不可摧的金属"并"打造了"($τεῦξε$)一把大镰刀(《神谱》行 161 – 162),抑或神明塑造出潘多拉(《劳作与时日》行 69 – 82)。Sorel(1982)页 27 注意到,两种创造物都涉及分离,首先是大地与广天的分离,接着是人类与神明的分离。Preller(1852)页 43 提到"这位女神的反复试验"。关于神明的目的性,参见 Sorel(1982)。Loraux(1996)页 9 – 11 将人类起源的神话分为"生于大地"和"人工生产"。另参 Guarducci(1926)。行 108 通常被认为是伪作,它的确同神明所创种族的方案不匹配。可是,它与《神谱》中的人类起源的观念相适应,因为人类和其他神明一样都出自盖娅和乌拉诺斯。参见下文。

照料他们美好的物产。(《劳作与时日》行 112–119)

[87]在这天堂般的国度,哪里有什么缺陷或不足? 当然,黄金种族的人类依旧是凡人,但死时却如同熟睡般安详。只不过,他们暴露出了唯一的不足:黄金种族的人类(他们似乎都是男性,否则也就无法生活在这般极乐的世界中!)没有能力繁衍后代,①由于缺少繁衍能力,他们很快就不复存在。没有了神明的干预,这个种族只存活一代便灭绝了。

第二个种族是白银种族,同样由神创造,赫西俄德明确告诉我们,这个种族无论在模样还是智力上都逊色于先前的种族:

> 此后的第二个种族远不如前,
> 奥林波斯的居住者所造的白银种族,
> 模样和心思全然不像黄金种族;
> 一百年间,孩子由母亲抚养,
> 在家中玩耍,好似大婴儿($μέγα\ νήπιος$);
> 但当其长大成人,
> 只活短暂的时日,受苦连连
> 皆因愚妄;他们无法抑制
> 恣意妄为,也不愿
> 敬拜神灵或在神灵的圣坛上献祭,
> 而这本是人类习常的法度($θέμις\ ἀνθρώποισι$)。(《劳作与

---

① 比较 Wilamowitz(1928)页 48。Brown(1998)页 388 相信宙斯"结束了黄金种族",但很明显,宙斯在白银时代才开始掌权。Ballabriga(1998)页 321–322 认为,神明任由黄金种族消亡,是因为后者太像神明了。

时日》行 127 – 137）

白银种族体现了一种从黄金时代的极乐状态中急转而下的衰败：从体格完美沦为长久的幼年，从平和知足堕入盲目横强。尽管如此，导致黄金种族迅速消亡的缺陷得到了修正；[88]神明似乎发现了能让人类自我繁衍的方法。无论白银种族有着多么严重的过错，凭借对先前种族的唯一不足之处的纠正，依然代表了一次重大的进展。母亲和孩子的出现同样揭示了这一点。①白银时代，女性的出现标志着一个仅有男性存在的田园牧歌般的时代的终结，可是，两性繁衍也创造了一种确保人类在缺少神明干预的情况下自我保存的机制。

如若神明找到了令人类种族得以延续的方法，他们也应当对其加以完善，因为白银种族忍受了过长的婴儿期。他们在一百年间还是个孩子，如同大婴儿，在家中由母亲照料，但幼儿时代之后的成年期却十分短促，由于缺少理性（比较 aphradies[愚妄]），生活常常不幸和肆心，换言之，他们的愚昧无知令其长久幼稚。②结果就是，他们怠慢神明，难以抑制肆心的冲动。敬神最起码要对神与人之间的差异或距离具备充分认知。白银时代的大傻瓜（mega nepioi）简直太过幼稚和傻气，就像初生的婴儿，既不自知，也目无尊长。正是这种对生就为人而非神的自知，以及察觉到两者之间差距的能力，使人类区别于野兽，同样是这一点造就了 θέμις ἀνθρώποισι[人类的法度]（行 137）。于是，人们开始猜测，神明造人的意图就是让人类意识到神人之间的

---

① 行 129 中的 φυή[生长出]一词业已暗示了这种变化，因为它意指生长和发展，而非黄金种族永不变动的肢体。

② West(1978)在行 130 的注解中指出，最初的神话让白银种族永葆青春，这"起初体现了一种祝福；赫西俄德将此意蕴丢失了，给了他们漫长的童年期，而非长久的ἥβη[成人期]"。

差距。无论如何,宙斯一怒之下便"埋葬了"白银种族,因为后者拒绝敬奉极乐的神明。在白银时代,宙斯已大权在握,并废黜了前一代神。此处业已显露出一种模式的部分迹象,而这种模式后来将会变得更加清晰:诸神间的代际继承具有一种从无序向有序发展的积极趋向,而人类种族的继承则似乎朝着相反的方向发展。

前两个种族死后皆配享特殊的地位。依照宙斯的意旨,δαίμονες ἐσϑλοί[慷慨的精灵](黄金种族)成为凡人乐善好施的庇护者(行 121 - 126)。他们十有八九即是后文提到的监察人间审判与恶行的三万个守护者(行 254 - 255)。[89]黄金和白银这两个时代以及两个种族的行为,都与宙斯及其对人类的分配关系密切,但第一段突出了他们善意的一面,第二段则详述了他们惩罚的职权。①如果说黄金种族死后的命运似乎与他们的本性相符,那么,白银种族的宿命就引发了大量的讨论。

罗德(Rohde)是首位将他们视作希腊异教英雄的学者;②随后的韦尔南主张,黄金与白银两大 genea[种族]体现出杜梅齐尔(Dumézil)

---

① West(1978)将行 124 - 125 置于括号内,视为来自行 254 - 255 的插补文字;尽管如此,却加以保留了。

② Rohde(1898)1.95 - 102。Rohde 坚持认为在荷马的来世观中,英雄崇拜是缺失的,甚或是不可能存在的(但可比较页 128)。然而,荷马对已逝英雄的宗教崇敬的贬低(因为他并非彻底沉默)表明,只有史诗可以让英雄不朽。Von Fritz(1947)页 237 - 240 相信赫西俄德补充了白银种族死后的命运,是为了迎合与史诗中的英雄相对的本地英雄。Preller 与 Robert(1887)1.1.91 代表了 Rohde 之前的观点,认为白银种族的人成为当地流行信仰中的某类邪恶生物,对此笔者表示同意。Preller(1852)页 42 注释 107 把黄金和白银种族死后的存在恰当地比作意大利的守护神们(Lares)和夜游精灵勒穆瑞斯(Lemures)。另参 Roth(1860)页 456 - 459。Burkert(1985)页 180 注释解说,除了 Agathos Daimon[善好的精灵],daimones[精灵]通常并非崇拜对象。Rudhardt(1981b)页 256 评论说,前三个种族具有集体身份,只有后两个种族是由差异性的个体组成的。

所说的第一种职能,即治权(sovereignty),与此同时,韦尔南提出了英雄的两种类型,第一类存在于 dike[正义]的背景中,第二类存在于 hybris[肆心]的背景中。①但至少在历史上,异教英雄往往并非平淡无奇、毫无特点,相反,他们通常被认为属于一个特定的时代,对其所在的共同体居功至伟。就白银种族而言,人们不太明白,既然这一代远不如前,为何英雄们应获尊荣,即便位居次等。②既然他们是稀里糊涂长大的孩子,又有何德何能被尊为英雄,成为当地居民的庇护者? 最后,他们究竟因何被赋予了悖论式的称号:"地下的极乐凡族"?

笔者认为,答案就存在于 makares[极乐的]一词的含义中,该词既是一种委婉含蓄的表达,也有驱害避恶之意。在行 730 中,赫西俄德提醒人们莫要触犯禁忌,莫要在路上或路边小便,或暴露私处,因为"黑夜属于极乐者们"($\mu\alpha\kappa\acute{\alpha}\rho\omega\nu\ \tau o\iota\ \nu\acute{u}\kappa\tau\epsilon\varsigma\ \acute{\epsilon}\alpha\sigma\iota\nu$)。正如德西尔(de Heer)所指出的,这些极乐者们不是奥林波斯神,而是"与黑夜有关的黑暗势力,他们同样需要得到安抚"。③罗德认为,这些邪恶的精灵或鬼魂所获得的荣誉并不类似于异教崇拜的荣誉,而是类似于坏的厄里斯的荣誉,这位女神喜好作恶($\kappa\alpha\kappa\acute{o}\chi\alpha\rho\tau o\varsigma$,行 28),因此人们才"迫得不已"偿付她以荣誉($\acute{u}\pi'\ \acute{\alpha}\nu\acute{\alpha}\gamma\kappa\eta\varsigma...\ \H{E}\rho\iota\nu\ \tau\iota\mu\tilde{\omega}\sigma\iota\ \beta\alpha\rho\epsilon\tilde{\iota}\alpha\nu$,行 15–16)。换言之,正是由于认识到他们的破坏力,人们才称其为 makares[极乐的],以便弱化这种能力。[90]白银种族并非异教崇拜的英雄,他们更加接近于大众迷信中的魑魅魍魉,鉴于其陆地生

---

① Vernant(1965a)页 62。他尝试将杜梅齐尔的三职能主义(tri-functionalism)运用到赫西俄德的神话研究中,但并没有获得广泛认可。比较 Rudhardt(1981b)页 246–247 的评论。Nagy(1979)页 151–155 赞同 Vernant 的解释,但却只字未提杜梅齐尔。

② Cf. Bona-Quaglia (1973) 99–103;and Schoele (1980).

③ De Heer (1969) 21–25.

物的本性,这些傻乎乎的白银种族巨婴,某种程度上才变成大地上有害的、可怖的力量,而黄金种族则成为行善的精灵。

赫西俄德把随后的种族刻画得与白银种族完全不同:

> 父神宙斯造了另一个人类种族,第三代,
> 青铜种族,全然不像白银种族,
> 生于梣木($μελιᾶν$),①可怕强悍,执迷阿瑞斯的
> 悲哀战争和肆心行径;他们五谷
> 不食,却又铁石心肠;
> 他们粗野不化;无敌强力的双臂
> 从壮硕身躯的肩膀上长出。②
> 他们的武器和房屋皆由青铜打造,
> 用青铜器具干活;
> 那时尚无黑铁。
> 他们毁于自己手中,
> 去了阴冷的哈得斯的发霉住处,
> 未曾留下名字;他们尽管可怖,却被黑色的死亡
> 收走,作别明媚的阳光。(《劳作与时日》行143–155)

[91] 青铜时代的缺陷得到了纠正,却又有点儿矫枉过正。青铜

---

① West(1978)注意到赫西俄德使用了属格 $-ᾶν$,目的是突出梣木仙女墨利亚的女性气质。这个词在《神谱》行187应该可能就采用了大写形式。亦可参见对行145a的古代评注。长矛即取自梣木,突出了青铜种族的武士特征。

② Solmsen 把行148–149置于括号内;West(1978)页188发现,行148–149是对《神谱》行150–152和行649"不成功的"改写(亦可比较行670–673),但青铜种族与百手巨人的相似并非巧合。

种族的人类虽摆脱了白银种族的幼稚,但气力极大,这令他们常常彼此开战。但青铜种族又不似百手巨人(参见《神谱》行151–152、649),无法恰当地发挥他们的强力。另外,赫西俄德还提到,他们五谷不食,换言之,他们不从事耕作,无法自食其力。① 人们或许会相当好奇,青铜种族以何物为食。笔者猜想主食无非就是肉类,譬如烤牛肉,只不过他们忘了把食物献祭给诸神。② 没有了必须持续种植谷物的困扰,并且配备了青铜武器,他们陷入无情的相互厮杀中,直至彻底消灭对方。他们最像忒拜神话中的武士斯巴托斯人(Spartoi)③,后者全副武装地从地里长出,旋即就相互屠戮。④ 荷马史诗似乎也知晓生活于更早时代的硕大无朋的野蛮武士。⑤

无论如何,青铜武士们的自相残杀,倒也免除了宙斯插手的必要。青铜种族最终的宿命是死在哈得斯的住处,未曾留下姓名。这是第一个与人类种族落得同样下场的种族。在这方面,青铜种族早已"像我们一样";⑥它与人类一样皆难逃一死。我们同他们的关系或

---

① Crubellier(1996)页458难以置信地相信青铜种族的人五谷不食。事实上,行146–147暗示了缺少农耕与青铜种族的暴力之间的关联。Carrière(1986)页201–203暗示:从青铜时代开始,劳作进入人类生活。事实上,赫西俄德也强调他们"用青铜工具干活",换言之,他们从事冶金。比较Daudet(1972)。Fontenrose(1974)认为,赫西俄德的"五大种族神话实际上支撑了人类必须劳作的教义,并阐明了不顺从的后果"。

② 古代评注(146a)暗示了食人和狩猎。

③ [译注]字面意思"播种下去的人",又称"龙牙战士",乃是从忒拜建城者卡德摩斯(Cadmus)种下的龙牙中生出的武士。

④ Richir (1995) 49–50.

⑤ 譬如人们可能会想到提提俄斯(Tityus)和俄里翁(Orion),当然也会想到涅斯托尔的武士。Nietzsche(1960) 2.787认为青铜种族与英雄种族是同一个种族;两者之间的区别只是视角上的。

⑥ 青铜种族死后无名,让我们想起在序歌中所提到的宙斯让人类ἄφατοι

许比我们所认为的还要紧密。

[92]第四个种族是英雄,也是唯一一个非金属的种族,同样由宙斯所造:

> 但自从大地掩埋了这个种族,
> 又出现了第四个种族,在丰饶的大地上
> 由克洛诺斯之子宙斯造出,更公正且更好,
> 神般的英雄种族,又被称作
> 半神,无边大地上的前一代种族。
> 不幸的战争与可怕的冲突令其命丧黄泉,
> 有些倒在七门的忒拜城下,卡德摩斯的地界,
> 旨在争夺俄狄浦斯的臣民;
> 有些乘船远渡浩瀚的大海,
> 为了金发的海伦发兵特洛亚。(《劳作与时日》行 156 – 165)

由于神明的——很可能是提坦神的(克洛诺斯一辈)——第二次造人的尝试不如第一次成功,宙斯打算进行二次改造。① 赫西

---

[声名狼藉]和 ἄρρητοι[籍籍无名]的能力。Wilamaowitz(1928)称青铜种族为"第一个真正的人类种族";另见页 140;West(1978)页 187 则指出:"青铜种族起源于梣木或梣木宁芙仙女,这让他们等同于希腊传统所知的人类始祖。"比较 Mazon(1914)页 65:"他们[第三代种族]正是今天人类的祖先。"Tandy 和 Neale(1996)页 68 将墨利亚理解为"一群宁芙仙女,于此处被视作青铜种族之母"。Most(1997)页 109:"然而,随着青铜种族诞生,一群人开始出现,从生物学上说,他们不同于前两个种族,但我们能够识别出他们和我们十分相像。"也许有人推测青铜种族的女性是英雄的母亲,因此,我们也是她们的直系后裔。

① Benardete (1967) 156;Rudhardt (1981b) 258.

俄德紧接着指出,英雄种族比前一代更公正且更好,这至少暗示了两个种族之间存在一定的关联。① 此处的比较级同样适用于随后的黑铁时代。某种程度上,英雄时代既回首过去,又前瞻未来。

此外,dike[正义]同英雄一道进入人间。② 英雄本就是神明干预的产物,确切地说,他们是神人交配后诞下的 hemitheoi[半神]。而其他的一些新事物也成为英雄种族的标志。尽管青铜时代或许就存在着某种形式的——一切人反对一切人的——战争,但此时的战争才有了具体目标,并且战争的开始与结束皆清晰可辨。③ 另外,城邦开始出现,尤以忒拜(相传是第一个城邦)和特洛亚为代表,当然也包括一切具备了公共生活与社会组织的形式;[93]同样首次出现的还有航海和农耕,这就使得人类天生的暴力倾向——作为前两个种族的典型特征——得到了驯服,因为人类必须不停地劳作。

顾名思义,英雄是人神混交的种族,混合了神明与人类的血液。英雄的这一双重血统反映在其死后的归宿中。他们中的一部分去往极乐岛,享受着神明般的生活,以及"如神一样"活着的黄金种族的生活。④ 另一部分则像凡人一样死去。倘若神明意图去创造一个能够自我繁衍和自主生活的种族,那么英雄种族对他们而言就是个麻烦。的确,英雄的产生需要神明的不断干预,以便维持他们的混合本性。实际上,这一神话传说指出,自某个时刻起,神明就逐渐远

---

① 比较行 129 与 144,两处皆强调了 genea[种族]之间的中断。
② Cf. Carrière (1986) 204.
③ Cf. Rudhardt (1981b) 255.
④ Carrière(1986)页 206 – 212 清楚地区分了逝去的史诗英雄和去往极乐岛生活的史诗英雄,墨涅拉奥斯实为后者的典范(《奥德赛》4. 561 – 569)。

离人类,不再继续生出这种混血的后代。①

没有任何的灾难或突如其来的毁灭导致英雄时代的终结。② 相反,神明与人类断绝交往的过程是循序渐进的。行 173d–e 被绝大多数评论者视作插补的部分,这或许是正确的,鉴于他们指出宙斯并没有创造(ποίησε)黑铁种族,只是"建立了"(ϑῆκεν)它,因此这几行诗很好地体现了上述转变。不论他们的说法是否可靠,"建立了"这个词用得非常好,因为黑铁时代并不是 de novo[重新]创造的。这个词意味着黑铁时代同先前的时代并非完全断裂,而是它的延续。我们这一代属于黑铁种族,是英雄堕落的后裔,体内的神圣血统业已稀释殆尽,反倒是暴力自毁的倾向在与日俱增,这一点与青铜时代的人类十分相似。

在我们的时代,神明已经离去,但他们的使者——羞耻女神(Aidos)、报应女神涅墨西斯(Nemesis)、正义女神和好的厄里斯——却留在人间。因此,人类依然善恶相交、福祸相依。可一旦孩子们一生下来就白发苍苍(相反,白银时代的孩童期持续了一百年之久),厌恶人类暴行与不义的女神们将弃绝大地,宙斯也将毁灭这个种族。[94] 衰败如果不加以遏制,必将导致毁灭,但阻止这一逐渐衰败的可能性仍然存在,只要人类能够被劝阻远离暴行与不义。

人类种族的继任似乎是神明或宙斯不断试错的结果。但正如我们在研究一开始就指出的:神明创造人类种族的动机是什么? 因为《劳作与时日》并非将人类物种的进化描述为一次偶然发生的事件,而是神明采取的一次有着明确针对性的行动。在神明眼中,一个缺失

---

① 有关英雄时代的末世传说,参见第七章。
② Cf. Benardete (1967) 156; Rudhardt (1981) 247–252; Bianchi (1963) 146.

了人类的宇宙似乎是不完美的。倘若只有神明存在,也就没有谁来敬重和供奉他们了。一言以蔽之,没有人类,神明将会丧失优越感。①

当然,永生,这一神人之间的首要差异,从一开始就暗示了神明的优越性。凡人的必死性在神明第一次尝试创造人类的黄金时代就已出现,尽管如神般活着,他们终有一死。可是,由于缺乏自我繁衍的能力,黄金种族每一代的延续都需要神明的介入。随后,神明发现了一种能使人类自我繁衍的办法:神明创造了女人。现在,人类种族可以自主繁衍了,但白银种族是如此的幼稚,根本无法辨识神明的优越性。于是,宙斯大发雷霆,白银种族毁灭了,一次新的尝试开始了。可是,在纠正白银种族的幼稚时,宙斯又创造了一个如此暴力的种族,以致毁在自己手中。

下一个时代需要神明的积极参与,以便创造英雄种族,因此他们是混血的半神。在此过程中,神明驯服了人类天生的暴力倾向,传授给他们正义和城邦的公共生活,同时把劳作强加给他们,让他们自食其力。正义和农耕一道进入人间。但暴力并未消失,只不过它不再是无端而起的,而是体现在如远征忒拜和特洛亚这样的公共的战争活动中,在这些战事中,英雄们展现了他们的勇毅,或许这也为神明提供了消遣。②

那么,神明为何没有就此罢手呢? 笔者认为,原因就在于英雄种族具有根深蒂固的不稳定性。[95]首先,英雄的产生仍然需要神明的积极介入,以确保这个种族的继任性。其次,由于英雄是半神,

---

① 比较 Sorel(1982)页 26:"人类是由奥林波斯神族创造或制作的,因为神明需要如此。"神明需要人类敬重和供奉他们,这是《献给德墨忒尔的荷马颂歌》以及阿里斯托芬(Aristophane)的谐剧《鸟》(Birds)中的重要主题。也请考虑《献给阿波罗的荷马颂歌》(行 190 - 193)中缪斯的奥林波斯之歌。

② Cf. Griffin (1980) 179 - 204.

他们与神明的关系非常紧密。神明创造人类，旨在创造一个不仅劣于自己并且意识到这种劣势的种族，倘若缺少对这种劣势的觉悟，人类就不会明白为何要敬奉神明。就此而言，半神的英雄会给神明带去麻烦（如果不是一种潜在的威胁的话），尤其是因为他们同神明具有密切的血缘关系。鉴于英雄与神明的亲密性，因此危险——传说已提供了无数的例证——就在于英雄将试图去挑战甚至消除神人之间的鸿沟，而鸿沟的确立源于神明当初创造了人类。或许，正是这一成问题的亲密关系——如史诗传说所描述的，这种亲密关系有时会让神明倍感苦恼——解释了神明为何会断绝同人类的交往。① 随着神明的远去，黑铁时代，亦即我们当前的时代和众所周知的人类生活开始出现。

以上似乎就是根据《劳作与时日》亦即从人类的视角出发对人类种族进化的分析。倘若《劳作与时日》代表的只是一种对宇宙的局部认知，那么其中的记述可能就只是故事的一部分。为了补充甚至补全《劳作与时日》中讲述的故事，我们必须考察《神谱》，以便弄清楚它是否提供了人类起源的另一种说法。可以肯定的是，人类的起源并未在《神谱》中占据中心位置，因为《神谱》的意图是为了讲述诸神及其 genos [起源] 的历史（行 105–114）。在《神谱》的框架中，人类势必只能处在边缘位置。实际上，绝大多数评论者都否认《神谱》中包含了一种人类纪元史（anthropogony）。② 但笔者深信，

---

① 这似乎是《献给阿芙洛狄忒的荷马颂歌》的主题。参见 Clay(1989) 页 152–201。

② 最近的观点出自 Rotondaro(1997)。但 Klaussen(1835) 页 448 的评论十分有趣："《神谱》被毫无道理地指责忽略了人类的起源问题：在《神谱》中，个体的人并不重要，重要的是在他们心中起支配作用的诸神；只要诸神在此，人类就会作为神明的附庸从大地上再次涌现出来。"

《神谱》的确描绘了人类的起源,只不过它的说法完全有别于《劳作与时日》中的说法。

让我们从一个简单的问题开始:人类产生于哪一代神明?人类在所谓的"赫卡忒颂歌"和普罗米修斯神话中的确扮演了重要角色,他们是普罗米修斯和宙斯较量的牺牲品。[96]但人类早在之前的时代就"已经存在"了。细读文本就会发现,在夜神的后代诞生之前,人类就出现了(行211-232)。夜神的后代多半都是令人不快的暗黑力量,但赫西俄德也说得十分清楚,这些邪恶势力中的多数专门支配人类生活。① 譬如,报应女神涅墨西斯是"凡人的祸星"(行223);其他的如衰老神、饥荒神和劳役神都不会祸及永生神明的生活,但他们是人类生活的永恒属性;最后,誓言女神被说成"给居于大地上的人类带去最大的痛苦,只要有人存心发假誓"(行231-232)。

重要的是,说明夜神后代的名录在《神谱》的总体架构中的位置,单从"时间先后顺序的"角度看,它本该出现在其他地方。② 举个例子,在描写完夜神诞生,以及夜神与厄瑞玻斯所生的白昼之神与光亮之神埃忒耳诞生(行123-125)之后,赫西俄德本应接着描述夜神通过单性繁殖生下的其他子嗣。但我们看到,赫西俄德把这份名录延后了85行,直到他讲完克洛诺斯阉割父亲乌拉诺斯的故事为止(行211-232)。夜神的后代实际上就是各种拟人化的灾祸,这些后代的名录被推迟到灾祸进入宇宙后,也就是乌拉诺斯凌虐大地盖娅并遭受伤害后。在此前的叙述过程中,通过使用与拟人

---

① 无疑,作为繁衍法则的爱若斯(行120-122)普遍存在,既影响了神明,也影响了人类;但夜神的许多后代只对人类有影响。在这个名录里频繁提到人类,暗示了人类业已出现。

② Cf. above, p. 19.

化的夜神家族成员相关的词语,赫西俄德清晰地阐明了这一关联:譬如,"欺瞒神"(Apate)与承欢神(Philotes)(行224),比较 ἐξαπάτας[欺瞒](行205)和 φιλότητα[承欢](行206);"争端神"(Neikea,行229),比较 νεικείων[争端](行208);复仇、暴力、诱惑和欺瞒,所有这些残酷的情形,都是厄里斯(不和女神)的象征(在序歌部分,即当缪斯的名字出现,并从此前对她们行动的描述中衍生出来时,赫西俄德就运用过这样的手法①)。现在看来,人类的起源应当是同时发生的,事实上也与那出宇宙事件紧密相关。赫西俄德描写了乌拉诺斯被割下的生殖器中的血,如何滴到大地上,并从中孕育出巨人族和被称作墨利亚的宁芙仙子(行185-187)。[97]有评论者指出,人类种族的先祖就是自那里出现的(ἐκ τούτων ἦν τὸ πρῶτον γένος τῶν ἀνθρώπων,"从中产生出人类的第一代")。②

《神谱》的序歌支持了这一说法。奥林波斯山上的缪斯之歌,不仅提到了诸神的起源和宙斯的无上权威(行43-45),也提到了"人类种族和强大的巨人族"(ἀνθρώπων τε γένος κρατερῶν τε Γιγάντων,行50)。这句话暗示了人类种族同巨人族的亲密关系。③希腊的多个传说都把土著人类与 Gegenes[盖娅所生的/土生土长的]联系在一起。这些当地神话无一不反映出各自所在城邦对自身的优先性和本土性的主张。但值得注意的是,并不存在任何占主导地位

---

① 相反,Muellner(1996)页66-67认为拟人化的夜神子嗣为接下来的故事情节做好了准备。然而,缪斯的命名似乎作出了相反的论证。

② 对行187的古代评注(Pertusi)。比较 Wilamowitz(1928)页54:"第一个真正的出自梣木的人类种族。"

③ 一种明显类似的说法:πατὴρ ἀνδρῶν τε θεῶν τε[神人之父];"神人之父"暗示了只有一位父亲。Preller(1852)页40提到赫西俄德的这段诗时指出:"很显然,人类和巨人族被视为同一个种族亦即 γηγενεῖς[盖娅所生的]两个不同的后代。"

的泛希腊化传说,也没有一位举世公认的希腊式亚当。尽管如此,当赫西俄德声称人类与巨人同出一源,有共同的先祖时,希腊人对此并不感到诧异。① 此外,《神谱》中的巨人族——体型壮硕,铠甲闪亮,手持长枪——酷似青铜种族,《劳作与时日》对其的描述是 ἐκ μελιᾶν, δεινόν τε καὶ ὄβριμον("生于梣木,可怕强悍",行 145)。对《劳作与时日》(行 145b)的古代评注注解说,赫西俄德笔下的第三个种族就是 τοὺς Γίγαντας[巨人族]。因此,《神谱》在这里似乎以一种相当间接的方式谈到了人类的纪元。但它很可能是一种众所周知的古老传说。无论如何,我们不应对赫西俄德此处[叙述]的间接性感到意外,因为这部作品的主题不是人类或人类的起源,而是诸神的诞生。

据《神谱》所言,人类似乎是巨人族同墨利亚仙子的后代,而后两者又出自乌拉诺斯被阉割物的血滴,并由大地母亲孕育——即便对《神谱》而言,这样的出生方式也是离奇且绝无仅有的。② [98]因此,《神谱》将人类种族的起源描述为一场宇宙暴力剧情的随机产物,这场暴力剧情同时开启了神明继任神话的第一幕。值得注意的是,人类的出现或多或少是一场意外;人类的暴虐似乎要归咎于人类出现的客观环境。但最引人注目的是《劳作与时日》和《神谱》对人类历史描绘的巨大差异。我们业已了解到,《神谱》中人类的出现几乎是一次

---

① 最完整的见 Preller(1852)页 1 – 60。另参 Preller and Robert(1887)1. 1. 78 – 87;Guthrie(1957)页 21 – 28;Vian(1952);Lugenbühl(1992)页 100 – 133。Loraux(1996)页 20 – 26 看到了希腊神话中"第一代人"的多样性。请注意,其中一位原始人甫若纽斯(Phoroneus)的母亲就被称作墨利亚(Melia):Apollodorus 2. 1. 1;比较 Pausanias 2. 15. 5 和 2. 19. 5,在那里,甫若纽斯取代普罗米修斯成为火种的发现者。关于对优先性的各种主张,参见 fr. ades. 67 *PMG*。

② 参见 Schoemann(1857a)页 125 – 141 的卓越评论。

偶然事件,是一次宇宙事件的副产品,这次事件不仅是诸神王位争夺史中的第一幕,而且是宇宙进化的原初事件,从根本上说,这一原初事件使宇宙的形成成为可能;倘若天与地没有分离,宇宙也就无法形成。《神谱》中记述的版本同样揭示了人类产生自宇宙的早期阶段。这次有关人类起源的回溯,在赫西俄德对阿芙洛狄忒降生的处理上找到了对应物(行188 - 206);赫西俄德拒绝接受荷马的传统说法,即把阿芙洛狄忒视为宙斯与狄俄涅(Dione)的女儿,同时把她刻画成一位年长的女神,她出生时天地恰好分离。值得注意的是,由阿芙洛狄忒的出现所定义的世界,代表了一种新的宇宙秩序,从空间上看,这个世界此刻类似于"我们的"世界,岛屿环绕,远离了陆地和海洋。从宇宙进化的角度看,随着原始神爱若斯成为阿芙洛狄忒的从伴,繁衍不再是"突然涌现"的模糊过程,而是两性有规律的结合,自此以后,两性结合成为阿芙洛狄忒的特权,凭借这一特权,她控制着人类和不朽神明(行203 - 204)。①因此,赫西俄德才说,人类种族的起源恰好发生在宇宙进化让位给神谱的那一刻。

在《神谱》中,人类历史悠久、起源偶然并且天生暴虐,这同《劳作与时日》中所描绘的人类起源截然不同:一方面,人类是由神明基于特定目的创造的;另一方面,人类的出现又是一次偶然事件。每一个新种族都代表了神明造物的一次全新尝试,被创造的生物既不依赖神明,又能确保自身的延续性,但他们仍然意识到比神明低微,因此会敬奉神明。唯一的例外是从英雄时代向黑铁时代的变迁,伴随着这一变迁,《劳作与时日》中的种族继任彻底间断了。克洛诺斯治下人类原先的福乐再难恢复。另一方面,《神谱》中的原始人类最接近于宙斯第一次造出的人类,亦即《劳作与时日》中暴虐的青铜种族。[99]值

---

① Cf. Vernant (1991b) 1. 373;Bonnafé (1985)31 - 32;Rudhardt (1986) 17.

得注意的是,黄金和白银两个种族在《神谱》中皆未出现。这一缺席暗示了,至少从奥林波斯神的视角来看,人类从未存在过黄金时代。《神谱》似乎也质疑过良善守护者的角色以及邪恶精灵的存在,前者由黄金种族死后变成,守护着宙斯的正义,后者则出自白银种族。只有青铜种族在两部作品中都出现过,而青铜种族在《劳作与时日》的人类纪元史中占据着中心位置。实际上,余下的两项描述相互协调,囊括了英雄种族和黑铁时代。的确,《神谱》提到了英雄的功绩,并将人类生活(即便只是一笔带过)说成几乎类似于"赫卡忒颂歌"中我们自己的生活。可是,倘若《神谱》的故事某种程度上能够适用于《劳作与时日》故事的最后阶段,那么有关人类起源的两种说法、人类起源的客观环境以及从这样的客观环境中所产生的人类的性格特征,则仍然提供了鲜明的对比。①

　　赫西俄德为何提供了两种不同版本的人类起源说? 一个简明但无疑不够充分的答案旨在提醒我们注意,赫西俄德的两部作品可以被它们各自不同的视角所区分。《神谱》,由于授权自缪斯,因而是从奥林波斯众神的角度出发来看待人类,而《劳作与时日》则提供了一种有关人类生活的世俗视角。奥林波斯显然把人类视为神权至上的威胁,此种威胁必须被驯服,并转变为恭顺;人类十分留念至福的黄金时代,他们认为黄金时代属于宙斯统治之前的一个时代;随着时间的推移,人类已逐渐远离诸神,并屈从于后者。对这些相异视角的进一步阐释以及这些视角所带来的影响,将从两首诗所分别描写的普罗米修斯故事的分析中得到展现。

---

① 《劳作与时日》行 108(通常被视为伪作)突出了这些差异性: ὡς ὁμόθεν γεγάασι θεοί θνητοί τ' ἄνθρωποι("……神明与人类同出一源")。这句诗与《劳作与时日》不符,因为在《劳作与时日》中,人类由神创造,但他们却符合《神谱》的描述,因为在《神谱》中,神明与人类最终都出自盖娅和乌拉诺斯。

# 第五章　两则普罗米修斯神话

[100]在墨科涅,决定了何者为神,何者为人。(《神谱》行535 的古代评注)

如果说我们此前考察过的人类起源神话追溯了人类的起源,那么普罗米修斯神话则描述了它的情形。赫西俄德赋予普罗米修斯神话无与伦比的重要性,为此他两度讲述了这个故事,一次是在《神谱》的中间部分(行 521 – 616),另一次是在《劳作与时日》的开头(行 47 – 105)。同一个诗人的两度讲述——几乎是同时展开的——使我们对赫西俄德的神话创作有了独特的见解,它也揭示了故事是如何被编排和调整,以便适应不同的文本语境的。第一次描绘,即《神谱》中持续时间最长的叙述,位于诗歌的中部,也就是宙斯废黜父亲克洛诺斯与提坦之战——在提坦之战中,奥林波斯神成功击溃了前一代神祇——中间。因此,这则故事公然地———由于雅典娜与赫淮斯托斯的参与,但他们当时尚未出生——打破了预期的时间顺序。在《劳作与时日》中,靠近开头部分的普罗米修斯神话,显然充当了赫西俄德规劝兄弟佩尔塞斯的引论。

这段叙事本身往往被视作异质元素的相当不理想的合成物。譬如,韦斯特就把这则故事理解为三种互不相干的缘起说(aetiologies):第一种解释了希腊献祭物的分配情况,人类得到可食用的部分,神明则只接受裹着肥肉的骨头;第二种说明人类是如何拥有火种的;最后,我们有了关于女性起源的记载,并知道她们何以会令男人苦恼。① 根据韦斯特的说法,《劳作与时日》把另一则神话中的元素纳入其中,这则神话讲的是人类的种种灾难从一只瓶中被释放出来,最终给人类生活带去不幸。② [101]早期评论者试图再现赫西俄德的普罗米修斯故事的素材来源,可能源于一首打油诗,类似于诙谐的《赫耳墨斯颂歌》,赫西俄德原本打算为了更加严肃的目的而使用它,但未能完全成功。鉴于故事的异质成分,以及为了截然不同的目的而进行的改编,赫西俄德对普罗米修斯神话的重塑,几乎不可避免地会陷入不连贯和自相矛盾的境地。③

然而,在《神谱》中,故事的引入遵循了统一的标准:"当初,神与人最终分离于墨科涅。"(ὅτ' ἐκρίνοντο θεοὶ θνητοί τ' ἄνθρωποι / Μηκώνῃ,行 535 – 536)本章隽语所引用的那位注释家清楚哪些事物是要被分离的:何者为神以及何者为人。④《劳作与时日》中的叙述也旨在拥有一个统一的主题:它解释了神明如何隐藏起人类的生计(κρύψαντες γὰρ ἔχουσι θεοὶ βίον ἀνθρώποισιν,行 42)。无论他的想法多么天真,至少赫西俄德相信,任何一种叙事,只要把它视作一个整体,就会富有深意且易于理解。

让-皮埃尔·韦尔南的分析,以一种完全令人信服的方式,展现

---

① 比较 West(1966)页 305 – 307;他在页 307 总结说:"我们在赫西俄德那里看到的是三个传统的神话故事的结合,这三个故事是可以分开讲述的……" 比较 Robert(1905) 页 107;Wehrli (1956) 页 415 – 418;Reinhardt (1960) 页 197;Philips(1973)。

② West (1978) 155.

③ See, for example, Aly (1913b); Wehli (1956); Lendle (1957); Heitsch (1963).

④ Cf. Rudhardt (1981a) 214 – 216.

了这则神话的统一性和连贯性。①由于此项研究以韦尔南的阐释为基础,因此一份要点概述或许可以充当指南。宙斯与普罗米修斯之间的相互较量与计谋施展——从献祭时的诡计到窃取火种,再到创造第一位女性/潘多拉——既揭示了一种连贯的叙事逻辑,又揭示了主题和结构上的完全统一。metieta[足智多谋]的宙斯(宙斯"拥有 metis[智慧]")与 ankulometis[诡计多端]的普罗米修斯("欺诈的 metis[智慧]")之间的智力竞赛,是围绕着反复的给予和不给予、接受和拒绝以及显露和隐藏这些主题而展开的。在每一种情形下,给予的/接受的、拒绝的或隐藏的,都是带刺的礼物,它们外表诱人,实则包藏祸心,反过来也可以说,其貌不扬的背后隐藏着人类的善好事物(献祭物的部分、火种、第一位女性/潘多拉)。最终,每一次的给予或拒绝都带来了同样具有欺骗性的礼物。结果,"处在神明瞒骗之下的人类生活的特点是善恶交织,模棱两可与口是心非"。②此种潜在的结构安排,预示了普罗米修斯故事的叙事顺序,而这则故事明确了人类在神明与野兽之间变动不居的状态。

[102]在这出勾勒了神人之间不断疏远的剧情的第一幕,普罗米修斯将一头献祭的公牛一分为二,把可食用的部分给予人类,留给神明的只有骨头和肥肉。献祭是人类独有的行为,它提供给人类与神明接近和交流的途径,但与此同时,它也成为神人彼此分离的确凿证据,因为神明不食肉,确切地说,高居天上的神明吸入了熟肉的香气。另一方面,人类为了生存必须不断进食,这就使他们与兽类扯上关系。为了回应普罗米修斯的献祭诡计,精明的宙斯夺走了人类的火种。没有了火,人类只能被迫像动物一样食生肉,因此沦落到动物的境地。

---

① Vernant (1974); and (1979).
② Vernant (1974) 190.

同时，由于人类被禁止献祭，从而失去了与神明交流的途径。火种的丢失使人类降格为野兽，并且与神明愈加疏远。可是，在普罗米修斯为人类窃回火种后，人类的处境又重新恢复到神明与野兽之间的不稳定状态。

最后一幕的剧情是宙斯与普罗米修斯的相互欺骗，为了惩罚这次罪过，宙斯创造了女人，说得更准确点，妻子。因为《神谱》中的无名女性和《劳作与时日》中的潘多拉，不仅代表了第一位"女性"，也代表了新娘，她全身装扮华丽，魅力四射。她的出现开创了人类的婚姻制度，这就如同献祭，旨在为人类的生存环境划定界限。作为有朽的生物，人类不得不像野兽一样繁衍后代，以便维系这个物种。然而，与乱交的野兽和同样滥交的神明不同，人类凭借婚姻来控制性爱和繁衍。另外，这位妻子——笔者将如此称呼她，与普罗米修斯的火种礼物形成绝配，她像火一样令男人干涸枯竭（参见《劳作与时日》行705），并消耗男人的劳动果实，如同火一般，她必须被不断地满足和照料，并损耗丈夫的身体。可是，男人被她的美貌所诱惑，也被她的谎言所哄骗，每每再现厄庇米修斯（Epimetheus）的愚蠢，并且投入美好的不幸的怀中，他们幡然悔悟，但为时已晚，因为灾祸已无法避免（amechanos）。在《劳作与时日》中，那位名叫潘多拉的女人与那个神秘瓶子联系在一起，由于她揭开瓶盖，人间的种种灾难便一涌而出，人类的幸福就此永远地戛然而止。但她于最后一刻盖上瓶盖，并遵照宙斯的意愿，把希望留在瓶口内。

[103]正如古代评注所表明的那样，有关希望的含义以及希望被潘多拉留在瓶"口内"的意义是一场古老的争论。韦斯特对此总结道：

> 赫西俄德显然思考过飞出瓶外的灾难：先前的人类没有灾

难,此刻遍布人间;它们同留在瓶内的希望形成对照。何以灾难遍布人间是由于它们飞出瓶外,而希望存在于人间是因为它留在瓶内?如果这是一个灾难之瓶,希望在瓶中又起什么作用呢?……一个瓶子同时满足两个目的,这当然不合逻辑。①

按照上述说法,问题似乎无法解决。但倘若人们意识到瓶子本身就是一个外表迷人但内存灾祸的双面潘多拉,那么希望也就如潘多拉一样可以作模棱两可之解。②她诱惑的魅力令心智迷狂,并给人以极乐的希望,而她欺骗的天性又包含了恶毒的心思,花言巧语,谎话连篇,且性情诡诈(行 67、68)。希望同样模棱两可,一面许诺并诱惑,一面常常食言。从绝对的意义上说,希望也是一种恶,让人类产生错觉:如此说来,它的确应当放在瓶中,但由于牵涉到人类,它也就变得更加复杂。

在谈到给人类送去火种这份礼物前,《被缚的普罗米修斯》(*Prometheus Bound*)中的普罗米修斯讲述了他如何给人类灌输了盲目的希望,来阻止后者提前窥视自己的死期(《被缚的普罗米修斯》行 248 – 250)。这样的希望——等于对自身死亡时刻的无知——是一切人类活动的必要前提:③唯有人类才寄予希望。禽兽,由于没有思想或 nous[努斯],也就不具备希望。另一方面,神明不需要希望,因为他们拥有确定的知识,并且无论如何,他们是不朽的,也就不必窥探自己的死期。因此,希望,这最终的 kalon kakon[美好的不幸],体现了人类的境况,并再一次把人类置于野兽的无知与神明的有知之间,置于先

---

① West(1978)页 169 – 170。Leinecks(1984)提供了早期学术研究的概述。
② Cf. Benardete (1967) 154 – 156.
③ 阿基里斯成为这个规则的例外。

知先觉(普罗米修斯)与后知后觉(厄庇米修斯)之间。通过让宙斯去除掉从他所设计的瓶子中飞出的一切可怕疾病的声音,赫西俄德进一步澄清了希望女神埃尔庇斯(Elpis)的特点。这些疾病来得悄无声息,以至人类还能对明天抱有希望。对人类生活而言,希望是必要的幻想,它使生活变得尚可忍受。

宙斯的英明决策,令其在与普罗米修斯的较量中胜出,同时也将了人类一军,使人类永远无法摆脱自身的境况——人类必须献祭、农耕和嫁娶,并把希望寄托在明天。

[104]以上只是简要概述了韦尔南解释中的精彩之处。然而,《神谱》和《劳作与时日》中讲述的不同版本的普罗米修斯神话之间的差异,或许并未得到足够的重视,这些差异不仅体现在它们各自的叙事手法上,也体现在它们更宽泛的语境中。①奥林波斯众神观察人类境况的视角完全不同于人类观察自身境况的视角,对此我们并不感到惊讶,因为两首诗对人类起源的描述如果不是自相矛盾的话,也必定是相异的。我们很可能期待神明观察他们与人类分离的过程——这正是普罗米修斯神话的核心,以及从一个与我们自身完全不同的视角去观察随之出现的人类的境况。

在《劳作与时日》中,赫西俄德向佩尔塞斯讲述普罗米修斯神话,意在使后者相信劳作的必要,"因为诸神藏起了人类的生计"(bios,行42–46)。赫西俄德绝口不提普罗米修斯分配献祭物的诡计,或者宙斯的抉择。《劳作与时日》中的这段故事始于宙斯隐藏火种,而关注的焦点在于宙斯的行动及其给人类生活带去的不幸结果。

---

① 比较 Vernant(1974)页185:"这两个版本因此可以被视作一个整体的组成部分。"Rudhardt(1981a)也尝试着把这两个版本统合在一起。但 Judet de La Combe(1996)以及 Judet de La Combe and Lernould(1996)在这方面做出了重要贡献。

如果《劳作与时日》省略了普罗米修斯这出剧情的第一幕——献祭把戏,那么这种省略就意味着,这首诗在某种程度上预设了神人的分离,而这种分离是通过献祭加以体现的。在《劳作与时日》开篇,分离就已经出现了。因此,赫西俄德删去了故事的开头,但却在故事结尾部分详述了潘多拉的故事:描绘了那个 pithos[瓶子];描写了种种困扰人类的灾难遵循宙斯的意愿从瓶中逸出,而希望则留在瓶口。《劳作与时日》讲述的故事背景显然是人类生活的早期状态,远离了不幸、辛劳和疾病(行 90 – 92):一个赫西俄德即将描绘的黄金时代(行 109 – 119)。但我们业已知晓,《神谱》中的人类没有黄金时代;人类历史起源于巨人族,他们诞生于乌拉诺斯的血滴中,一出生就全副武装。因此,《神谱》中人类地位的改变,以及因普罗米修斯与宙斯之间的智力竞赛所导致的人神分离,不能被简单理解成人类从先前伊甸园般的状态堕落后的结果。

[105]赫西俄德在《劳作与时日》中总结这则故事时说道:"因此,宙斯的意志无法摆脱。"(οὕτως οὔ τί τῃ ἔστι Διὸς νόον ἐξαλέασθαι,行 105)此处,诗人显然指的是人类,从今往后,灾难遍布人间,疾病夜以继日地纠缠着人类,种种不幸悄无声息地来临,因为宙斯"去除了疾病的声音"(行 100 – 104)。①《神谱》的故事版本以几乎相同的话结束:"宙斯的意志难以蒙骗,也难以躲避。"(ὡς οὐκ ἔστι Διὸς κλέψαι νόον οὐδὲ παρελθεῖν,行 613)措辞的相似性不应该遮蔽掉它们所指涉的事物间的重要差异。《神谱》中的话针对的是普罗米修斯,表明他难逃宙斯的惩罚。鉴于故事的开头和结尾都提到过宙斯的惩罚,因此,惩罚将故事框架设定在普罗米修斯与宙斯之间的敌意的范围内;显然,《劳作与时日》没有提到普罗米修斯的命

---

① Verdenius(1971)页 7 认为,行 105"明显是指普罗米修斯"。

运,而是聚焦于人类的际遇。这样的对比让读者注意到两个版本的故事具有完全不同的视角。

在《神谱》所讲述的故事的中间部分,一直处于诗歌边缘位置的人类近乎完全缺席,而普罗米修斯和宙斯间的对抗则占据了中心位置。对其意义的认识,要求我们既要考虑更广泛的文本语境,也要考虑神话故事的布局和框架及其在诗歌的总体结构中的功能。首先,伊阿佩托斯(Iapetus)的子嗣谱系并未出现在预想的位置。①在赫西俄德列举乌拉诺斯与盖娅的后代提坦神时,伊阿佩托斯先于克洛诺斯出生(行 134 – 138),据此,伊阿佩托斯的后代应当先于克洛诺斯的后代被提及,因为克洛诺斯是乌拉诺斯最小的儿子。但赫西俄德把伊阿佩托斯子嗣的名录延后(行 507 及以下),并插入克洛诺斯最年幼的后代宙斯诞生之后,和宙斯最终击溃提坦神就任王位之前。[106] 赫西俄德在把伊阿佩托斯的家世延后的过程中,试图扭转预期的家谱顺序,并在某种程度上令伊阿佩托斯的后代看上去是克洛诺斯家族中更年幼的子嗣。这一在家谱上所玩的花招的意义,源自继任神话的重复模式,因为在继任

---

① 比较 Meyer(1887)页 37;Robert(1905)页 166。West(1966)页 305 的解释并不能令人信服:"伊阿佩托斯家族占据了提坦神的最后一席,因为这段神话的离题话过于冗长……也因为无法在参与这则神话的宙斯尚未出生之前就讲述它。"当然,在宙斯尚未出生前,他被写入了"献给赫卡忒的颂歌"部分。Lauriola(1955)仔细研究了有关伊阿佩托斯子嗣被不恰当放置的早期观点,并总结说:普罗米修斯插曲以及伊阿佩托斯后代世系的插入,成为预期出现的斯梯克斯与赫卡忒插曲之后的一次高潮事件。她似乎也将赫卡忒这部分置于普罗米修斯之前的一段时间,在那段时间里,宙斯扮演了"神界的统治者和创造者"的角色(页 91)。但赫卡忒插曲中对人类的描述显然是属于后普罗米修斯时代的。尽管她承认克洛诺斯和宙斯都是最年幼的儿子,但她并未意识到把伊阿佩托斯的后代置于最后的深意。

神话中,废黜父亲的总是最年幼的儿子。值得注意的是,普罗米修斯是唯一一个同叔叔克洛诺斯一道分享 anulometis("诡计多端")称号的角色。

其次,伊阿佩托斯后代的家谱先于宙斯释放圆目巨人的故事,作为感谢,圆目巨人送给宙斯霹雳和闪电"助其一统众神和人类"(行 501—506)。紧随普罗米修斯插曲之后,赫西俄德讲述了百手巨人被释的类似故事(行 617—663)。① 与普罗米修斯的被罚和被缚相比,这两次释放行为预示了宙斯在提坦之战中的胜利。此外,两次行动具有一项共同的特征:宙斯的善举(他释放了此前被囚禁的巨人)使他得到了一份礼物,从而确保了最终和永久的胜利。布朗(Brown)说得十分贴切,这些举动是"政治交易",借此"宙斯获得了实施高效暴力的工具,而这些工具是政治权力的典型体现:军备产业(圆目巨人)和雇佣兵(百手巨人)"。② 人们可能会拿它与斯梯克斯的故事比较,宙斯曾许诺给她荣誉(time),而她反过来把子女——暴力神、强力神、欲羡神和胜利女神——馈赠给宙斯,这些神明从未离开过宙斯左右,因而确保了宙斯政权的永续(行 383—403)。

普罗米修斯神话故事与圆目巨人和百手巨人的故事编排在一起,不能被视作偶然。相反,它是解决被大多数学者所忽略的问题之关键,尽管这个问题至关重要:普罗米修斯的动机问题。③ 为何他要插手人类的事业?这种爱人类的精神源于何处?后来的传说解

---

① Schmid (1988b) 137.
② Brown (1953) 20.
③ Arrighetti(1998)页 347 认为,关于普罗米修斯爱人类但敌视宙斯的问题"无需任何的解释"。

释了这位提坦神的人道主义精神,原因是他创造了人类。[①]因此,他的爱人类之举被理解成创造者对被造物的偏爱。但在《神谱》中,唯一由神创造的生物是女人。

[107]这位提坦神的动机仍然不够清楚。但我们或许会记得,《神谱》中的第一代人类就类似于《劳作与时日》中的青铜种族,而青铜种族又类似于可怕的百手巨人和巨人族(Gegenes),这些巨人体力强悍、全副武装,出生伊始就进入战斗状态。从此处,人们或许可以看出普罗米修斯偏爱人类的动机。为准备提坦之战,宙斯联合了圆目巨人和百手巨人,给予他们自由。凭借此举,宙斯赢得了他们的感恩之情,他们反过来帮助宙斯击败对手,确保了宙斯的最终胜利。普罗米修斯的故事因而被置于两次争端之间,而这两次争端突显了互惠原则和政治联盟的重要性。这段故事本身也不断涉及礼尚往来的问题。

宙斯与普罗米修斯之间的较量,仿佛一场国际象棋比赛或扑克比赛,在开局时,这位提坦神打算送给人类一份礼物,对于一位精通希腊烹饪规则的读者来说,这份礼物会产生独特的共鸣。故事的背景显然是一场神人共享的公共盛宴,一次 δαίς[宴会],该词源自分割或分配的行为,因此,δαὶς ἐΐση[平分食物]这样的程式化表达指的是一次公平或合理的分配。作为一种社会机制,δαὶς ἐΐση[公平的宴会]涉及两种不同类型的分配:第一种是完全均等(moirai)的分配,这种均等证实了 philia[友爱]的公共纽带和共同责任存在于所有获

---

[①] Robert(1905)页 362–365 把这个传说版本归于普罗塔戈拉(Protagoras)。Heitsch(1953)认为赫西俄德略去了普罗米修斯造人的故事,而只有以造人的故事为前提,才能够理解整个普罗米修斯的故事。比较 Blumenberg (1985)页 299–327,他对这则神话的这一方面的讨论容易引起争议。在《被缚的普罗米修斯》中,普罗米修斯对人类的无助感到同情。

准参与分配的人中间;第二种涉及荣誉的份额,即 geras[殊荣],它是按照特定的美德或名声来分配的。①由于普罗米修斯把公牛的一切可食用的部分给予人类,也就把荣誉也赋予了人类。凭借此举,他不仅剥夺了神明本就享有的 $δαις$ $ἐίση$[平分食物]的资格,也颠倒了神人之间的固有等级。代表人类并以主人身份发出邀请的普罗米修斯,使破坏礼节的情况更加恶化。原本公平的宴会此刻变得不再公平。此外,普罗米修斯给予人类殊荣(geras)意味着人类要回馈礼物:笔者推测,在普罗米修斯与宙斯的这场较量中,人类支持了这位提坦神。通过把 $δασσάμενος$[分割]一词用于普罗米修斯分配公牛的行为中,《神谱》的这段文字为读者展现了普罗米修斯更长远的打算。普罗米修斯的分配影射了宙斯作为分配者的最高职司,这一职司体现在他初登大宝时对荣誉做最终分配的过程中:

[108]于是,[众神]力劝奥林波斯远见的宙斯,
根据盖娅的忠告,为王并一统
永生的神明;为他们合理地分配荣誉。(《神谱》行 883–885)

通过接管分配职司,普罗米修斯暴露了他想篡权并自立为王的野心。对于普罗米修斯行动的意图,宙斯当然心知肚明,于是不无嘲讽地说道:

伊阿佩托斯之子,最高贵的神明,
老伙计,你分配得多么不公啊!(《神谱》行 543–544)

---

① Cf. Saïd (1979) 17–23; also Judet de la Combe (1996) 273.

远见的宙斯当然有能力对抗普罗米修斯的诡计。这位奥林波斯神采取的第一步就是夺走人类的火种,没有了烹饪之火,人类只能沦为野兽。下面的诗句描述了宙斯的行动,它们通常被翻译如下:

> 此后,宙斯时刻牢记他的愤怒,
> 不再把不熄的火种丢向梣木($μελίησι$),
> 留给居于大地上的人类使用。(《神谱》行 562–564)

韦斯特声称:"我们或许可以肯定,赫西俄德的听众能够明白'把火种丢向梣木'这句话的意涵。"①笔者对此没有把握,因为就连韦斯特自己都承认,在希腊典故中,梣木与火种并无任何特定的关联性,并且梣木通常也不泛指树木。然而,有部分古代评注指出,传统上,梣木仙女同人类的起源密切相关,因此这些评注将$μελίησι$[梣木]解释成$μελιηγενής$("生于梣木"或"源自梣木仙女")。此外,在诗中,赫西俄德至少两次提到这样的看法(《神谱》行 187;《劳作与时日》行 145)。因此,为了维护未经证实的看法而故意忽略业已被证实的传统说法,似乎有悖常理。[109] 是故,笔者认为,行 563 中的词的真正读法可能是$μελίνοισι$[梣木的],赫西俄德意在用这个词充当形容词,除了修饰凡人,也指某种(如评注家所主张的)"源自梣木仙女"的事物。②因此我们可以作如下翻译:"[宙斯]不再把不熄的火种留给那些源自梣木仙女的凡人。"最后,此处对人类起源和本性的

---

① West(1966)323.

② 变体词$μελίοισι$尚未得到证明,它在一堆手稿中被发现,可能代表着这个词发展的一个中间阶段。比较 Wilamowitz(1928)页 54。Masaracchia(1961)页 231 为$μελίοισι$提供了依据,因为"这种相关性足以让我们把生活在普罗米修斯和厄庇米修斯时代的人类同青铜时代的人类关联到一起"。$μέλινον$出现在

回顾，恰恰出现在宙斯打算彻底改变强大且对神明构成威胁的人类的命运之时，因此，这一回顾直指人类历史上如此关键的时刻。无论如何，当普罗米修斯暗中把火种还给人类时，宙斯使出了杀手锏——女人，确切地说妻子，这位女人借助婚姻制度，永久确立了人类在神明与野兽之间的位置，同时也界定了人类基本的生存状况。

一直以来，评注者都围绕着宙斯是否真的被普罗米修斯所蒙骗（至少在故事开头）展开争论，而不论赫西俄德如何信誓旦旦地强调：

> 宙斯的计划从未落空，
> 他识破诡计并了然于胸。（《神谱》行550－551）

有学者质疑文本的可信度，其他学者则为赫西俄德的笨拙天真辩解，说他无论如何就是要证明宙斯的全知全能。① 韦斯特坚持认为宙斯的确被完全蒙骗了。

我们有必要稍息片刻，看一看韦斯特对食物的最初分配和普罗米修斯诡计的意图的解释，以及他对这部分文本提出的校订建议。② 在原文钞本中，行538用的词是 τῷ μέν [其中的]，它描写了牛

---

《奥德赛》17.339（在荷马作品的其他地方，出现的则是 μείλινον）。斯特方（Stephanus）的校订是 μελέοισι（"悲惨的""不幸的"），则为许多早期的编校者所接受（例如 Goettling [1843]，Paley [1861]，Welcker [1865]，以及 Schoemann [1868]）。但 Muetzell（1833）页73－75指出，μέλεος 在早期史诗中只有"徒劳的"和"无用的"之意。

① 例如 Aly（1913）页330就认为行551－552是后来加上的。比较 von Fritz（1947）页253；以及 Solmsen（1949）页49："赫西俄德将全知的宙斯的概念植入故事中，并未考虑因此创造出了不可能发生的情形。"

② West（1966）于这部分的讨论；以及（1961）页137－138。Solmsen（1970）与 Marg（1970）页231采用了 West 的读法。

的可食用部分覆盖着牛的胃(gaster),而行540用的词则是 τῷ δ' αὖτ'[余下的],描写了牛的骨头被巧妙地摆放整齐,上面裹着光亮的肥肉。[110]许多校勘者在行538中选择用τοῖς这个词,来指代人类,①但保留了行540中的τῷ,用它指代宙斯。但正如韦斯特所指出的那样,倘若摆在宙斯面前的是可口的食物,他就没有理由(在行543-544中)抱怨分配不公。因此,韦斯特保留了行538中的τῷ,但在行540中使用了τοῖς:显然,摆在宙斯面前的食物并不那么诱人,所以他才会抱怨。就在此时,普罗米修斯邀请宙斯挑选他看中的那一份。韦斯特评论道:"普罗米修斯之所以让宙斯挑选,是旨在诱导他选到不好的那份,既然是自己挑选的,也就怪不得别人。"②

这样的阐释固然精细,但韦斯特有些见树不见林,忽视了整个故事所依赖的更大的文本语境:这位提坦神不只是为了捉弄宙斯,也是旨在酬谢人类。为了把更好的那份留给人类,他悄悄地把它伪装成稍次的。即便不改动原文,也可以明显看出第一堆食物是给人类享用的。居耶(Guyet)的校勘τῇ μέν...τῇ δ' αὖτ'(一方面……另一方面)看上去不错,但模棱两可,③好处是公认的原文可以得到保留("一方[人类]……另一方[神明]")。④然而,韦斯特认为,倘若摆在宙斯面前的是覆盖着肥肉的那份,他就没有理由抱怨,但这一设

---

① 最早由 Gerhard(1853)提出,后为 Paley(1861)和 Schoemann(1868)所采纳,Rzach 在其校勘本中也加以采纳(Leipzig 1920)。在一部钞本中,即推测由拉斯卡里斯(Constantine Lascaris)眷录的 West 的 U 本中发现了这样的用法。
② West (1961) 138.
③ 最近的支持者为 Kassel(1973),页 99。
④ 比较 Kohl(1970)页 31-36;和基于不同理由的 Latacz(1971);另参 Potscher(1994)。Wirshbo(1982)页 104 认为,赫西俄德"并不需要在脑中对每一个τῷ都有特定的指称"。

想意味着,韦斯特实际上已经预先假定:宙斯从一开始就被两份食物的外表欺骗了。尽管如此,韦斯特准确地指出了这则故事中的一个关键要素。当分配物摆放在宙斯面前时,宙斯不仅抱怨分配物的悬殊或不均等,同时也抱怨分配行为的不公与偏私;ἑτερόζηλος[偏心]这个少见的词语,并不能简单地等同于ἄνισος[不平等]。①值得注意的是,此处,与该词的使用最类似的一点是它也含有一种不平等的分配之意;[111]尤斯塔提乌斯(Eustathius)在评注《伊利亚特》(1.399–400)的过程中,解释了波塞冬为何要加入赫拉与雅典娜一方,来找宙斯麻烦:ὁ δὲ Ποσειδῶν διὰ τὸ τῆς μερίδος ἑτερόζηλον. Ζεὺς μὲν γὰρ εἶχε τὰ περὶ οὐρανόν Ποσειδῶν δὲ τὰ περὶ θάλασσαν ἔλαχεν(波塞冬[生宙斯的气]源于分配不公:宙斯拥有广天,波塞冬却只能掌管大海)。波塞冬恼怒的原因,不只是因为他获得的那份不平等,更是因为受到不公正的对待。ἑτερόζηλος[偏心]一词足以表明,宙斯对这份表面光亮的肥肉下究竟藏着什么心知肚明。

只有在宙斯说出分配不公的话后,普罗米修斯才会洋溢着自信的微笑去建议宙斯自己挑选。就在此处,赫西俄德清楚地表达了被韦斯特当作片面辩解而不予考虑的观点:"宙斯识破且了然"普罗米修斯的诡计(行550–551)。赫西俄德的表述重在强调,宙斯确实能够洞悉两份食物是否表里如一,也唯有如此,这个故事方具意

---

① Schmidt(1988b)页138–140的主张并不具有说服力,他认为宙斯只是友善地指出两堆分配物不均等,从而鼓励普罗米修斯作出更加公正的分配。同样,Latacz(1971)页28指出这是一次"看似不明智的分割"。亦可比较Kassel(1973)页99和Wirshbo(1982)页109。Kohl(1970)页34主张,普罗米修斯把两份食物都摆在了宙斯面前。但这种阐释再次削弱了ἑτερόζηλος[偏心]一词的意涵。另参Judet de La Combe(1996)页286最近的解释:"[宙斯]的愤怒在于,他的统治权在此处无法发挥确保公正分配的作用。"

义。普罗米修斯的葫芦里究竟卖的什么药,宙斯对此一清二楚,这一点在下述诗句中也表现得很明显:

他心里盘算着凡人的
祸事,很快就会实现。(《神谱》行550–551)

宙斯的透视眼不仅看穿了两份食物的实质,也弄清了普罗米修斯偏爱人类的终极目的。此外,ἄφθιτα μήδεα εἰδώς("计划从未落空")这样的表达在文中出现了三次(行545、550、561),却并未出现在《神谱》中,这个表达式凸显了宙斯的惊人洞察力和深谋远虑。他证明了自己在预见性方面要比他的对手更加普罗米修斯(Promethean[译注:先知先觉])。

然而,另一个决定性的指示——其意义未能引起足够的重视——削弱了那种宣称普罗米修斯实际上成功地哄骗了宙斯的解释:行545中的词语κερτομέων[戏责]。当宙斯指出分配物的不对等时,赫西俄德告诉读者,他提到了κερτομέων[戏责]这个词。韦斯特将该词诠释为"'发牢骚',不是开玩笑,而是不悦",但这样的认识经不起检验。①

[112]动词κερτομέων[戏责]及其同类词引发了大量讨论。这个

---

① West(1966)页320。Latacz(1971)忽略了宙斯κερτομέων[戏责]——他译作"嘲弄"(höhnt)(页28)和"嘲笑"(spöttelte)(页34)——的暗示,从而认为让宙斯选择是普罗米修斯原初计划的一部分。Kassel(1973)页99提到了宙斯的"不悦",而Schmidt(1988b)页138则察觉到"这是一次友善的,至少并非恶意的挑衅"。在《劳作与时日》行788–789中,赫西俄德将κέρτομα βάζειν[嘲讽]与ψεύδεά θ' αἱμυλίους τε λόγους κρυφίους τ' ὀαρισμούς[谎言、巧言令色和私下议论]联系在一起。因此,其意更多是欺骗而非嘲笑或戏弄。

动词并非如通常所翻译的那样意指"嘲讽"或"责骂",而是指"招惹"。κερτομέων涉及讲述者与听众间的一种复杂的相互关系,在言语行为理论中,这个词意味着一种间接的但有意的言后行为(perlocutionary act),①意思是"通过招惹或激怒某人,拐着弯让某人去做某事","有意识地引导他人作出其所期待、预想或渴望的回应"。举些简单的例子:如果我问某人"你知道邮局在哪吗",我是希望他告诉我去邮局的路怎么走;如果我说"你踩到我的脚了",我意在让听者把脚从我的脚上挪开。以 kertom 打头的词皆有招惹之意,它旨在产生某种反应,当然,它可能成功,也可能失败,倘对方没有上钩,或只是纯粹的没有"理解到"。

与普罗米修斯故事中κερτομέων[戏责]的相互作用类似的最具启发性的故事,出自《伊利亚特》卷四中的一段。②在《伊利亚特》卷三结尾,阿伽门农宣布墨涅拉奥斯(Menelaus)在同帕里斯(Paris)的决斗中获胜。一切似乎都安排妥当了:决斗前定下的关于归还海伦及其财产的条款即将实现。希腊人将打道回府,特洛亚人则会赢得和平。战争结束了——倘若如此,《伊利亚特》也就完结了。可是,如果交战双方的停战协议没有遭到违反,卷四第五行宣告的宙斯的计划亦将无法实现。当时,宙斯提议众神于奥林波斯山集合,共商希腊人与特洛亚人之间的和解事宜。但荷马告诉我们,宙斯说话"拐弯抹角,语带挑衅"(κερτομίοις ἐπέεσσι παραβλήδην,4.6),③他的话

---

① Cf. Austin (1975) 101 – 32; also Davis (1979); and Searle and Vanderveken (1985) 10 – 12.

② 有关某些其他段落的讨论,参见 Clay(1999b)。

③ 比较《赫耳墨斯颂歌》行 55 – 56,其中赫耳墨斯尝试他新发明的里拉琴,并即兴弹奏了一曲,"正如宴会上παραιβόλα κερτομέουσιν[挑起对决]的年轻人"。年轻人拐弯抹角的挑衅意味着引出即兴的反挑衅,并导致一场骂战。

意在挑衅赫拉,不出所料,赫拉定会怒而拒绝丈夫的提议,最终导致停战协议被撕毁,硝烟再起。于是,宙斯故意刺激赫拉,令后者作出激烈反应。宙斯似乎能够勉强迁就刁难的妻子,但他仍然一意孤行。总之:κεϱτομέων意指"刺激某人去做某事",从而引起人们所期待、预想或渴望的回应,有时也旨在使某人露出真面目。[113]实际上,这是一种操纵他人作出其所希望但又不会明确说出的事情的巧妙手段。

在《神谱》中,宙斯通过提醒注意两份分配物的不均等,并语带κεϱτομέων[戏责]地评论分配不公,意在刺激普罗米修斯:更确切地说,煽动普罗米修斯,让他邀请自己在两份食物间进行选择。如果宙斯接受了摆在他面前的那份,那么他就似乎真的被普罗米修斯欺骗了。宙斯作出了选择,因为他十分清楚两份食物的实质。自此以后,白色的牛骨属于神的份额,而不断补充的祭品中供养人类的易腐肉类,则成为凡人易朽的象征。①这位奥林波斯神没有被愚弄,人类的命运随着那次选择被永远确定了。可是,倘若宙斯不仅预料到这件事的直接后果及其长期影响,并且怂恿其发生,那么"计划从未落空的"宙斯究竟试图达成怎样的目的呢?结局似乎无可避免:他计划让事情朝它们既定的方向发展。这位奥林波斯神想要彻底实现神人的分离,而这恰是普罗米修斯同宙斯较量的最终结果。在此背景下,人们一定记得,《神谱》把人类刻画成与巨人战士具有密切关联的生物,他们甚至有能力挑战宙斯本尊。基于此,宙斯从未落空的计划(ἄφθιτα νήδεα)可以被理解为,通过削弱潜在的对手,以至他们再也无法对其政权构成严重威胁,来保障众神的地位。

---

① 比较 Vernant(1979)页 65 – 68,他强调了献祭用的白骨与火化后残留的白骨之间的对应关系。

为什么赫西俄德从未提过巨人之战或普罗米修斯在提坦之战中的作用,①这一点一直令人困惑不解。至少在古风时期的希腊艺术品中,巨人之战是比提坦之战更为常见的流行主题,并且成为有序的力量战胜暴力和无序的象征。②引人注目的是,早期对巨人族的描绘,并非把他们刻画成残酷无情和拖着蛇尾的原始人形象,而是全副武装的重装步兵,赫西俄德对他们作了完美的描述:

[114]他们盔甲闪亮,手持长枪。(《神谱》行186)

《神谱》中并未提到巨人族同奥林波斯神族的大战,这或许是因为,从时间顺序上看,这场战役属于神明之神话史中的稍晚时期——不过,普罗米修斯神话也属于稍晚的时代。巨人之战体现了在奥林波斯神族的权力得到巩固后对他们统治权的再次威胁。此外,击败巨人族要求凡人英雄赫拉克勒斯的参与。赫西俄德用普罗米修斯的故事替代巨人之战,似乎有它的道理,而赫拉克勒斯在普罗米修斯神话中同样发挥了至关重要的作用。对于这种叙事手法背后的理据,卡利马霍斯(Callimachus)的非凡辑语提供了线索:

再瞧墨科涅,极乐者的所在,

---

① 在《被缚的普罗米修斯》(行199及以下)中,普罗米修斯把自己视为那场较量的关键一方,首先给他的提坦兄弟们出主意,接着跑到宙斯一方,由此确保了他的胜利。当然,在那部作品中,知晓继位秘密的正是普罗米修斯。

② 比较 Vian(1952)。Rudhardt(1981b)页269注意到《神谱》中没有描写巨人之战。然而,这场战役与赫拉克勒斯的参与在辑语43.65 M – W 中被提到过,而《神谱》行954中的 ὃς μέγα ἔργον ἐν ἀθανάτοισιν ἀνύσσας [不朽者中的伟大功勋]似乎也影射了这一点。

众神在那里抽签决定他们的荣誉。

第一次,在巨人之战结束后。(119 Pfeiffer)

此处,卡利马霍斯将荣誉的最后分配地定在墨科涅,也就是赫西俄德笔下神人之间 krisis[危机]的爆发地;①但这并非一场众神与巨人族之间的战役,亦即由武力所决定的 krisis[危机],而是由诡计或 metis[狡黠]所引发的神人之间的危机。换言之,在墨科涅发生的宙斯与普罗米修斯之间的危机——永久确立了人类对神明的从属地位——取代了传统的巨人之战。替代之举或许能够解释为何会略显突兀地提到赫拉克勒斯杀死宙斯派去折磨普罗米修斯的雄鹰这件事。按照传统的说法,赫拉克勒斯在巨人之战中起到了决定性的作用:没有他的帮助,奥林波斯神族不可能击败巨人族。此处,宙斯按下怒火,给予儿子荣耀,以一种非同寻常的方式表达对他的敬重。②我们看到,由于互惠的主题构成普罗米修斯故事的背景并贯穿始终,宙斯授予其子非凡的荣耀,以便嘉奖他在巨人之战中对众神的关键援助。③

[115]在此背景下,回顾一下普罗米修斯故事发生前伊阿佩托斯其他几个儿子受罚的描述(行 514 – 525),可能有所助益。④除了

---

① 很难相信像卡利马霍斯那样博学的诗人竟然混淆了提坦之战与巨人之战,不过其他人有时也会混淆二者。

② 比较 West(1966)页 317 对 ἀζόμενος[敬畏/敬重]的注解:"神明敬重凡人这一点并未(以其他方式)在早期史诗中得到证实。"

③ 宙斯给予赫拉克勒斯荣誉同样表明这是一个神人分离的后普罗米修斯时代。参见第七章。

④ 比较 Judet de La Combe(1996)页 280:"通过他们的行为和宙斯为他们安排的命运,伊阿佩托斯的儿子们确立了人类世界的结构和品质,一方面是阿特拉斯和墨诺提俄的力量,另一方面则是普罗米修斯和厄庇米修斯的智力。"

众所周知的普罗米修斯的被罚外,这段也描写了阿特拉斯(Atlas)如何在大地边缘托举青天,不让天空再次跌落地上。这样一件无法预测之事,将会扰乱宇宙进化的整个过程,就像曾在提坦之战中几乎要发生的那样(行 700 – 703)。但令我们感兴趣的,却是伊阿佩托斯的长子墨诺提俄(Menoitios),一个不知名且相对模糊的人物,是个典型的 ὑπερκύδαντα[自负] 和 ὑβριστήν[肆心] 的角色。只因他的 ἀτασθαλίη[傲慢] 和 ἠνορέη ὑπέροπλος[无与伦比的勇气],更确切地说,只因他的鲁莽和暴虐,宙斯惩罚他,用霹雳击打他,并把他掷入虚冥之境(Erebos)。这样的惩罚类似于对提丰的责罚,但同样对应于各类巨人之战传说中巨人族的宿命,它也让人回想起毁灭曾降临到肆心的人类头上,这些人类试图挑战神明的权威,就像萨尔莫纽斯(Salmoneus)一样,失心疯般地想要模仿宙斯(辑语 30 M – W)。于是,宙斯用霹雳击打他,把他丢进塔耳塔罗斯之渊。因此,萨尔莫纽斯的被罚依循了宙斯对宿敌的惩罚模式。人们可以说,一定程度上,赫西俄德将人类/巨人族的命运投射到伊阿佩托斯后代身上。

赫西俄德在描写普罗米修斯的被罚时,运用了类似的叙事手法:先讲下场,后提罪行。这位提坦神的肝脏,白天被宙斯的鹰啄食,夜里又重新长出,于是普罗米修斯的折磨——行 527 称作不幸(νοῦσος)——便永无止境。(正如工蜂,整日辛勤劳作,却被懒惰的雄蜂无尽消耗[参见 πρόπαν ἦμαρ(整日),行 525、596])。因此,借助一种可怕的反转(a grim inversion),普罗米修斯尽管贵为天神,亦须承受饥饿的不断侵袭和无法满足的食欲,而这些恰恰是人类易朽的身体的宿命:欲壑难平的鹰和永远残缺不全的肝脏。

围绕普罗米修斯的受罚,存在一个古老的争论,借助行 616 我们得知他仍然被缚,而行 528 则称赫拉克勒斯把普罗米修斯从折磨中解救出来。[116]但正如韦斯特所言,这一矛盾仅仅是表面上的,①虽然他也并未阐明其中的意义。在这样的背景下,赫拉克勒斯的行为是对一个重要时刻的展望,在这个时刻,英雄的诞生缓和了神人分离这一发生于墨科涅的极端结果,因为英雄的基因构造结合了人性与神性。但就像他的提坦兄弟们一样,作为宙斯秩序的敌人,普罗米修斯仍需被缚。值得注意的是,在紧随其后的诗中,宙斯释放了百手巨人,唯有如此,后者才能援助宙斯对抗提坦神。普罗米修斯的两次受罚因此影射了宙斯与人类的部分和解,但它同样强调了宙斯对威胁其统治的敌人的无情敌意。

为了同更加关注人类的视角保持一致,《劳作与时日》既没有讲述普罗米修斯的受罚,也没有讲述他被赫拉克勒斯解救的桥段。普罗米修斯受罚的缓解及其动因,源于宙斯希望把荣耀给予儿子,这表明神人之间重新建立了亲密关系。这一新的亲密关系是借助英雄的诞生实现的。但《劳作与时日》中所讲述的普罗米修斯故事,并未给英雄种族留出空间:它只是展现了人类历史的两个阶段,早期的幸福时光和后来的苦难岁月。然而,英雄时代在种族神话——突出了人类对正义的依赖——中扮演了至关重要的角色。综上所述,赫西俄德在普罗米修斯神话中关于劳作与匮乏的教导,要比他关于正义的教导更加严肃。

让我们总结一下到目前为止的研究结果:《劳作与时日》和《神谱》提供了人类起源和人类生存境况的不同说法。在《劳作与时日》中,我们发现了神明创造的种族的多样性,从田园牧歌般的黄金时代到我们所身处的黑铁时代的变迁。由于神明的意志,人类与神明逐渐疏远,仿佛极乐的神明需要低等生物的出现,以此充分烘托

---

① 参见 West(1966)页 313。Arrighetti(998)页 349 认为 West 的答案不具说服力;Solmsen(1970)将行 526 - 534 置于括号内。

自身的优越性。一开始,人类像神明般生活,如今,只有作为人类代表的羞耻女神和报应女神依然存在于人间,如果人类继续拒绝恪守正义,这两位女神也会旋即离去。人类的命运掌握在自己手中,只不过,人类仍然从属于神明,而后者保留了毁灭人类的力量。

在《神谱》中,人类的起源产生自宇宙的一次偶然事件;人类的原始性情并非爱好和平,而是凶残和暴虐,就像导致人类出现的野蛮行为。[117]神人之间的分离,是宙斯旨在维护并强化其至上权威所实施的权术的结果。那场分离——献祭物是其象征——旨在提醒人类,每当他们食肉时,他们就是低等的,进而是从属并依赖于神明的。它也通过婚姻制度和农业实现了人类的驯化,亦即让人类将精力更多地投入日常生活的必需品上,以此缓和天生的暴力倾向。

《劳作与时日》中的普罗米修斯叙事,有别于《神谱》中所讲述的故事,其中的差异不仅体现在当前的细节方面,也体现在对人类本性以及人神之间关系的理解方面。① 不必惊讶,随着关注的焦点转移到宙斯的所作所为及其对人类生活的影响上,对宙斯与普罗米修斯之间诡计的兴趣开始逐渐减弱。从解释性的词语 γάρ [因为] 开始,这段故事说明了人类劳作的必要性:

因为,神明藏起并扣留了人类的生计。(《劳作与时日》行42)

神明过往的一次举动(κρύψαντες [藏起]),导致人类的生存境况发生了根本性的变化,并且一直持续到现在(ἔχουσι [扣留]),这被视作神话缘起说的一个范例。这一笼统的说法在下述违背事实的论

---

① 比较 Caleme(1996)页 182-185 某些有益的评论。

断中得到了进一步的阐释：

> [假如神明没有这样做]你只需劳作一天，
> 就够活上一年，不用再劳碌；
> 立即就可把船舵收起放到壁炉上，
> 牛和耐劳的骡子亦无需耕作。(《劳作与时日》行43–46)①

[118]此前，人类亦需劳作，但简单轻松。至少航海和农耕在原先是不必要的。

由于普罗米修斯故事的《神谱》版本已渗入《劳作与时日》中相关故事的解读，因此它的结构未能得到恰当的理解。赫西俄德重新讲述了这则故事，此前，人类不必为生计烦恼，但出于对普罗米修斯欺骗的愤怒，宙斯藏起了人类的bios[生计]。藏起bios[生计]此前被认为是众神之举（参见行42），这表明赫西俄德在此处把潘多拉同藏起bios[生计]的举动相提并论，因为潘多拉既是宙斯的主意，也是由所有神共同创造的（潘多拉的字面意思就是"众神的礼物"）。显然(ἄρα)，由于普罗米修斯的欺骗，宙斯为人类设下致命的灾难。②认识到下面这一点非常重要，在《劳作与时日》的故事版本中，宙斯对普罗米修斯的恼怒并非起因于献祭诡计，因为这一点从

---

① 注意这段中词根erg-的反复出现：ἐργάσσαιο, ἀεργόν, ἔργα, ταλαεργῶν。提及航海与农耕，预示了接下来将讨论这些话题。这几行诗似乎会破坏Ballabriga(1998)页318–321的论证：前普罗米修斯时代生活艰辛（野果果腹），与黄金种族轻松的原始风格（农业丰产）截然相反。

② 参见Bakker(1997)页17–20对ἄρα具备的证据力量的讨论，他称这个词为"说话者就在眼前的视觉证据"的标志（页17–18）；我们知道宙斯设计了人类的苦难，因为眼下我们正在经受这些苦难。

未被提起过——甚至连影射也没有过。① 实际上，下面的译文表达得很清楚，行 47 – 53 提供了一个典型的环形结构的例子，时间上向后回溯，来解释宙斯恼怒的原因（行 50 – 52），接着回到故事中，并重申了起因（χολωσάμενος[恼怒]，行 47、53）：

> 但宙斯把它（生计）藏起，心中恼怒（χολωσάμενος），
> 因为狡猾多谋的普罗米修斯蒙骗了他；
> 为此，他为人类设下致命灾难：
> 他藏起火种；但伊阿佩托斯的英勇儿子
> 从大智的宙斯那里为人类盗走火种，
> 藏在一根空阿魏杆里，瞒过鸣雷神宙斯。
> 宙斯恼怒（χολωσάμενος）他……（《劳作与时日》行47 – 53）

[119]《劳作与时日》中的普罗米修斯故事首先从宙斯隐藏火种的举动开始，普罗米修斯盗取火种最终导致潘朵拉被造出。由于缺少了献祭诡计这一环，火种的意义从区分人类与野兽的烹饪用

---

① 比较古代评注，除了提供了两种解释的那一条评注（48e Pertusi），因为 Pertusi 认为这是晚近的评注；West(1978) 对行 48 的评论是："间接提到的蒙骗主要是基于对肉的分配。" 比较 Verdenius(1962) 页 123；Arrighetti(1998)。但请比较 Neitzel(1976) 页 408 – 411；Krafft(1963) 页 98；以及 Broccia(1954) 页 118 – 125 和 (1958) 页 296 – 299，他们对这段的解读都十分正确。对这一通常的解读的辩解，参见 Casanova(1979) 页 36 – 37。尽管 Verdenius(1985) 认为献祭诡计被间接提及，但他似乎承认此处存在着行动次序："赫西俄德首先宣布了这次较量的最终结果（行 47 Ζεὺς ἔκρυψε [宙斯藏起]）和首要原因（行 48 ἐξαπάτησε Προμηθεύς [普罗米修斯蒙骗]），接着讲述其中的细节。" 这一段为 Bakker(1999b) 在扩展形式与非扩展形式之间作出的区分，提供了完美的例证。

火,转向了技术之火。此版故事的第一幕是宙斯夺走了火种,这大体上改变了叙事的重心,即从普罗米修斯与宙斯之间的较量,转移到宙斯对人类实施的单方面行为。①作为这种转变的标志,《神谱》呈现了一段两位对手就牛肉的分配问题展开的对话(行542－561),可是在《劳作与时日》中,普罗米修斯从未说过话,《劳作与时日》只是记录了宙斯的言辞,后者宣称要为普罗米修斯盗走火种而实施报复(行53－59)。此时的宙斯似乎没有选择将火种取回;人类将保留火种,但与隐藏火种相伴而生的潘多拉,则确认了人类的不幸。用潘多拉替代火种($ἀντὶ\ πυρός$[替代],行57),意味着宙斯把技术给予人类——木犁和牛车的艰难制作证实了这一点(行420－436),技术因而成为一种不可避免的不幸,同人类生活所固有的辛劳形影不离。自此以后,大地停止了她早先的慷慨馈赠;为了养活妻儿,男人必须没完没了地劳作,以便从大地那里获取食物。或许最为嘲讽的是,潘多拉乃是神之 techne[技艺]的产物,由泥土制成,而非生自土里,既似不朽的女神,又似端庄的处女,同时也是痛苦的欲望的诱惑对象——并且打扮得花枝招展。但潘多拉内里却具有无耻(恶毒)本性和诡诈习性(重复了两次)。不仅如此,男人此后将欣然接受他们命中注定的厄运,只是事后才意识到——犹如厄庇米修斯——这场不幸实乃作茧自缚。也难怪宙斯会放声大笑。②

---

① "在两首诗中……普罗米修斯皆为降临到人类头上的灾难的真正原因"(Pucci[1977]页82－83),这一共识必须被彻底修正。

② 关于宙斯的大笑,参见 Neitzel(1976)页417 的评论:"我总是感到宙斯的大笑尤其可怕……任何'听到'宙斯大笑的人再也无法忘记。"他的结论是,我们的不幸源于自身的错误,因为是我们接纳了潘多拉,但这个结论并未切中要领。

无论在《神谱》还是在《劳作与时日》中，这位被创造的女人都不能被简单地视为女性法则。在《神谱》中，涉及分娩和繁衍的生殖本能——体现在盖娅无限的增殖和强烈的生育欲中——从神谱发展初始就在发挥作用。在《劳作与时日》中，具有讽刺意味的是，潘多拉的名字篡夺并颠覆了那位给予一切的（all-giving）大地盖娅的修饰语。赫西俄德把作为宇宙演化之驱动力的丰产、母性和养育，同女人/妻子及潘多拉作了彻底的分离。①［120］如果我们提到夏娃时指的是唯一的女性物种，那么无论是《神谱》中的女人/妻子，还是《劳作与时日》中的潘多拉，都不能被简单地视作希腊的夏娃。②因为两者都是人工制品，是创造的而非自然孕育的，她们的出现带来了婚姻、家庭及其延续，人类因此开始关心生养他们的婚生子女，同时也带来了辛勤劳作和由财产和继承引起的担忧——一言以蔽之，为人类的生存带来了一切不幸。

《神谱》对女人/妻子的描述和《劳作与时日》对塑造潘多拉的描述是相辅相成的，体现了完全不同的叙事手法。③在《神谱》中，只有雅典娜与赫淮斯托斯这两位技艺之神参与了创造，另一大批神明则承担了后续工作，这也为潘多拉这样一个极具讽刺意味的名字的由来提供了依据，"因为所有住在奥林波斯的神明都给了她一份礼

---

① 比较 Loraux（1978），尤其页 50-51；Arthur（1982）页 74-76；以及 Zeitlin（1996）简洁明了的阐述。Hofinger（1969）页 205-217 认为，只有《神谱》中的女人才是"第一位女人"。Frankel（1962）页 129 注释 9 声称，潘朵拉只是一类女人中的第一位，亦即"奢华本身"（Luxuswesen）。

② Casanova（1979）页 63-64 将她视为第一位人类女性；比较 Guarducci（1926）页 448 和 Pucci（1977）页 208，他们指出，在潘多拉之前，只有男性存在。

③ 不过，它们常被放到一起解读，这破坏了它们各自叙事的独特性。举最近的例子说明：Becker（1993）比较了两种描述各自的效果，但可能并未充分强调那种用于描述潘多拉的更加主观的文风。比较 Calabrese de Feo（1995）。

物,吃五谷的男人(ἀνδράσιν)的灾祸"(行81-82)。此外,对这位无名的女人/妻子的首次描述,纯粹是根据她的外表,当她出现在人类和神明面前时,亦被再三说成是一个奇迹(行575、581、584、588)。①她打扮得像一位新娘,蒙着薄纱,头戴花环和华丽的金冠(行576-584)。②这两件头饰,由于兼具了自然物与人造物,兼具了自然与文明,似乎成为这位女人/妻子和她所代表的婚姻制度的绝佳象征。虽然有关她的装饰和衣着的描写就占了7行(行571-577),但赫西俄德亦用同样多的诗行描写了她的金色发冠,上面镂刻着"陆地和海洋的许多可怕怪物"的栩栩如生的图案(行578-584),这同样酷似女人的形象。③ [121] 这些诗行令读者回想起行270-336中的怪物名录,这些生物形成了一个自我封闭的谱系,体现了某种反宇宙的势力,在诗中其他地方都能起作用的宇宙进化过程,在他们那里皆无法运转。这位被塑造的女人同样难以归类。此外,《神谱》中戴在她头上的发冠的复杂纹饰图案,让我们想起人类/巨人族与生俱来的暴力和固有的动乱潜力,可是,自从女人即 kalon kakon [美好的不幸] 被发明出来后,人类/巨人族就被驯服了,并屈从于

---

① 比较 Prier(1989)页94-97,他指出(页35)"这个 thauma idesthai[看上去神妙无比]的[事物]的范围[介于]神明和人类之间。它是一个被光线环绕的光彩夺目的制作品,一个明显源于'他者'的事物"。上述表达可被视作对这位女人本身的一种界定。

② 参见《伊利亚特》22.468-472 对安德洛玛克精巧的头饰与她婚礼当天的面纱之间关联的描写。West(1966)认为行576-577是后来添补的,而 Solmsen(1970)则将行578-584置于括号内。但 Neitzel(1975)页22-28 在考察了主要的反对意见后,具有说服力地论证了这几行诗应当保留。在阿里斯托芬的《吕西斯特拉忒》(*Lysistrata*)行602-604 中,普罗布洛斯(Proboulos)同样用花环和妻子的头饰装扮自己。比较 Henderson(1987)对此的注解。

③ 请注意行571-577同行578-588之间类似的表达。比较 Redfield(1993)页44。

宙斯的权威。原始男性针对神明的任何 eris[争斗],此刻都必须转移到为了生存而进行的日常斗争上来。

这位女性先祖或者说后世女人/妻子之标准原型的奇美外貌,①被工蜂和雄蜂的比喻抵消了,只因此种比喻刻画了她的内在本性,而这一点实难为肉眼所看出。她只是看上去像一位端庄的处女,她隐秘的性格则暴露出野性的一面,她如雄蜂般消耗着他人的劳动果实,吞入腹中,而工蜂则在一旁整日忙碌。这位女人徒有其表,完全表里不一。再者,蜜蜂喻中的性别倒置——雌性工蜂代表男性,雄蜂则代表"邪恶的女性"——也说明了动物与人类之间存在着巨大差异。②

接下来的困境是专属于人类的困境和来自宙斯的致命一击。精心布置的圈套此刻突然收网了:倘若某位男性试图逃避婚姻,他虽衣食无忧,但将老无所依,由于没有子嗣,远亲将会瓜分他的遗产。可是,如果他步入婚姻,并有幸娶到一位贤妻,生活也会喜忧参半,倘若他碰巧娶到一位恶妻,无尽的苦难将会伴其一生(行 603 – 612)。这段对所有男人命中注定的痛苦困境的描述,似乎是以男性的视角(或者如叙事学派所言,被局限于男性的视角)来看待的,因而立马就抛弃了统领《神谱》的神明视角。这就好像人类,一直以来都是诸神之争沉默的牺牲者,此刻却突然爆发,借赫西俄德之口,抱怨其无法逃避的命运。

---

① 参见 Loraux(1978)页 43 – 52。他在页 49 中指出,这位女人是"一个外来者"。"这位第一女人有的只是她华丽的服饰,她并无血肉。"

② 比较 Loraux(1978)页 47;Zeitlin(1996)页 69 – 70;Redfield(1993)页 49。也请注意用中性名词来频繁提及女人/妻子。《神谱》和《劳作与时日》之间视角差异的标志是,后者把懒惰的男性同消耗蜜蜂的辛劳的雄性工蜂联系在一起。比较 Aristotle,*De Gen. Animal.* 759b1 – 761a2,他质疑蜜蜂是雌性而工蜂是雄性的看法。

[122]凡人的必死性和建立在婚姻之上的家庭制度,决定了人类进退维谷的困境。这一僵局被恰当地比作《伊利亚特》中宙斯用来分配人类命运的两只瓶子:一只装祸,一只装福(24.525 – 533)。[1]无人有望获得完全美好的命运,他的一生充其量也只能是福祸参半。人们想知道,当赫西俄德在其后来的作品中回到该主题时,《神谱》中的这段描写同《伊利亚特》的寓言之间的相似之处,是否未能激发他创造出 pithos[瓶子]的形象。

《神谱》不断强调外表与内心之间的反差,这一点贯穿普罗米修斯故事的始终,为了与此保持一致,在对赫西俄德的女人/妻子的刻画中,内在和外在是被并列放置的。女人的美丽外表同雄蜂的比喻之间的相似性,就如维持生命的牛肉同白色牛骨之间的相似性一样少。另一方面,《劳作与时日》中潘多拉的塑造,包含了一种可见性与不可见性之间更加复杂和盘根错节的混合,这从一开始就既突出了她的美丽外表,又突出了她欺骗和诱惑的本性。[2]最初,宙斯就命赫淮斯托斯往她体内注入"人类的声音和气力"(行 61 – 62),最后他又命赫耳墨斯为其安上"无耻之心和诡诈习性"(行 67)。同时,阿芙洛狄忒为她倾洒了 charis[魅力]和奇妙而又抽象的"伤神的思欲和伤身的烦恼"(行 65 – 66)。[3]这些都并非生

---

[1]　比较 Redfield(1993)页 49。古代评注中业已提到过这种关联。

[2]　比较 West(1978)页 158:"她在《神谱》中被塑造成一个傀儡,此处人们的注意力则转向她的生机勃勃和性情。"Zeitlin(1996)页 67 – 70 从经济学的角度正确指出,《神谱》中的这位女人突出的是她的消费者特征,而潘多拉最重要的是她的诱惑性。

[3]　Verdenius(1985)页 52 认为 γυιοχόρους[伤神]与 γυιοβόρους[伤身]是相对的概念,但意思相同。他也指出,从词源上说,赫西俄德使用的 μελεδώνας[烦恼]一词,很可能出自 αἱ τὰ μέλη ἔδουσαι φροντίδες[如果为身体烦忧](Etymologicum Magnum)。

理特征，而是对此的主观反应。它们出现在对潘多拉的描述中，这显示出主观的人类视角以及叙事的局部针对性（focalization）。因为她所激发的思欲和导致的伤身都是针对男性而言的。

在命令的执行中，①潘多拉的外在装饰（行 70 – 76）最终结束于她诱惑的本性和声音：

> [123] 弑阿尔戈斯的神使在她胸中，
> 造了谎言、巧言令色和诡诈习性，
> 雷神宙斯的意愿如此；
> 神们的信使又赐予她声音……（《劳作与时日》行 77 – 80）

两种描述间存在着细微但重要的差异。在《神谱》中，无名女人/妻子被刻画为一尊雕塑，一件艺术品，她没有言语能力，因而也就没有能发声的内心。②实际上，她是赫淮斯托斯用黄金打造的人形少女的姐妹（《伊利亚特》18.418），也是神明技艺的产物："黄金

---

① 关于宙斯的命令与众神的执行之间的出入的古老争论，参见 West（978）页 161；Pucci（1977）页 96 – 101；以及 Calabrese de Feo（1995）页 109 – 121，他不仅看到抽象的运动与具体的运动之间的分歧（页 113），也指出，命令的发出是从宙斯的视角看的，而众神的执行则是从人类的视角加以描述的。对于采用间接引述的方式表达宙斯的ὣς ἔφατο[他说罢]（行 69），参见《德墨忒尔颂歌》行 316 与行 448。这暗示了他并不介入行动。在行 63 – 64 中，雅典娜受命教会潘朵拉编织，而在行 72 中她只是装扮潘朵拉，这两处存在明显的不一致，笔者倾向于接受 Neitzel（1975）页 28 – 32 的观点，他将行 64 读作ἔργα διασκῆσαι[她把这项活计分离出去]而不是ἔργα διασκῆσαι[她教授这项活计]。让雅典娜教授潘朵拉有用的编织技艺，会削弱将她刻画为 kalon kakon[美好的不幸]的效果。

② 通过将其发冠上的怪物描述为ζωοῖσιν ἐοικότα φωνήεσσιν[像活的一般，还能说话]（《神谱》行 584），赫西俄德让我们注意到内心的缺失。

侍女,少女般栩栩如生。"为了与《劳作与时日》的人类视角保持一致,赫西俄德给读者提供了关于潘多拉的更加主观的看法,她不是机械人,而是一位美艳迷人的活生生的女人,她的外貌和声音都会对男人产生毁灭性的影响。首先,她的话语是诱惑和欺骗的手段(比较《神谱》行205、224、229)。其次,不同于《神谱》中那位无名的女性种族的原型,她有一个名字,这使她成为一个完整的个体。就像《奥德赛》所说的:

> 人皆有名,
> 一旦出生,不论高贵、卑贱,
> 所有父母,都会给出生的孩子取名。(《奥德赛》8.552 – 854)

无疑,这个名字就像她本人一样存在歧义:许诺一切,却又耗尽所有。但在《神谱》中,亦即在一部几乎就是为了[给神]命名的作品中,这位女人/妻子的匿名则格外显眼。[124]如果命名是一种分类的方式,那么在《神谱》的语境中,这位女人的确无法归类。这一最类似的特征又一次把她同怪物联系在一起,因为这些生物同样无法归类。实际上,她最接近的对应物是怪物名录中最后的成员,一条无名的蛇妖(行334)。

潘多拉的 pithos[瓶子]就是她的翻版,因而同样拥有潘多拉本身所代表的诱惑但欺骗的许诺。瓶子的制作材料和潘多拉的相同,作为储存食物的容器,亦即 bios[生计]本身,瓶子许诺维持生命,但其中却只容纳了各种毁灭生命的灾祸。对黄金种族而言,大地慷慨且αὐτομάτη[自动]出产丰硕的果实(行118);但此时,疾病却夜以继日地αὐτόματοι[肆意]纠缠着人类(行103)。希望仍然留在瓶口内(ὑπὸ χείλεσιν,行97),它就相当于潘多拉诱惑的声音,这个声音制造谎言、巧言令色,并体现出她的诡诈习性。①面对这些数不尽的灾难和疾病,宙斯悄无声息(行104),这一点像极了"遵循聚云和执盾的宙斯之意愿"(行99)的潘多拉盖上瓶盖之举。倘若不幸宣称要降临人间,希望就是多余的;另一方面,如果我们确切知晓死亡的时刻和方式,人类生活将是不堪忍受的。

柏拉图将希望定义为 $δόξα\ μελόντων$,亦即"对将来之事的看法",其中包括了两层含义:对将来痛苦的恐惧和对将来幸福的信心。②无论期望的是福还是祸,希望都属于意见和表象的领域,而非确切的知识和本质的领域。即便赫西俄德业已预示了这一点,他仍然希望宙斯不要毁灭人类(行273)。③赫西俄德同所有凡人一样,最终还是保留了希望,而对宙斯的计划一无所知。唯有希望存在,必死性才得以持续。

在故事中,pithos[瓶子]出现得如此突然,赫西俄德并未解释它源自何处,当然我们或许不该问这个问题。④不过,有些学者设想,瓶子可能早就在厄庇米修斯屋里了,而潘朵拉揭开盖子只是"出于好奇,或相信瓶子里有对她有益的东西"。⑤ [125]但后一种设想与文

---

① 比较佩涅洛佩的计策:$πάντας\ μὲν\ ἔλπει,\ καί\ ὑπίσχεται\ ἀνδρὶ\ ἑκάστῳ|ἀγγελίας\ προϊεῖσα,\ νόος\ δέ\ οἱ\ ἄλλα\ μενοινᾷ$[她让我们怀抱希望,对每个人许诺,传出消息,考虑的却是别的花招](《奥德赛》2.91 – 92)。

② Laws 644c.

③ Cf. Theognis 1135 – 1136.

④ 古代评注者早已提出这个问题了(94a[Pertusi]),并用这一点来证明赫西俄德晚于荷马,因为赫西俄德的 pithos[瓶子]改编自荷马。

⑤ West(1978)页168尽管相信潘朵拉自带瓶子,但他指的是《奥德赛》中普赛克(Psyche)的盒子以及装着各种风的包。Neitzel 的看法更加符合逻辑,他认为家里放着的瓶子装的是食物,亦即好东西,却被潘朵拉挥霍一空。但这会令散布人间的"无尽的灾祸"($μυρία\ λυγρά$,行100)的根源变得扑朔迷离。比较 Miralles(1991)页42 – 45;Goettling(1843)页170,他认为普罗米修斯将所有的灾祸收集起来,并放到厄庇米修斯房中,"ut homines liberi essent a malis

本中的说法相矛盾:"这女人……给人类带去致命灾害。"(行95)于是,她有意识把宙斯对人类的计划(参见行49)变成自己的,同时也依循宙斯的意愿盖上瓶盖。如果人类在之前的生活中远离了不幸、辛劳和痛苦的疾病(行91—92),他们也就不大会需要储存食物的瓶子,也无需耕种和出海,这些事物之所以成为必需,皆因潘多拉带来了匮乏。因此,笔者认为,瓶子包括宙斯送给人类的"所有礼物",都是潘多拉的嫁妆。① 或许,《神谱》中所勾画的人类的困境——它与《伊利亚特》中宙斯的 pithoi [瓶子]寓言类似——是这则故事的灵感来源。倘若如此,人们可能会推测,装着人类灾难的瓶子出自《神谱》中的夜神与不和女神厄里斯之手。的确,潘多拉带给人类的"遍布人间的无尽灾难",类似于夜神的致命后代。这就好像宙斯把他们统统派去对人类施加不幸,只让"生活安逸的"神明尽享无忧无虑的极乐。至少不和女神厄里斯被"克洛诺斯之子派往大地之根"(行18—19);② 报应女神无疑仍栖身人间,尽管她的离去可能无法避免。将潘多拉和她的瓶子送给人类,成为宙斯最后分配的一部分,同时也令奥林波斯摆脱了有害的势力,并把它们强加给人类。③

─────

[人类因而免于各种不幸]"。但为什么放在厄庇米修斯的房间里?这并非一个十分安全的地方。亦可比较 McLaughlin(1981)。但 Zeitlin(1996)页64—66的理解是正确的。

① 注意εδωκαν[交给](行92),这个词再一次暗讽了潘朵拉的名字。
② 《伊利亚特》提供了一个类似于这种驱逐邪恶势力的故事,当时阿伽门农讲述了宙斯如何把阿特(Ate)掷出奥林波斯,而她"瞬间来到人间"(《伊利亚特》19.131)。
③ 在潘朵拉的故事与黑铁种族的描述中间,赫西俄德以某种形式照顾到了夜神几乎所有恐怖的后代:例如Μῶμος[诽谤神],Ὀιζύς[悲哀神](《神谱》行214),μέμψονται[呵责](《劳作与时日》行186, οἰζύος[悲哀](《劳作与时日》行177)。

## 第五章 两则普罗米修斯神话

在上述分析中，笔者将两个不同版本的普罗米修斯故事分置，避免使它们类同。笔者的研究试图强调它们之间的差异性，以便揭示两类描述在视角上的不同。将两个版本的故事同五代种族神话相比较，只是为了突显它们之间的不可通约性。虽然种族神话与普罗米修斯故事拥有许多相同的关切点，但展开的方式却存在差异。极乐的黄金种族让位给白银种族，这使得繁衍和家庭成为可能。青铜种族虽然暴虐，却拥有技术，尤其是冶金术，因而同火有着紧密关联，英雄种族虽胜过我们，亦需耕作和远航。[126]因此，劳作、火种和婚姻同样成为种族神话的参照系。但普罗米修斯叙事不能被直接移植到人类种族的继任神话上。①故事的两个版本都只包含了人类历史的两个阶段：过去和将来。在《神谱》中，人类在普罗米修斯插手之前类似于青铜种族。他们拥有火和武器，但前者被用于战争，后者却成为对神明的威胁。普罗米修斯试图通过与这些强有力的人类结盟，来篡夺宙斯的政权，这促使宙斯夺走了人类的火种，从而消除了一切威胁。虽然普罗米修斯再次成功地盗取了火种，但宙斯创造了女人/妻子，迫使人类为了供养妻儿持续辛劳，使人类永久地虚弱下去。

《劳作与时日》中的普罗米修斯故事同样只提到了人类历史的两个阶段：以往的黄金时代，和之后苦楚辛劳的后普罗米修斯时代。宙斯单方面取走火种，本身就体现出对人类的敌意。为了报复普罗米修斯的偷盗行为，宙斯命众神塑造出潘多拉，并把她和装满灾难的瓶子送给人类，这不仅使人类遭受了不幸，也确保了神明永恒的福祉。

---

① Bianchi(1963)页148–152尝试将普罗米修斯神话与种族神话协调一致，但不太成功。比较Rudhardt(1981b)页272–277和他的结论："每一个都有自己的风格，因此，它们[两个神话]阐释了极为相似但并非相同的寓意。"(页277)

赫西俄德作品中的两种普罗米修斯叙事,都表达了人类朝着神明与野兽的居间状态发展。尽管两个版本叙述各异,它们仍然具有一项重要的共同特征:两者都坚持人类物种的历史相比于前一个时期皆呈现出衰落的状态,要么黄金时代的极乐生活一去不复返,要么体力不复如当年强大。因此,《神谱》和《劳作与时日》中的人类历史进程,势必伴随着体力的衰弱或原初幸福的失去。在《神谱》中,普罗米修斯与宙斯的较量最终导致人类与神明的疏远,人类开始把精力转向为了生存而斗争。正如泽特林(Zeitlin)所言,男人"为诸如此类的限制所缚[由于衰老和死亡,需要子嗣]……再加上女人,永远无法成功挑战'神人之父'宙斯的统治"。① 在《劳作与时日》中,宙斯被刻画成人类生存境况恶化的直接煽动者,因为他把匮乏和疾病带给了人类。[127] 在第一种情况下,人类似乎是神明权威的威胁,而第二种情况则暗示了神明对人类固有的敌意。

《神谱》的主题是诸神的起源和发展,以及三代神明间的目的论式继任——最终实现了稳定的宇宙秩序。用神的谱系来表达的宇宙进化,呈现出一种朝向神明分化与自然现象分化的发展过程,而分化令秩序变得日益井然。这一发展的积极方向从一开始——譬如,在漆黑的夜神和虚冥厄瑞波斯生出了光亮神(埃忒尔)和白昼神时(行 124 - 125)——就是显而易见的。自然现象的不断分化与耦合同样表现在忒娅(Theia)的家谱中,这位形象模糊的女神很可能是赫西俄德的一次虚构,其名字的大意为"可见"。这位女神生育了太阳神赫利俄斯(Helios)、月亮神塞勒涅(Selene)和黎明神厄俄斯(Eos)——它们全都是我们所熟知的可见现象。在《神谱》所概述的这一发展的最后阶段,宇宙被安排得井然有序,宙斯的统

---

① Zeitlin (1996) 84.

治实现了宇宙的稳定恒常。

这种宇宙和神明的进化同人类的发展形成了鲜明对照。①对人类而言,继任和进化大多朝着消极的方向发展,亦即黑铁时代发展到后期,自然就会湮灭。赫西俄德告诫我们,只有践行正义,才能抑制这一衰败过程。可是,人类的境况无法从根本上得到改变,劳作、婚姻和献祭仍然保留了独有的特征。即便人类有可能避免最终的大灾难,也依然无法摆脱永恒的艰难处境,或者重获原初的幸福。

神明的命运和凡人的宿命之间的张力(若非对立的话)在《神谱》的一段描述中获得了最佳的诠释,这段讲述了提丰这位宙斯继位前最后的威胁和对手战败后的结果。对奥林波斯神而言,提丰的战败标志着秩序的胜利和宙斯政权的持久永续。可是,这一"神人之父"霸权的象征在人类看来意义截然不同;赫西俄德告诉我们,自提丰那里,产生了各式各样的风——并非有益于人类的好风,而是"倾覆出海船只和毁坏大地作物"的狂风与风暴(行 869–880)。[128]风本身是可见的,如同潘多拉瓶子中释放出来的灾祸。因此,至少从人类的角度出发,即便诸神最终的和决定性的胜利时刻不是悲剧性的,也是失败的。人类注定要为了生计而耕作和出海,宙斯的胜利则带来了一种新的且无法逃避的不幸,从而加重了人类生存的脆弱和苦难。②一言以蔽之,对神明有益的不一定就对人类有益。

普罗米修斯神话的两个不同版本,清晰地说明了两部作品在观点上的差异:从神明的视角出发,《神谱》中的人类被视作宙斯秩序的外部或政治上的潜在敌手,他们卷入了继任神话的阴谋中,就像

---

① 比较 von Fritz(1947)页 248:"问题仍然是,代表更完美、更好、更睿智和更公正的秩序的宙斯何以成了一位这样的神,在其治下,人类种族从幸福和公正的黄金时代堕落为邪恶和悲惨的黑铁时代。"

② Cf. Blaise (1992) 369–370.

提坦一样,他们的力量终将被削弱、制服和驯化,以确保宙斯政权的稳定。《劳作与时日》则基于一种内在的主观的人的立场来描绘人类:神明剥夺了人类原初的福祉,使后者的生活充满苦难。在两个版本中,宙斯的终极武器都是那位非自然的女人,她被制作来使人类无法逃脱自身的境况。这位女人/妻子被用来削弱人类,从而让后者屈从于神明;在第二个故事版本中,潘多拉完成了人类幸福的消亡过程,同时把希望这一诱人的幻觉赋予他们。只有兼具上述两种不同的视角,人类生存的凄楚感才会显现出来。

# 第六章　对神明与人类的看法

[129]上文讨论了不同版本的普罗米修斯故事中人类的起源和处境,这些讨论说明了赫西俄德的两首诗如何既对立又互补,同时彼此印证。本章将采取相似的策略,来考察《神谱》中人类的作用以及《劳作与时日》中神明的作用。在这一章里,我们不会对起源问题作阐释性的说明,而是关注神明与人类的当下关系,这些关系贯穿于那些原初事件之结果的始终。同时,赫西俄德再一次强调,为了理解他的宇宙,我们必须兼具上述两种视角。

## 《神谱》中的人类

《神谱》很少提到人类,①多数情况下也只是一笔带过,譬如把宙斯形容为"神人之父"这样的程式化表达。此外,赫西俄德开篇就提到爱若斯对诸神和凡人的支配力;我们看到,夜神的大多数后代都对人类生活具有一种独特的(通常是消极的)影响力。因提丰败北而产生的肆虐海面和毁坏农田的狂风,同样成为"人类的祸根"(行 872 – 880)。尽管如此明确提到人类的地方相对较少,我们仍然可以恰当地宣称,"赫西俄德的方案不仅涉及神的和物理的宇宙,也涉及人的宇宙"。②在普

---

① Cf. Arrighetti (1998) 299 – 301.

② Brown(1953)页 10 指的不仅是赫卡忒和普罗米修斯插曲,也包括夜神与彭透斯的谱系,以及对塔尔塔罗斯的描述。

罗米修斯的故事中,人类成为这位提坦神和宙斯较量的沉默的受害者,除了这段插曲外,人类在被称作"赫卡忒颂歌"的部分中表现得最为活跃。实际上,正是在诗歌的这一部分,人类是作为能动者出现的,致力于范围更广的人类事业。① [130]如果说《神谱》提供了一种认识宇宙的奥林波斯视角,那么赫卡忒部分则提供了一次难得的机会,去剖析神明对黑铁时代的人类生活的看法。

不幸的是,献给赫卡忒的颂歌长期陷入争议。它冗长且与上下文格格不入,尤其是使用了专属于这位女神的赞美词,鉴于此,以前的学者通常把这部分当成赫西俄德原文的插补而不予理睬。②但统一派(Unitarians)③发现了为之辩护的理由,④而在当前的绝大多

---

① Schoemann(1868)页183抓住这篇文章的独特性:"《神谱》的这一段是独一无二的。因为在《神谱》中没有任何其他部分真正谈到了诸神为人类所做的、诸神对人类生命的掌控,诸神对人类礼物的接受或拒绝,简言之,诸神受到人类崇拜和祈求的一切缘由。"

② 最典型的要数 Wilamowitz(1931)页172。Nilsson(1969)1.723接受了这一看法。在早期的校勘本中,指责相当普遍。这种看法在早期的编校者那里是十分普遍的。比较 Gruppe(1841)页72;Schoemann(1868)页190,他在作出许多有益的评论后,总结说这段文字是后来添补的;Flach(1873)页81;Fick(1887)页17("作者是一位俄耳甫斯教徒");Jacoby(1930)页162-164;以及Schwenn(1934)页100-105,他认为只有九行诗是真作。亦可参见 Rzach(1912)页1189"Hesiodos"这一词条;Sellschopp(1934)页52;Kirk(1962)页80和页84-86。

③ [译注]"统一派"与"分离派"(Analysts)相对,前者坚持认为荷马史诗为荷马一人所作,后者则认为荷马史诗由多人一起创作完成。围绕荷马史诗的作者身份问题,自古争讼颇多,公元前3世纪就有希腊学者指出,《伊利亚特》和《奥德赛》存在差异和内在的不一致,因此《奥德赛》非荷马所作,持此观点的学者派即"分离派"。

④ For instnace, by Pfister(1928)1-9;Friedländer(1931)125-126;Solmsen(1949)53,n.169;and van Groningen(1958)267-270.

数现代版本中,这一段都没有被加上括号。①即便这些诗行被公认为真的,但仍然疑点重重。赫西俄德为何会对这位在希腊诸神中居于次要地位的女神着墨如此之多?

一直以来,围绕这位女神的起源与崇拜同赫西俄德本人及其家族的关系问题,存在着大量的猜测。②但大多数讨论都与弄清她在赫西俄德神谱诗中的作用无关。③对赫西俄德笔下的赫卡忒的诠释,都建立在一个共同的假设之上:她在诗中的地位源于诗人的信仰或个人崇拜,这位诗人希望把荣誉给予一位地方神祇,或者把自身定位为某个社会阶层。然而,所有这些对赫卡忒为何出现在诗中的解释,都与《神谱》的结构和语境无关,它们全都诉诸诗人的癖好、信仰或生活环境。④ [131] 当然,如果赫卡忒的出现只是由于私人原因,那么我们也就无需追问,她是否被纳入诗歌的神学论证或赫

---

① Mazon(1928);West(1966);Solmsen(1970);Arrighetti(1998)。Mazon与Solmsen将行427置于括号内,Solmsen也认为行450-452是后来添补的。关于错位,参见下文注释17。

② 对此的概述,参见Clay(1984)页28-30。这部分是那篇早期文章的一个版本。

③ 赫西俄德笔下的"万全"女神与后来的赫卡忒之间的关系问题,以及她与冥府的联系,与魔法、尸体、月亮、十字路口和狗之间让人难受的关系都属于研究希腊宗教的历史学家关注的问题,本文不做讨论。但笔者认为,此处对赫西俄德笔下的赫卡忒的诠释与《德墨忒尔颂歌》中赫卡忒的某些媒介特征具有重要的关联。此外,她后来与魔法和十字路口的某些关联同赫西俄德赋予她的专断任性并非毫不相关。参见下文注释33。

④ 其中最极端的说法当属Walcot(1958)页13-14,在注意到赫西俄德的兄弟与赫卡忒的父亲存在重名情况后,他总结道:"对赫西俄德而言,赫卡忒的故事有着很强的个人暗示。诗人对赫卡忒的尊敬与他对缪斯女神的爱戴并无本质差别。这与他对女人的憎恶形成了鲜明对比。"(楷体字系笔者所加) Van Groningen(1958)页269断言,《神谱》是在节日上演的,为的是向赫卡忒致敬。显然,两种观点都缺少证据证明。

西俄德为我们精心建构的宇宙中,如果有的话,又是以何种方式被纳入的。更加富有成效的讨论都聚焦于下述问题上:关于这位神秘莫测的女神及其在诗歌中的位置,赫西俄德究竟说了什么。①《神谱》以宙斯获胜并在奥林波斯山建立了永久的秩序收场。一直以来困扰我们的问题是,相比于秩序的确立,这位备受称颂的赫卡忒是否无足轻重。重新审视"赫卡忒颂歌"的结构与"赫卡忒颂歌"在《神谱》中举足轻重的地位,有助于说明赫西俄德的意图,以及这位女神在他的宗教信仰中的重要性。

我们在第一章对《神谱》结构的初步审视中发现,赫西俄德把他对赫卡忒的描述放在恰当的位置,以便确立她与宙斯的特殊关系,紧随赫卡忒之后,赫西俄德讲述了宙斯的诞生这一神明历史的中心事件。为了让赫卡忒看上去像是到目前为止整个宇宙进程的总结和体现,以及盖娅、乌拉诺斯和蓬托斯强有力的女性继承人,赫西俄德令其成为宙斯出生前的最后一位神。因此,在神这一层面上,赫卡忒与宙斯的关系对于反复出现的继任神话的模式而言相当重要;由于宙斯没有同这位具有潜在威胁的女神联合,他采取了措施来确保其最终统治的稳固。此外,赫西俄德将对宙斯诞生的描述置于赫卡忒和普罗米修斯的插曲之间,也就同样把赫卡忒与普罗米修斯联系在一起,并预示着宙斯对人神之间关系的最终排序。

快速回顾一下这段文本会有助益。宙斯"最为敬重赫卡忒,并赐予她极好的礼物,让她在大地和海洋中都拥有自己的份额。她在

---

① 譬如,Griffith(1983)页 37–65。另参 Marg(1970)页 194–201 的讨论;Bollack(1971)的分析;Neitzel(1975)页 84–117 的评论;Arthur(1982)页 68–70 具备争议的看法,涉及了在男性与女性于《神谱》中的作用这一更大框架下赫卡忒的作用;Boedeker(1983),他用杜梅齐尔的术语审视了赫卡忒;Rudhardt(1993)页 204–213;以及 Zeitlin(1996),尤其页 74–86。

布满繁星的天空同样获得荣誉;并广受永生神明的尊崇"(行411 – 415)。随后我们得知"她从大地和广天的所有子嗣那里都获得了一份荣誉"(行421 – 422)。可是,这些遍及宇内的特权并非来自宙斯治下的一次新的分配,而是原本就属于赫卡忒:"克洛诺斯之子从不伤害她,不拿走她从原初的神提坦那里获得的东西;她依然拥有原初分配的一切。"(行423 – 425)[132]这些诗行中有几个特征值得注意。首先,赫卡忒并不是简单地把大地、海洋和天空都纳入她的势力范围。这位希腊人的表达相当精确:这位女神从大地、天空和海洋那里都分有(moira, share)荣誉。份额或分有的概念强调了两次(行413、426)。因此,所有称赫卡忒为"万全女神"的说法都必须得到谨慎的修正。① 赫卡忒权能的第二项特征是这位女神分有 time [荣誉]的继任性,为了强调这一点,赫西俄德重复了三次(ἔχειν[拥有]行413;ἔχειν[拥有]行422、425)。②她一直保有原初就获得的荣誉,③并"因宙斯的尊重,她甚至得到更多"(行428)。

赫卡忒的堂姐斯梯克斯的故事(行383 – 403)提供了启发性的比较。赫西俄德描写了宙斯在同提坦之战的前一夜的计策:宙斯保

---

① Rohde(1898)2.82 注释3,他认为整个这一段都是后来插补进来的,称赫卡忒为"万全女神"(Universalgöttin),并补充道:"整全是一种可以在气氛浓烈的当地崇拜中实现单一神的尝试的延伸。这位支配整个世界的神明的名字最终也就无关紧要了(因为万物归于一)。"笔者希望在下文中表明,后面的补充说法是错误的,而赫卡忒的名字也并非无关紧要。Friedländer(1931)页125 正确地解释了赫卡忒权能的局限:"她并非万物的女主人,而是说,她在各个地方都有份额。赫卡忒没有在任何地方排挤其他神明。在当时的宗教思想中,并没有提到过一种万全女神。尽管她无处不在。"比较 Kraus(1960)页62;以及 West(1966)对行413 – 414 的注解(页281 – 282)。

② 赫西俄德很可能在 echein 与 Hecate 两者的发音的相似性上使用了双关。

③ 关于 ἐξ ἀρχῆς [拥有份额],参见 Classen(1996)页23 – 24。

证那些加入其阵营的神明,将继续保有先前获得的荣誉;所有在克洛诺斯治下尚无荣誉或特权的神明都将获得荣誉和特权,这才是正当合理的($ἡ\ θέμις\ ἐστίν$)。在一次确保宙斯获得最终胜利的行动中,斯梯克斯携子女——强力神克拉托斯(Kratos)、暴力神比阿(Bie)、欲羡神泽洛斯(Zelos)和胜利女神尼刻(Nike)——与宙斯共进退。作为酬谢,宙斯封她为"诸神的伟大誓言",并让她的子女永远伴他左右。斯梯克斯因对宙斯的忠诚而获得了丰厚的嘉奖,作为诸神之誓言的监督者,她在某种程度上也成为忠诚的化身。

这段小插曲除预示了宙斯的最终胜利外,也突显了赫卡忒故事的一项独有特征。正如韦斯特所言,赫卡忒与斯梯克斯不同,她似乎并未给予过宙斯任何特别的帮助,[1]但她不仅保留了旧秩序下获得的特权,也被给予了 kourotrophos[儿童守护者]这一额外的头衔。的确,这段文本反复强调,是宙斯敬重她,而非相反。[133]实际上,宙斯近乎在讨好赫卡忒。[2]某种意义上,他必须承认在其新政权下维持赫卡忒的职司和荣誉的重要性和效用。正如她的修饰语 mounogenes[独生女]和她的家谱所表明的,作为唯一的女儿和 epikleros[女继承人],赫卡忒的身份赋予她把其强大的继承物传给任何一位潜在的丈夫的权利。但宙斯

---

[1] 比较 West(1966)页 284 对行 423 – 424 的注解;以及 Marquardt(1981)页 247:"赫西俄德从未提到过宙斯敬重赫卡忒的原因,想必这超出了喜欢或家族关系的范围。"

[2] Griffith(1983)淡化了斯梯克斯与赫卡忒之间的重要差异;赫西俄德并没有告诉我们赫卡忒"选择加入宙斯阵营,并得到相应的奖赏"(页 54)。相反,文本暗示了赫卡忒自主的权能。宙斯收拢了斯梯克斯的子女,但值得注意的是赫卡忒并无子嗣。Boedeker(1983)页 90 评论道:"我们可以得出结论,宙斯对赫卡忒的需要超过了赫卡忒对宙斯的需要。"比较 Rudhardt(1993)页 209;Zeitlin(1996)页 76 注释 44。

没有娶她,他给予她在其政权中与众不同的地位,保留她的特权,利用她的力量,但解除了她可能对其权威所构成的任何潜在威胁。宙斯在赫卡忒原有的特权上附加了 kourotrophos[儿童守护者]的专有权力,这位并无子嗣的女神因此成为年幼者、处女和育儿者的守护神,但绝非母亲的角色,借此,宙斯似乎将女神的强大力量从神明那里转移到人类世界,在人类世界,她的善意和支持使人类在一切领域的努力都获得成功。①

行 429–449 揭示了赫卡忒的职司,也说明了她的权能对人类——更具体地说,对男性——生活的影响范围。②但它同样清楚地表明了,赫卡忒的广泛权能并非独立于其他神明的权能。对于"她欢喜的人",她会在集会上令其超群出众,在战场上给予其胜利和荣耀;但胜利女神和同样有权授予 kudos[荣耀]的宙斯占据着她

---

① 作为儿童的守护者,赫卡忒后来被同为处女神的阿尔特弥斯同化了。Griffith(1983)页 54 忽略了赫卡忒女性特征中的潜在威胁。比较 Arthur(1982)页 68–70。Zeitlin(1996)页 77 强调了赫卡忒作为育儿者而非母亲的角色。

② 比较 Zeitlin(1996)页 75 注释 39。特别注意行 432 中的 ἀνέρες[男人]与行 435 中的 ἀνέρες[男人],除了行 416 中的 ἐπιχθονίων ἀνθρώπων[世间的人类]。所有人可能都要向她祈祷,但似乎只有男性才能受益于她。遵循 Schoemann(1857c)2. 220–221(并非 1868 年版)的做法,West 将行 434 移至行 430 之前,却并未考虑到从单数形式突然跳转到复数形式的情况。这一做法忽略了如下的事实,行 430–433 明确了史诗英雄传统的双重德性,他们既善于言辞也善于战斗。比较 Schoemann 所引《伊利亚特》9. 433。王者作出判决,就像赫西俄德列表中其余的行为(行 434–446),都属于和平时期的范围。比较 West 所引《伊利亚特》16. 387–388 与 18. 497–506。无疑,骑兵既属于和平时期,也属于战争时期,但将行 439 移至行 435 之前缺少足以令人信服的理由。从上下文看,它们都与骑术竞赛相关。对上述传统做法(paradosis)的有力辩护,参见 Neitzel(1975)页 89–103;以及 Bravo(1985)页 761–764 基于不同理由的辩护。

的领地。① 当王者作出判决时,她会坐到他们身旁;但从赫西俄德的序歌中我们得知,王者"出自宙斯",他们成功的司法判决要凭借缪斯的蜜语。我们同样被告知,赫卡忒是慷慨行善的,因为她会支持骑兵和竞技者:"凭勇气和力量获胜的人可轻松赢得头奖,把荣耀带给父母。"(行 435 – 439)[134] 再者,很明显,赫卡忒并没有被刻画成主宰竞技比赛的女神;我们从有关英雄竞争的大量传说中获知,任何一位神明都可凭自身喜好而插手干预。但赫西俄德使我们相信,赫卡忒的支持和善意某种程度上成为获胜的关键。这一点在接下来的诗行中变得更加清楚:

> 那些在波涛汹涌的大海上谋生的人,
> 向赫卡忒和撼地神祈求庇护,
> 高贵的女神能轻易赐他渔获丰收,
> 又能凭喜好轻易地使他得而复失。(《神谱》行 440 – 443)

至此,赫卡忒广泛但并不完全独立的权能的实施变得愈发清晰。如果她被祈求与波塞冬携手,并乐意如此,她就能赐予渔获丰足。如果她与赫耳墨斯联手,就能使家畜增产,她既能使家畜由少变多,又可使其由多变少,这一切但凭她的心意(行 444 – 447)。

赫西俄德对赫卡忒权能的列举虽未穷尽,却也给人以全能的印象。②但同样明显的是,这些权能并非独立自主的。赫卡忒展现其影响力的每一个领域,要么属于一位特定的神(波塞冬、赫耳墨

---

① 比较辑语 75. 19 – 20 M – W,据说宙斯与其他的永生者能够授予 kudos[荣耀];亦可比较 Scut. 339,雅典娜 νίκην ἀθανάτης χερσὶν καὶ κῦδος ἔχουσα[拥有永恒的胜利和荣耀]。

② Cf. Boedeker (1983) 79 – 80;Friedländer (1931) 125.

斯），要么属于各路神明。①但她的善意对任何一个领域中的成功都必不可少——仿佛缺少了善意就会失败。因此，赫卡忒不能被等同于纯粹的慷慨或一位仁慈的善好女神（Helfergöttin），因为这只是她的部分权能，而忽略了她阴暗的一面。②博拉克（Bollack）提醒我们注意赫卡忒的含混本质："她行事反复无常，善恶无度"，因此他认为赫卡忒的最大特点是"偶然恒常"。③ [135] 事实上，她与品达笔下的 $σώτειρα\ Τύχα$[女守护神提刻]极为相似：

> 你引导迅捷的舰船航行
> 和登陆，冲入战场
> 并依令集结。人类的希望被抛来抛去，时起时落，
> 如穿越海洋的风般难以捉摸。
> 无人能发现可靠的迹象，
> 从神那里获知将来的行动；

---

① 比较 Schoemann(1857c)页 225：Mercurium deum pastoralem fuisse nemo ignorat. Atque sicut huius in hoc munere socia esse Hecate dicitur, et paullo ante in navigantium tutela Neptuni, sic etiam in ceteris, quae supra commemorata sunt, omnibus alii quidam dei nominari potuissent, quorum illa munerum societatem haberet。

② Arthur(1982)页 69 把赫卡忒视为"诗中主要女性角色中第一个完全正面描述的女性"，并称赞"她仁善的性格"（页 70）。Marquardt(1981)页 244 先是声称"赫卡忒……仁善的本性是颂歌反复出现的主题"，接着更加正确地指出"赫卡忒难以预测的喜好是颂歌反复出现的主题"（页 27）。比较 Griffith (1983)页 53。

③ Bollack(1971)页 115："这位女神善恶无度，行事不知轻重"，"偶然恒常"；比较 Neitzel(1975)页 108："她是一位偶然恣意的女神。"（楷体系原文所有）Neitzel 主张赫卡忒是人类生活中非理性的象征。Schoemann(1868)页 185 则暗示赫卡忒应被理解为"神明干预"（die göttliche Wirksamkeit）的典范："当然，此种行为属于所有神，这本身就是他们的典型特征；但这并不能阻止诗人把赫卡忒演绎成自己笔下的神之典范。"

他们对即将来临之事浑然不知；
许多事突如其来，
令人们由喜入悲，另一些人
刚刚还遭遇了不幸的风暴，转眼间就否极泰来。(《奥林匹亚颂歌》12.3 – 2)

就像品达笔下的提刻(Tycha)，赫卡忒的本质特征就在于她随心所欲实施其决定人类各项事业之成败的权能。但为何是赫卡忒成了拥有这一独特职司的神？① 由于这一段反复强调了赫卡忒的意愿($ᾧ\ δ'\ ἐθέλῃ$[喜欢的人]，行429；$ὃν\ κ'\ ἐθέλῃσιν$[喜欢的人]，行430；$οἷς\ κ'\ ἐθέλῃσι(ν)$[喜欢的人]，行432、439；$ἐθέλουσά\ γε\ θυμῷ$[心里乐意]，行443；$θυμῷ\ γ'\ ἐθέλουσα$[心里乐意]，行446)，因此部分学者假定她名字的赫西俄德式词源意指"意愿女神"(the willing goddess)。② 这

---

① Griffith(1983)页53 – 54 提供了三种理由：第一，她不是奥林匹斯神族的一份子，因此不会干预或威胁到既定的活动领域；第二，作为女性，她对宙斯的威胁应该比男性神祇更少；最后，她证实了宙斯的慷慨，至少对部分旧神是如此。

② Walcot(1958)页11；Neitzel(1975)页109。比较 Hermann(1827)页185 及(1839)页306，他根据赫卡忒得名自 $ἑκών$[自愿的]和 $ἕκητι$[凭借……]，将她的名字巧妙地译作瓦鲁尼亚(Volumnia[译注：罗马神，专门赋予儿童行善的意愿])。Fick(1894)页52 将赫卡忒翻译为"凭借意愿"(nach dem Willen)。比较 Prellwitz(1929)页147。Schoemann(1857c)页228 – 230 提出另一种词源上的解释，这个解释将赫卡忒与 $ἑκάς$[离得远]联系起来；另见 Brugmann(1904/1905)。现代学者一致认为 $Ἑκάτη$[赫卡忒]是 $Ἕκατος$[远射的]的阴性词，后者是阿波罗的称谓，很可能源自安纳托利亚语。比较 Wilamowitz(1931)页117；以及 Kraus(1960)页14："毫无疑问，Hekatos[远射的]是 Hekate[赫卡忒]的阳性形式，它们有着相同的词源，出自同样的表象范围(Vorstellungskreis)。"比较 Deross(1975)，他概述了讨论的情况，并总结说这个名字表明了女神的良善意愿。当然关键并非"科学式的"词源，而是赫西俄德对这位女神名字的诠释。

样的注解的确符合赫西俄德的意图,但由于误把赫卡忒的恣意本性当成善意,而在认识上再次出现了偏差。① [136]赫卡忒并非"意愿女神",而是任性女神(the willful goddess),亦即一位凭借其意愿(ἕκατι)就可实现祈愿和授予成功的女神。同样,赫卡忒提供了一个解决由任何神学所引发的棘手而敏感的问题的方法:为什么神明有时实现人类的祈愿,有时又加以拒绝呢? 抑或如品达所言,为何无法从神明那里获悉将来行动的可靠迹象呢? 例如,我可以祈求赫耳墨斯令我的家畜增产,或者向宙斯祈求胜利。赫耳墨斯和宙斯无疑都有实现我的愿望的权能,但我的祈愿可能得到回应,也可能得不到回应。因此,一定有某种原因导致了我的成功或失败。实际上,这个原因就是赫卡忒。正是她的无法被预知的意愿——或反复无常——干预了事情的进程。如果我成功了,那恰好是因为赫卡忒和其他某位神明的携手;成功全凭宙斯的意愿(ἕκατι Διός)或其他神明的意愿,而赫卡忒则起到了重要的媒介作用。

基于这种解释,我们现在有可能理解在本章开篇的讨论中被略去的令人费解的表述:

> 直到今天,凡是大地上的人类
> 为了恰当地取悦[众神],敬献美好的祭品,
> 呼唤赫卡忒;便有万般荣誉

---

① Schmid and Stählin(1929)1.256 注释 7:"女神非常坚定地……强调,只有在她乐意的时候才会出手相助。"比较 Marg(1970)页 197-199。Marquardt(1981)页 245 注意到了 αἴ κ' ἐθέλω[只要乐意]的类似表达,正如鹰隼与夜莺的寓言中的鹰隼所说的一样(《劳作与时日》行 209),但他依然坚持"赫卡忒一点儿也不像鹰隼"。也请注意缪斯的 εὖτ' ἐθέλωμεν[只要乐意](《神谱》行 28)。

轻松而来，只要女神乐意接受他的祈愿。(《神谱》行416－419)

这几行诗似乎是在介绍一种仪式的产生原因，①但接着提出了如下的奇特观念，即每一次的献祭或取悦都要向赫卡忒祈愿，而成功与否则取决于这位女神是否乐意接受祈祷。但在希腊人那里，从未存在过这样的习俗。对此，少数几位学者怀疑赫西俄德的奇特看法是否具有某种传统仪式的依据，不过他们并未阐明这一点。②[137]实际上，有证据表明存在一种可能启发了赫西俄德的惯例。在向各路神明供奉祭品时，这位被称作 kourotrophos[儿童守护者]的女神时而有权配享首个祭品，即所谓的 prothyma[预祭]③。④这种惯例的存在，有助于我们弄清赫西俄德在赫卡忒颂歌结尾处的主张，即宙斯在她先前的荣誉上增加了 kourotrophos[儿童守护者]一职(行450)。即便如此，赫西俄德的独特说法也支持了我们对赫卡忒名字和职司的解释——她是一位全凭自己的意愿来实现和满足祈愿的女神。

---

① 比较《神谱》行556中的 ἐκ τοῦ [自那以后]，这行诗讲述了普罗米修斯所确立的人类献祭活动。

② 譬如，Marquardt(1981)页244对行416－418的注疏："赫卡忒在这类祈祷中的出现只具有仪式意义，特别是当她与其他神明一起被祈求时。"Marg(1970)页200似乎弄懂了这样的机制："事实上，即便没有明确提到她的名字，每一位正直的献祭者都会共同呼唤赫卡忒，以求获得可能的帮助。"

③ [译注]古希腊的献祭通常由预祭和正祭两个部分构成。在正式的献祭前，往往会先焚烧糕饼和没药等，此为预祭。

④ 参见 Price(1978)页10、105、108、111、123(尽管他可能更为坚持将 kourotrophos[儿童守护者]等同于大地盖娅)。至于 προθύω[献祭]和 πρόθυμα[预祭]的意义，参见 Casabona(1966)页103－108，Mikalson(1972)。关于古代文学和碑文上的证据，参见 Clay(1984)页35注释34。

有关赫卡忒重要的媒介作用的正确理解的关键证据,来自赫西俄德本人在《劳作与时日》开篇乞灵中的话。在乞灵时,他召唤缪斯歌颂父亲宙斯:

> 通过[宙斯],有死的凡人是声名狼藉还是声名卓著,
> 是为人称道还是籍籍无名,全凭伟大宙斯的意愿。(《劳作与时日》行3-4)

接下来的两行诗明显呼应了《神谱》中赫卡忒的那一段:

> 因为,他轻易就使人强大,也轻易压制强者;
> 轻易贬低显赫之人,抬高无名之辈。(《劳作与时日》行5-6)

赫卡忒之于《神谱》和赫西俄德的宇宙的意义和重要性,此刻开始显现出来。就像对其他几位神明那样,赫西俄德通过追溯赫卡忒名字的词源,阐明了她的职司,因此他从 μητίετα Ζεύς[狡黠的宙斯]这一程式化的表达中发展出了墨提斯这个角色,并从阿芙洛狄忒的修饰语 οὐρανία[属天的]中为她创造了一个新的家谱。① 同样,赫西俄德把赫卡忒的名字同 ἕκητι Διός[全凭宙斯的意愿]和 οὐκ ἀέκητι θεῶν[没有违背神的意愿]等常用短语联系在一起。② 但必须承认,这种语词间

---

① 关于属天的阿芙洛狄忒,参见 West(1966)页212。
② 比较《神谱》行529,《伊利亚特》12.8、15.720;《奥德赛》1.79、3.28、4.504、6.240、12.290、20.42、24.444。最相似的也许出现在《奥德赛》15.319-320,其中伪装的奥德修斯夸耀自己照看炉火的技能,以及 Ἑρμείαο ἕκητι διακτόρου, ὅς ῥά τε πάντων | ἀνθρώπων ἔργοισι χάριν καὶ κῦδος ὀπάζει[由于赫耳墨斯的青睐,他能令凡人因劳作而变得快乐和荣耀]。

的关联不过是一种不重要的好奇心和巧妙的对比而已,倘若连诗人自己也不承认这种关联在神学上的效用的话。

[138]在《神谱》的关键部分对赫卡忒的长篇大论,不仅证明此乃赫西俄德的心血来潮,而且证明了诗人明白她重要的媒介作用。赫卡忒不仅居于新旧秩序之间,也居于提坦和奥林波斯神之间:她的权能横跨宇宙的三大领域,而她本人则成为神人之间的重要媒介。①此时,关于赫卡忒插曲的谋篇布局的逻辑就变得显而易见了。它恰好位于宙斯诞生这一神明和宇宙历史的中心事件之前,并且构成了普罗米修斯故事的必要补充。在普罗米修斯神话中,赫西俄德描写了神人大分裂的缘起,以及自此以后人类永恒的生存境况。从今往后,人类与神明之间的一切沟通,都需要借助祭品和祈祷来完成。

赫西俄德凭借大胆的逆序法(hysteron proteron),解释了基于普罗米修斯的诡计所发展出的媒介如何在后普罗米修斯时代中起作用,以及赫卡忒的干预如何消除了宙斯在人神之间设立的鸿沟。②如果在普罗米修斯故事中,人类是一出以牺牲人类为代价的神明喜剧的被动受害者,那么在献给赫卡忒的颂歌部分,人类不仅比在《神谱》中的任何地方都更加显眼,而且也被刻画成积极地活跃于人类事务的各个领域中。但最为重要的是,他们全都是"像我们一样"的人类,κατὰν ὁμον[依礼法]向神明祈祷和献祭。"即便到了现在,

---

① 尽管从词源上把她的名字称作"遥远的编织者"(Fernwirker),但 Klauben(1835)页452-458已经领会到她在神学上的媒介功能。

② 比较 Griffith(1983)页53:"赫卡忒插曲……表明赫西俄德的神学实际上如何服务于人类的。"比较 Rudhardt(1993)和 Zeitlin(1996)页76:"作为神与人之间人类事物的媒介,赫卡忒受到所有人的尊敬,可以说她使先前因普罗米修斯诡计多端的斡旋而对人类造成的消极影响失效,或至少令其得到缓解。"

世人但逢祈祷或献祭，都会向赫卡忒祈福"，因为成功与否全凭她的意愿。由于赫卡忒被吸纳进奥林波斯神族中，并作为后普罗米修斯时代秩序的至关重要的部分，而在宙斯的宇宙中占有一席之地，因此她成为赫西俄德神义论的中项(the middle term)，并完全配享在《神谱》中的地位。①

[139]赫卡忒颂歌中的人类各项活动的一览表，只要它体现出了一种有关人类生存境况的"神明视野"，就值得进一步关注。它以ἐν ἀγορῇ[在集会上]开始（行430）；②接着用三行诗描述了人类的战事（行431－433）；一行诗描写了行使司法职权的王者（ἔν τε δίκῃ[在法庭上]），随后又分别用了四行诗和一行诗描写竞技比赛的胜利与骑兵（行435－439）。最后是捕鱼者和牧人，各占四行（行440－447）。③

活动一览表中最吸引人的地方，或许就是对战事和竞技比赛的描写。这两项活动似乎属于贵族或英雄的生活，而非《劳作与时日》中所描写的农夫生活。④此外，意指"英雄声望"或"荣耀"的 kudos 一词，只在《神谱》的该部分中出现过：赫卡忒把 kudos[荣耀]授予那

---

① 在《德墨忒尔颂歌》中，当这位女神陪伴珀耳塞福涅时，她同样发挥了在神界与冥界的媒介作用。关于赫卡忒后来与门神普拉提瑞阿(Prothyraia)的关系，参见 Kraus(1960)；亦可参见 Johnston(1989)有关女神在后续的文学作品中的媒介角色。Rudhardt(1993)页212－213 强调说，只要赫卡忒运用了她对个体的权能，而非像其他神明那样拥有一个明确的影响范围，她就与魔法密切相关，当然，这是较晚时期的赫卡忒的专属领域，异教崇拜证实了这一点。
② 参见上文注释17 有关 West 对诗行顺序的调整。
③ 在 Boedeker(1983)看来，捕鱼和放牧是继主权和战争之后印欧民族的第三大职能。
④ Neitzel(1975)页100－102 认为此处提到的骑兵是指双轮战车比赛——一种贵族的消遣运动。Fränkel(1962)页145 注释30 指出，在赫卡忒插曲中对公众生活的描述是"荷马式的"，但他认为这一部分并非真作。

些在战争和竞技比赛中的胜出者(行433、438)。而在《劳作与时日》中,kudos同样只出现过一次,并且还语带反讽:"财富常伴成功和声望。"(πλούτῳ δ' ἀρετὴ καὶ κῦδος ὀπηδεῖ, 行313)①的确,从《劳作与时日》的视角出发,人类生活的目标既非英雄主义,亦非荣耀,而是单调乏味的劳作与正义。

农事的缺失同样引人注目,因为对赫西俄德而言,农事为人类种族所特有。②正如赫西俄德把渔获丰足视作赫卡忒和波塞冬共同慷慨的结果,而把家畜增产归功于赫卡忒与赫耳墨斯共同的慷慨给予,因此他当然可以认为粮食丰收依赖于赫卡忒同德墨忒尔或宙斯的相互协作。但诗人只谈及捕鱼和畜牧而遗漏了农耕着实令人不解。在《劳作与时日》中,即便在描写航海(被视作农耕的补充)时也没有提到捕鱼;而畜牧也受到了冷遇,虽然诗人在赫利孔山与缪斯偶遇时是以一位牧人的身份出现的。[140]这两项活动似乎都次于或从属于农耕,因而属于更低等的活动。

正如笔者所暗示的,倘若《神谱》提供了一种观察人类生活的奥林波斯视角,那么神明所感兴趣的绝非为了生计而在田间耕作的普通人——确切而言,《劳作与时日》里的农夫——的日常生活,而是如英雄、王者和战士那样被神明授予kudos[荣耀]的伟大人物,或许也包括那些地位更低的人。神明较少关心那些平庸的中产阶

---

① 佩尔塞斯给王爷κυδαίνων[以荣耀](《劳作与时日》行38)也颇具讽刺意味。

② 比较Boedeker(1983)页85。亦可比较Bravo(1985)页764-765,他正确地拒绝了如下的可能性,那就是对希腊人而言,农耕比捕鱼和放牧更少危险性,并且总结道:"赫西俄德在《神谱》的这一部分绝口不提农耕,这一点证实了他对人类生活的这方面并不十分感兴趣",但后来当他写作《劳作与时日》时却改变了想法。在阿基里斯的盾牌上,神明只在交战的城邦中才可见,而在和平的城邦及各类农耕场景中则是缺席的。

层。这一被排除在《神谱》之外的中产阶层应当成为《劳作与时日》的焦点,这再一次暗示了两首诗必须合起来阅读,从而形成认识赫西俄德的宇宙的互补视角。

## 《劳作与时日》中的神明

为了与对《神谱》中人类的剖析形成互补,我们亦需剖析《劳作与时日》中神明的角色。《劳作与时日》的情节可以借助对宙斯在诗中不断变换的面孔的描述来加以勾勒。如果《神谱》体现了赫西俄德与缪斯的协作,《劳作与时日》则呈现了赫西俄德与宙斯之间的伙伴关系,以一种合作者的身份,赫西俄德开始阐述宙斯的 noos[心思]。在简短的祈祷后,缪斯退居幕后,宙斯登上前台,并从一开始就占据了中心位置。诗人只是在航海部分才求助于缪斯,他所揭露的 etetuma[真相]正是那些他从生活经历中获知之事,对这些事情的获知无需缪斯的援手。毕竟他是"能亲自思考一切"的 pan-aristos[至善之人](行293)。

如我们所见,在缪斯颂扬了宙斯对人类至高无上的权力后,赫西俄德在序歌中请求这位奥林波斯神运用观察和聆听的权能,并借助正义来纠正人类的(枉法)themistes[裁判]。①诗人没有祈求正义之人获得嘉奖,他的祈求是惩罚性的。此外,他的请求似乎针对的

---

① 比较 Rousseau(1996)页106–109,笔者依循他的阐释。他也提出"支配诸神行动的原则是通过宙斯施加给不义者和压迫者的惩罚这一消极的方式而显现出来的"(页106)。比较 Wilamowitz(1928)页42–43:"宙斯因无限的权力而非正义受到称颂。当他被祈求照顾某事时,他有权并不总是如此做。"

是王爷,因为作出判决的正是后者。①因此,行9和行10表达了一种劳动分工的观念:宙斯观察并惩罚不义的王爷,赫西俄德则教给佩尔塞斯一些人情世故。

[141]赫西俄德很快就用三个神话故事对佩尔塞斯展开了有关etetuma[真相]的教导:这些故事发生在久远的过去,神明是其中积极的施动者,但故事的结局塑造了我们已知的世界。在三个故事中,宙斯都扮演了关键性的角色。正是他把厄里斯安置于大地之根,同时将她排除在奥林波斯神明之外,转而成为人间的一股潜在的积极力量。②另外两个此前探讨过的 logoi[故事]则提供了一副复杂的图景。在普罗米修斯故事中,宙斯似乎不够仁慈,让人类生活充满辛劳、萧条和疾病进而困苦不堪,但又通过给人类以希望这一甜蜜的幻觉,挽救了人类生活。虽然神明疏远了人类,但却给予人类在没有神干预的情况下繁衍的能力,因而使人类独立于神明。只不过这样的独立是有限定条件的,那就是人类意识到自身比神明低微。后来,宙斯一度允许两个种族之间的结合,再次拉近了神明与人类的距离,同时,他把礼法赐予人类,使人类得以在共同体中共同生活和劳作。当神明再度疏离人类时,正义被留在人间,但在规范人类的行为方面,正义暴露出自身的弱点。这就是人类所认识的并且必须甘愿忍受的世界。

对两位厄里斯、普罗米修斯和五大种族的描写,彼此之间是互补的,并且拥有共同的主题:美丽或诱人的事物最终都变成不好的或至少是含混不清的,而丑陋的外表下可能隐藏着有益的东西。因

---

① Cf. Pucci (1966) 202–203.

② 在《伊利亚特》19.126–131 中,宙斯将阿特掷出神界,并放逐到 ἔργ'ἀνϑρώπων[人间],这是一个很好的类似故事。Davies(1995)页1–4强调了这则寓言的赫西俄德式特征。

此,坏到被踢出神界的厄里斯,在被宙斯置于大地之根后能够呈现出积极的一面。她为人类设立的竞争和她所唤起的激情本身,既不美好也不高贵,①如果我羡慕邻人,因而生恨,并妒忌他的成功,我可能不愿劳作,而是设法窃取或掠夺他的财产,甚至有可能除掉他。[142]因此厄里斯必须被缓和下来,才能变得富有成效,而缓和她的只能是劳作与正义。

通过说明人类生活的匮乏和艰辛,普罗米修斯的故事讲述了劳作——特别是为了生产粮食而进行的必要劳作——何以成为全人类的必修课。劳作,这样一种令人厌恶的必然性,远离了"生活惬意"的神明,而与伪装成凡人的厄里斯为伍,同样使人类受益和生生不息。火种、潘多拉和希望,起初看来都诱人和可欲,到头来却变成kala kaka[美好的不幸],福祸相倚。竞争性的厄里斯最终为宙斯的正义所引导,总体上不仅否定了人类有权为了获取食物而相互屠戮,同时也拒绝偷盗、说谎、欺骗,以及对家人、朋友和陌生人之间互惠义务的滥用。通过严格地限制人类获取生计的手段,正义女神(并未存在于物产丰沛的黄金时代,而是进入英雄时代的人间)如同厄里斯有着两张不同的面相:一位是观察并给予惩罚的复仇神,另一位是赐福给敬重她的共同体的可爱女神。

可以说,诗歌接下来的部分是对这三个神话的详细阐述:赫西

---

① 比较对行 25 – 26 的古代评注:τὸ κοτέειν καὶ τὸ φθονεῖν κακά ἐστι καὶ ἐκείνης[ the bad Eris ]οἰκεῖα καὶ οὐ τῆς ἀμεινονος[ 她被一分为二,并被误认为既是她自己(坏的厄里斯),也是另外一位]。比较 Fuss(1910)页 28 – 29,他认为行 25 – 26 是指恶的厄里斯:"只有农夫才受好的厄里斯的恩惠……相反,坏的厄里斯则掌管了所有其他职业。"Blümer(2001)页 2 和页 42 – 49 直接将行25 – 26 从文本中剔除。这一做法也把问题解决了。有关好的厄里斯的含混性,参见 Gagarin(1990),尤其页 175:"在激励人劳作的积极方面与妒忌他人成功的消极方面之间并没有明确的区别。"另参 Nagler(1992)页 87 – 93。

俄德首要的任务是使易于受到诋毁和攻击的正义女神变强,通过将她同宙斯借助希望——同时包含了惩罚的恐惧和奖赏的希望——的媒介来奖赏和(更为重要的)惩罚的权能紧紧联系在一起。其次,赫西俄德教导并鼓励宙斯许可的行为以及良性的而非毁灭式的竞争。如果获取更多对人类而言是必要的,而正义则规定这样的获取只能在不侵害他人的情况下实现,那么生产性的活动——从根本上说意味着农耕——则是人类的唯一选项。佩尔塞斯拒绝了这些绝对命令:他不去犁地,而是把时间全都浪费在争吵、发言和欺骗上,因此饥饿和贫穷的到来也就不可避免。同样,佩尔塞斯不劳而获的愿望导致他窃取和欺骗他人——我们看到,不是靠武力,而是靠言辞,亦即通过法律诉讼和奉承有权势的王爷。因此,佩尔塞斯不仅对自己的兄弟不义,而且腐化那些比他更优秀的人,而这些人的本职工作就是公正裁判和端正言辞。

尤其令希腊多神教的研究者惊讶的是,其他神明在《劳作与时日》中的地位明显较低,这与《神谱》形成了鲜明的对比。如果说在《神谱》中赫西俄德试图对一切神明进行系统化的处理,那么在《劳作与时日》中他则严格限制了除宙斯之外的所有神明的干预。[143]除潘多拉的故事外,雅典娜在整首诗中只被提到过一次,同样只被提到一次还有阿波罗、狄奥尼索斯、波塞冬和赫淮斯托斯。即便德墨忒尔的名字也只出现了七次,其中四次还是在"德墨忒尔的[神圣]谷物"这样的程式化表达中——考虑到诗歌的主题,这一点颇令人意外。另一方面,宙斯被明确提及超过四十次。这并不意味着赫西俄德朝着一神教的方向发展,而是指作为《劳作与时日》中心议题的正义和劳作主要隶属于宙斯的管辖范围,因为正是宙斯把它们确立为人类生活的条件。但悖论的是,宙斯的无所不在却突显了在赫西俄德的黑铁时代人类与神明之间的鸿沟。①即便在荷马史诗中,宙斯也只是通过信使、征兆和神迹来间接干涉英雄的行为。同样,在《德墨忒尔颂歌》中,这位众神之王只是出现在间接引语中,这暗示了他并未实施行动。《神谱》把赫卡忒视为神明与凡人之间的关键媒介,而在《劳作与时日》的框架中,她的职司被宙斯所取代,换言之,我们从女神赫卡忒转向了Διὸς μεγάλο ιοέκητι[全凭伟大宙斯的意愿](行4)。这样的差异是重要的:它意味着从人类的视角出发,赫卡忒的媒介作用消失了,宙斯,并且唯有宙斯才掌控着人类的命运。

伴随着神明的逐渐隐退——这成为黑铁时代的典型特征,赫西俄德解释了宙斯如何通过他的使者——尤其是正义女神及其伴侣——来掌控人类生活。羞耻女神艾多斯代表了羞耻感,正是羞耻感阻止了人类犯下罪行,而报应女神涅墨西斯则惩罚那些犯罪的人,这两位女神同宙斯的三万个守护者一道遍及人间。这些神明中的一部分是新神;无法平息的报应女神是夜神的后代,而羞耻女神和希望女神埃尔庇斯的出生都没有被《神谱》所记述。显然,她们在神界都没有影响力:神明不需要羞耻或希望,它们是人类生活的典型特征。的确,羞耻女神和报应女神的离去预示着黑铁时代进入最后阶段,届时宙斯将会毁灭人类。最后,在某个特定时刻,赫西俄德邀请我们参加到一位新女神的诞生中:传言女神斐墨(Pheme),代表了名声或传言。

这些《神谱》中被神化的力量,大多是夜神的后代或夜神女儿

---

① Arrighetti(1998)页401 简练地总结了《劳作与时日》的特点:"因此,一方面是人类对神明的依赖更强,另一方面则是两个世界之间的区分更加明确。"

厄里斯的后代。在宇宙的最终布局中,宙斯把这些后代中的一部分贬谪到塔耳塔罗斯的深渊。至于其他的后代,则可能被宙斯派往人间,成为潘多拉瓶子中的灾祸,自此退出极乐的神明之列。[144]鉴于他们被永久地逐出奥林波斯神族,也就永远居于人间了。可是,由于人类含混不清的品性和境况,这些相同的力量尽管大体上是消极的,但至少从神明的角度而言,有时也显露出双重的本性:在神明看来,完全消极的力量或许对人类生活有着积极的影响。这里可能存在所谓赫西俄德的 Begriffsspaltung[概念分裂]——亦即如厄里斯那样的双重或分裂的概念——的起源。①这一双重化并不仅仅限于厄里斯,它同样存在于其他的实体中,如希望女神、报应女神、誓言之神和羞耻女神。

在整个正义的规劝辞中,宙斯及其助手都充当了不义的观察者和惩戒者。无论是正义之邦还是不义之邦,都处在宙斯的直接掌控下,这一点蕴含于不断重复的短语 τεκμαίρεται εὐρύοπα Ζεύς[远见的宙斯分派](行229、239)中。战争,起初是人类必然的残酷现实(行14),现在则成为宙斯惩罚的手段之一(行229)。正如我们所预料的,诗人极力强调,向宙斯惩戒的执行者祈求发生在对王爷的威胁中(行248–269)。当人类枉法裁判时,永生者们就在近旁监察:宙斯的三万个不可见的守护者在大地上的每一个角落巡游;而宙斯之女正义女神则向父亲告发人类的不义之举,以致全体邦民皆因王爷的罪行受牵连。最后,眼观万物的宙斯直接洞悉了城邦中有着何种正义。

在诗歌的这部分,宙斯及其代理人起着支配作用。正义女神和宙斯变得不可分离,抑或说,宙斯成为正义女神懿旨的执行者。他

---

① See especially Martinazzoli (1946); and Livrea (1967).

倾听了诗人在诗歌开篇的虔诚祈祷。序歌部分颂扬的是宙斯的权能而非正义,在赫西俄德的规劝中,宙斯——连同王爷和佩尔塞斯——变成了正义女神的捍卫者。① 在诗歌的余下部分,宙斯的作用将逐渐式微,与此同时,诗歌的视野也将收缩到 oikos[家庭]和佩尔塞斯及其邻人的农田上。对此我们不必感到诧异,因为这位奥林波斯神对王爷和共同体的事务更感兴趣,接下来,诗歌再也没有提到 polis[城邦]和正义。此外,一旦宙斯同 dike[正义]的联系变弱了,宙斯干预的特点也将发生变化,只不过这一变化起初是循序渐进的。

[145]可以说,宙斯及其三位女儿欧诺米亚、狄刻、厄瑞涅(《神谱》行 901-902)是《劳作与时日》前半部分的守护神。但这三位女神——此时被统归在荷赖(Horai)这一共同的名称下——在诗歌的后半部分即历法中发挥了相似的作用。赫西俄德在解释她们名字的词源时,阐明了她们的职司: αἵ τ' ἔργ' ὠρεύουσι καταθνητοῖσι βροτοῖσι [时刻关照有死的凡人的劳作](《神谱》行 903)。因此,她们是划定有死凡人的劳作之界限并让各项劳作合乎时令的女神。此前,劳作如同一种无法摆脱的不幸被强加给人类,现在则是通往富足的必经之路;此外,如果行事妥当,它将使凡人备受神明青睐(行 300、309)。宙斯主动参与所谓的农事历法中的情况变少了,因为季节的交替(荷赖女神)是自行运转的,无需神明的直接干预。另外,一些有用的天文现象和其他的征兆,也提供了农忙的信号。然而,对于宙斯在其中所起的作用,赫西俄德只是间接提及,并且对宙斯的重

---

① 比较 Lamberton(1988)页 94-95:"《劳作与时日》中宙斯与正义有意识的协作……和宙斯通过正义挽救人类恰好是两套不同的做法。当然,传统上宙斯的挽救方式是通过正义,借助诗歌……"

要性也只是轻描淡写,这样的作用无法像季节更替的规律性亦即气候那样被准确地预见到。每个农夫都深知,气候至关重要,但天有不测风云。你可能做到万事俱备,但雨水短缺或过剩仍会颗粒无收。在此部分,宙斯化身为雨神(行416、488、626、676)。由于季节不难测算,赫西俄德对一切农事都不可避免的不确定性谈得很少。

直到此时,赫西俄德都设法让兄弟相信,农耕是成功和致富的唯一正途。他并没有或至少没有立刻向佩尔塞斯揭示,践行正义和正确的劳作习惯都无法确保兴旺。毕竟,财富神普路托斯(Ploutos)在《神谱》中被刻画为:

> ……他漫游在大地和无垠的海上。
> 他若碰巧遇见谁,落到谁的手上,
> 这人就会富足并兴旺发达。(《神谱》行972–974)

此处,财神出现了,不过并非持续辛劳的必然结果,而是运气使然。这事无法担保。赫西俄德充分意识到不确定性遍及人类的各行各业;否则,人类也就无需希望了。在《劳作与时日》的这部分,不确定性的名字叫作宙斯。[146]据赫西俄德说,在犁地和播种后,农夫应当向冥府的宙斯和德墨忒尔祈求丰收(行465–466);赫西俄德预言"只要这位奥林波斯神赐予好收成"(telos esthlon,行474)就会成功。但几行之后,赫西俄德就宣称:

> 有时,执盾宙斯的意愿变幻无常,
> 有死的凡人难以揣测。(《劳作与时日》行483–484)

但此处赫西俄德提供的有关宙斯的意图不可预知的例子,并非突出难以预测的灾祸,而是突出始料未及的成功:如果你耕种晚了,依然有可能大获丰收,只要宙斯在第三天送来雨水(行485–490)。为了让佩尔塞斯在通向arete[德性]这条崎岖难行的路上坚持下去,赫西俄德稍微歪曲了真相。

由于航海远比农耕危险和难以预测,赫西俄德建议不要从事航海。但倘若佩尔塞斯坚持己见,赫西俄德也会提供最佳的出海时间:

> ……你不会
> 损坏你的船只,大海也不会吞没水手,
> 除非撼地神波塞冬
> 或永生神明之王宙斯有意加害;
> 是福还是祸全由他们掌握。(《劳作与时日》行665–669)

渐渐地,先前的保证和许诺让位于日益增强的不确定性。诸神,尤其是宙斯是导致这一现状的原因。显然,在诗歌的后续部分,此前被认为赐福(ὄλβον,行281、379)的宙斯,现在竟成为贫穷的来源。赫西俄德告诉我们,他的父亲离开库莫(Kyme):

> ……不是为了躲避财富和幸运,
> 而是躲避宙斯带给人类的可怕贫穷。(《劳作与时日》行637–638)

[147]很快,赫西俄德似乎就否认了先前的一切教导:

> 切莫因煎熬人心的可恨贫穷胆敢责备他人,
> 那是永生的极乐神明的馈赠。(《劳作与时日》行 717 –
> 718)

早前,赫西俄德持之以恒地劝诫佩尔塞斯,不过也责骂过他,并坚持认为他的贫穷状态是自己一手造成的;他也一再向兄弟保证,以恰当的方式劳作的确会获得成功和神明的青睐。① 此时,一个更加残酷的事实出现了:失败和贫穷同样来自神明的馈赠。

在给出航海和婚姻——一件看起来甚至更有风险的事——方面的建议后,gnomai[箴言]涂上了一抹更加黯淡的色彩,这种色彩最明显地出现在宗教禁忌中。此前,赫西俄德罗列了一些明显不好的行为(行 328 – 332),宙斯将对这些行为加以惩罚:"宙斯迟早要让恶有恶报。"(ἐς δὲ τελευτήν | ἔργων ἀντ' ἀδίκων χαλεπὴν ἐπέθηκεν ἀμοιβήν,行 333 – 334)他也建议人们尽其所能敬拜神明(κὰδ δύναμιν,行 336),以便得到庇佑,并且换得他人家产而不转让自家的(行 336 – 341)。赫西俄德在这里清楚地表明:多行不义必自毙,存善敬神福自多。但在诗歌最后,他教导说:②

> 切莫在黎明向宙斯奠下莹澈的酒,
> 若未净手,其他神明也一样;
> 他们不会倾听,反而会厌弃祈祷。(《劳作与时日》行
> 724 – 726)

---

① 想了解佩尔塞斯为何在诗歌最后 200 行消失,参见 Clay(1993b)页 32 – 33。
② Heath (1985) 252 – 253。

此处并无任何奖赏,有的只是含糊其词地威胁要施加未指明的惩罚(行 741、745、749、750、752、754 – 756、758 – 759)。此外,人类被视为不洁和污秽的排泄物——尿液、粪便、指甲、精液,甚至女人的洗澡水——的制造者。宙斯在这里只被提到一次(行 724),另外被提到的还有不可名状的神和掌管黑夜的"极乐神明"(makares)(行 730)。此时,"深明事理的似神之人"不再是辛勤耕种和践行正义的人,而是不裸露身体和蹲到墙边小便之人(行 731)。[148]我们似乎发现了一个正义与劳作不足以确保幸福的世界。值得注意的是,表示财富的词语(ploutos, aphenos)自行 637 后消失了。人类的每一项行为都充满危险和莫可名状的担心,而任何错误的举动都会导致灾祸。人类与神明似乎比以往更加疏远,虽然神明的惩罚权能愈发无处不在。

人类除了容易惹神不快外,同样面临着另一种来自身边人的威胁:

> 提防他人的恶言;
> 传言(φήμη)太坏,容易不胫而走,
> 不但难以对付,还很难消除。
> 传言(φήμη)永远不会断绝,只要
> 众口传诵;她好歹也是位神明。(《劳作与时日》行 760 – 764)

这位新的女神同其他神一样诞生,因而也变得不朽。可是,不同于赫西俄德所描绘的其他神明,她出自人类之口。实际上,她是表彰英勇行径的永恒 kleos[名声]的消极对立物:kleos[名声]被听

闻,pheme[传言]则被谈论。①用 pheme[传言]取代 kleos[名声],这再次提醒我们,赫西俄德正在描绘一个确切无疑的后英雄世界。无论如何,在《劳作与时日》结尾处,出自人类之口的传言女神(Gossip)或恶名女神(Bad Repute)把我们带回诗歌开头。②正是借助宙斯的媒介,人类才声名显赫或默默无闻:ἄφατοί τε φατοί τε[被传说或不被传说]。宙斯变得不再必要,因此我们先前的解释——φατοί[声名显赫]是一项优良品质——似乎就是错误的。此时,被人传说意味着不名誉或声名狼藉:或许默默无闻才是最好的。

　　人类生活日渐增长的不可预测性一直延续到"时日"部分,笔者认为这是可信的,因为时日似乎使赫西俄德在序歌部分宣称的计划变得完整:向佩尔塞斯讲述 etetuma[真相],亦即事物的本来面貌。诗歌开篇分裂成积极和消极两种力量的厄里斯,此刻又以《神谱》中最小的孩子誓言神之母的身份(《劳作与时日》行 804;对勘《神谱》行 231)回来了。[149]赫西俄德两度告诉我们,时日"来自宙斯"(行 765、769)。如果我们接受这个流传至今的文本,并算一下赫西俄德具体提到过哪些日子,就会发现,一个月三十天里有十天未被提及。③这十日 metadoupoi[无常]且 akerioi[无害](行 823),既不好也不坏。因此,人生中三分之一的时间是未知且不可知的。这一说法大体正确,或如赫西俄德所言是 etetumon[真实的]。

---

　　① 比较 Bakker(2002)页 140-142。笔者倾向于把行 760 中的词读作 δεινήν[可怕的],而非 West(1978)笺注本中的 δειλήν,因为斐墨最终成了一位令人惧怕的女神。

　　② 为此,Wilamowitz(1928)页 129 主张,诗歌于行 764 结束,而斐墨这位新神则恰好呼应了行 11 中好的厄里斯。

　　③ 比较 Benardete(1967)页 169-170。David Mankin 给出了这一重要观察的具体细节。West(1978)则声称只有八天未予说明。

双线交叉的研究结果表明,在《劳作与时日》的神学与《神谱》的人类学之间存在重大的鸿沟。《神谱》的人类学暗示,神明要么关注显赫者,要么关注卑贱者,但对普通人并无兴趣。赫卡忒捉摸不定的媒介角色提供了一种神义论,根据这种神义论,奥林波斯神被免于对人类的福祸负责。《劳作与时日》的神学教诲则更加复杂多变。对人类而言,宙斯取代了赫卡忒和诸神。宙斯的奖赏和惩罚的能力——惩恶的能力更直接涉及大人物而非大众——的确定性随着诗歌的发展消失了。宙斯让位给无名神祇和神秘莫测的力量,而人类的境况被认为缺乏保护和脆弱不堪。毫不夸张地说,宇宙的秩序从奥林波斯山上看要比在凡间看更美。

# 第七章　混交物种

[150]出现了许多动物,生就双面和双胸,
有人头的牛类,相反另一些则是
牛头的人形,这些混交物种,
配以模糊的肢体,有些出自雄性,其他则具有雌性特征。

恩培多克勒,辑语 61 DK

神与人构成了赫西俄德笔下宇宙的两极。《神谱》把神明表现为谱系发展和不断个性化的产物,这一谱系发展和不断的个性化在宙斯引导下最终实现了一个稳定的 telos[目的]。尽管《劳作与时日》考虑到了人类的演进史,但它强调的仍然是 hic et nunc[此时此刻]的人类境况。诸神——以暴力战争、政变和残忍诡计为支撑——的恒定不变与人类不断屈从于时间的循环形成鲜明对比。宇宙的秩序既存在于它的生成过程中,也存在于类别化体系——包括派系系统和等级系统——这一完成形式中。借助于怪物和英雄这两大混交物种——两者皆超出了上述体系的界限——的说明,赫西俄德使我们对类别化体系的特征有了深入了解。此外,这两类混交生物代表了两个不同的宇宙进化时刻:怪物在宇宙进化的过程中提前出现,因而代表了一种野蛮生长,其生长的继任性很可能危及宇宙最终的稳定。另一方面,英雄则是在后期出现的,亦即在宙斯登上王位和普罗米修斯导致神人疏远之后。怪物的自发生长凌乱无度,而英雄是模糊了神人之间

界限的神明干预的产物。[151]尽管这两类混交物种存在差异,它们仍彼此相关,只要英雄是消灭怪物的工具。

## 怪 物

在怪物名录中(《神谱》行 270 – 336),赫西俄德把有着不同起源和来自不同传说的生物放在一起,并统合为一个家族。有人可能认为,这些来自希腊艺术品和传说中的生物众所皆知,以致被忽略了,因此赫西俄德深感有义务把它们纳入自己的诗中。① 然而,这样一种推测的义务,即把所提及的某些怪物纳入诗中的义务,既没有说明为何要对它们作长篇大论,也没有解释它们在整个《神谱》的谱系方案中所处的位置。②

根据定义,怪物乃反常之物,无法归入通常的类别或超过正常范围,因而被视为危险的。③ 细致考察赫西俄德的怪物名录就会发现,不仅名录中的单个个体违背了《神谱》的分类体系,就连整个名录也都破坏了构成赫西俄德进化方案基础的个性化和耦合化(articulation)的进程。

总之,希腊的怪物属于混交生物,要么把通常截然不同的元素

---

① 比较 Schoemann(1857)页 179;以及(1868)页 152。值得注意的是,怪物在东方化时代的艺术品中的大量激增与赫西俄德同属一个时期。但赫西俄德的怪物名录并不完整。譬如,马人(Centaurs)就没有被囊括其中。

② West(1966)页 244 指出,怪物"被放到蓬托斯的后代中,并不是因为它们与大海有任何关联,而是因为无法将它们放入乌拉诺斯的后代中";这一说法从根本上回避了上述问题。

③ Cf. Douglas (1966) esp. 122 and 160.

如人性和兽性捏合在一起,要么把相异的物种组合在一起。①在他们身上,往往也出现了人或动物的四肢五官的倍增,抑或相反,那些通常成对存在的四肢五官的减少或分离。而百手巨人、提丰和圆目巨人,这些不在怪物名录中的可怕生物,同样具有这些类似的特征。他们全都偏离了那种神形(theo –)和人形同时出现的标准形态。譬如圆目巨人就被描绘成:

[152]他们在其他方面都和神明一样,
只是额头正中长着一只眼。(《神谱》行142 – 143)

同样,厄客德娜(Echidna)被形容为:

……不像
有死的人类也不像永生的神明。(《神谱》行295 – 296)②

我们发现,怪物偶尔也混合了相互矛盾的元素,这些元素违背了诸如有死的/永生的、年轻的/年老的、男性/女性等基本范畴。③因此,

---

① 比较 Plato, Resp. 9. 12 (588c),苏格拉底将这些古老传说中的怪物描述为 ξυμπεφυκυῖαι ἰδέαι πολλαὶ εἰς ἓν γενέσθαι [由多种形状组合为一]。
② 比较描述提丰的《阿波罗颂歌》行351 – 352: ἡ [Hera] δ' ἔτεκ' οὔτε θεοῖς ἐναλίγκιον οὔτε βροτοῖσι | δεινόν τ' ἀργαλέον τε Τυφάονα πῆμα βροτοῖσιν [她(赫拉)孕育了一个既不像神明也不像凡人的生物,凶狠残酷的提丰,人类的灾祸],或者说得更准确些,πῆμα θεοῖσι [神明的灾祸]。比较 Clay(1989)页71 注释167。
③ 这一点在作出必要的修正(mutatis mutandis)后,的确适用于那些《奥德赛》中居于世界边缘的怪物,但元素发生了变化:农耕与献祭,家庭与社会组织,在下等与上等之间交替的人类,因而更加趋向于一种符合人类的界定。参见 Vidal – Naquet(1991)。

仔细剖析赫西俄德笔下的怪物,有助于弄清对《神谱》产生重要影响的根本范畴。

但绝大多数学者都忽视了这些问题。当他们探讨这部分时,往往会把目光集中于行 295、319 和 326 中的代名词的指称这一公认的难题上。①但笔者认为,怪物名录整体上代表了宇宙进化中的一个重要阶段,它能够让我们对赫西俄德的宇宙进化思想的表达拥有更多的了解。但首先,怪物名录必须被置于《神谱》的总体框架中。

自原始神(盖娅、乌拉诺斯等)之后,亦即在提坦神的时代,宇宙的构造就清晰可辨了,只是到了接下来的奥林波斯时代,宇宙的最终结构才在宙斯治下得以形成。这样的谱系发展可以被视作一个继任不断的分离、分化和等级化的进程。[153]但同时,这是一个完全目的论式的进程,因为它以宙斯登上王位结束。因此,赫西俄德屡屡打破时间顺序,这一点在普罗米修斯故事中可能表现得最为明显:尽管此时尚未写到宙斯诞生,但宙斯在这则故事中仍然发挥着核心作用。其他地方也存在着同样的情况,赫西俄德在描写宇宙进化的早期阶段时,插入了对宇宙最终和永久的秩序在宙斯治下得到确立的暗示,这一时代错置的做法也给《神谱》提供了一种正确看待存在与生成彼此

---

① 譬如,参见 Abramowicz (1940—1946); Lemke (1968); Siegmann (1969); Schwable(1969);另参 Hamilton(1989)页 89 - 92。Hamilton,页 29 - 32 及 Bonnafé(1984)页 205 - 207 都企图将怪物名录置于整个《神谱》的框架中。Bonnafé 强调了它们的冥府特征,这种特征是从整个家族的女祖先盖娅那里继承而来的,但 Hamilton 却强调该段中英雄与人类的重要性。尽管 Hamilton 的研究有一定价值,但他对《神谱》的结构以及怪物名录在这一结构中的位置的总体看法,更多地提出了问题而非解答了问题。例如,他承认(页 24)他坚持认为怪物名录属于赫西俄德叙事的离题部分的看法是存在问题的,但他的理论架构需要这样的分类。

交织的双重视角。①

这一双重视野同样贯穿于怪物名录始终。虽然怪物们出生于宇宙进化的相对早期阶段(因此靠近诗歌开头),赫西俄德还是把宙斯掌权的日子延后,来讲述其中的六个怪物如何被属于宇宙进化史晚期的英雄所杀。至于那些幸存下来的怪物,宙斯全都分派了位置和职司。这一模式类似于对那些不在怪物名录中的怪物——圆目巨人、百手巨人和提丰——的处理方式。这些怪物皆为盖娅的孩子,πελώρια[硕大无朋],就像他们的母亲一样,他们强大的力量尤其引发了统治者的恐惧。宙斯的霹雳压制住了想要篡权的提丰,但众神之王仍打算利用其他怪物的可怕力量,并把他们纳入自己的新秩序中;圆目巨人制造武器,助宙斯掌权并加以维系,而百手巨人则受命监管战败的提坦。

福耳库斯(Phorkys)与刻托的后代中,以女性、冥府和兽性为主。在第一代子女中,只有最后降生的是男性。②此外,这一族的特征是神、兽、人三者的杂糅。格赖埃姐妹(the Graiai)有着母亲刻托般的"美颜"(καλλιπάρηοι,行270;比较行238),却ἐκ γενετῆς πολιάς[生就白发苍苍],如同父亲大海那样头发灰白(gray)——这正是神明和人类如此称呼她们的原因。奇怪的是,赫西俄德忽略了她们最为人知的特征——共享一只眼睛和一颗牙齿,反而突出强调她们是青年和老年的矛盾综合体。③住在世界尽头的戈耳工姐妹(the Gorgons)则代表

---

① Cf. Philippson (1936) eps. 18–20.

② 不管人们如何解释这段文本中谱系的含混不清,这一点倒是真实的。

③ 比较 Goettling(1843)对行 280 的注解:"Nam summae apud Graecos debilitatis atque sterilitatis notio est nasci cum canis capillis[事实上,希腊人非常清楚,随着头发斑白会出现体虚和不育]。"比较《劳作与时日》行 181 以及对黑铁时代的最终衰败的描绘。

了另一种基本的二分:其中的两位姐妹虽是永生的,墨杜萨(Medusa)却是有死的凡人。①墨杜萨与波塞冬在柔软草地的春花里同欢共寝,这一场景令我们想起了无数——同《列女传》中的家谱非常相似——家喻户晓的神谱的开头。[154]但这幅浪漫温馨的画面掩盖了突兀和怪诞的本质。事实上,这位可怖的少女最终为神/人结合的英雄后代所杀。这就仿佛是在说,墨杜萨与波塞冬结合创造半人半神的首次尝试失败了,她的家族将毁于英雄种族之手。

珀尔塞斯(Perseus)砍下墨杜萨的头颅后,从后者断掉的脖颈里生出了克律萨俄耳(Chrysaor)和佩伽索斯(Pegasus)。这种出生方式暴力反常,与克洛诺斯阉割乌拉诺斯及宙斯诞下雅典娜看似相同,实则相去甚远。如果说乌拉诺斯被阉割令宇宙得以形成,而雅典娜自宙斯脑中诞下则确保了宇宙的最终秩序和永远的稳定,那么墨杜萨离奇的分娩不会对宇宙产生任何诸如此类的影响。它不过是一段反常的小插曲。于是,她在分娩的那一刻便死去了。佩伽索斯长得像他似马的永生父亲,并最终住进宙斯的殿堂,他为奥林波斯的众神之王送去象征着所向披靡的霹雳。克律萨俄耳和母亲一样是个凡人,但他"纵身一跃"(ἐξέϑορε,行281)的出生方式却更像是一位神。②他与大洋神之女卡丽霍艾(Kallirhoe)异族通婚,生育了三个脑袋的革律翁(Geryon),而革律翁最终被宙斯之子赫拉克勒斯所杀。

革律翁在希腊神话中是个众所周知的角色,克律萨俄耳的形象则稍显模糊。但在《神谱》结尾处(行979)的那些与凡人结合的女

---

① 对戈耳工(Gorgon)形象中更多的矛盾之处的讨论,参见 Vernant (1991),尤其页 113。

② 比较《阿波罗颂歌》行 119:ἐκ δ' ἔϑορε πρὸ φόως δέ[跃入阳光中](阿波罗);《赫耳墨斯颂歌》行 20:ὅς καὶ ἐπεὶ δὴ μητρὸς ἀπ' ἀϑανάτων ϑόρε γυίων[一从母亲无比舒服的子宫中跳将出来](赫耳墨斯)。

神名录中,赫西俄德再次提到他。①事实上,克律萨俄耳似乎更像是个过渡式的人物——美杜莎之子和革律翁之父,他本身看上去并不那么可怕。根据赫西俄德对他名字的词源解释,他的典型特征之一就是出生时佩带的金剑。②携带武器出生让我们再次想起雅典娜,但也可能让我们联想到巨人族,他们生于乌拉诺斯的阉割物溅出的血滴,一道出生的还有复仇女神厄里倪厄斯(the Erinyes)和墨利亚仙女(行183-187)。如笔者所主张的,这些同墨利亚联合在一起的巨人是人类种族的先祖。果真如此的话,人们或许会认为,克律萨俄耳——如巨人族般强力和全副武装,并且与大洋之女卡丽霍艾这位宁芙仙女婚配——则代表了另一个人类种族的祖先。[155]但这一族十分短命。在行981中,革律翁被描写成 $βροτῶν$ $κάρτιστον\ ἁπάντων$[有死的凡人中最强大者]。在这样的语境下,人们或许会想起新近发现的斯泰西克若斯(Stesichorus)的作品《革律翁之歌》(Geryoneis)的辑语,其中写道,革律翁在同赫拉克勒斯赫鏖战前,对自己终有一死的问题沉思良久:③他究竟更像女神母亲,还是更像凡人父亲呢?他与赫拉克勒斯的对决将揭示他的宿命。革律翁的两难亦是所有神/人结合的后代面临的问题。当然,我们知道他最终死于赫拉克勒斯之手,尽管后者也是此类结合的产物,但这次结合获得了宙斯本人的认可。笔者认为,混交的革律翁及其混交的先

---

① 怀疑行979-983真实性的不在少数。比较West(1966)对这几行诗的笺注。

② 注意 $χρυσάορος$[金剑的]是神的修饰语,通常指阿波罗(《伊利亚特》5.509;15.256;《劳作与时日》行771;《阿波罗颂歌》行123、329、395;《阿尔特弥斯颂歌》[第27首]行3),但也是德墨忒尔的修饰语(《德墨忒尔颂歌》行4)。

③ Frs. S 10 and 11 (Davies[1991]155-156).

辈,类似于混交的英雄。可是,尽管革律翁家族皆难逃一死,同样混交的英雄种族却不仅日益壮大,而且成为毁灭怪物一族的武器。

接下来出场的是厄客德娜,她虽为神明(θείην[神圣的],行297;ἀθάνατος ...καὶ ἀγήραος ἤματα πάντα ...[永生的……和永不衰老的],行305),却"既不像有死的凡人也不像永生的神明"(行295 – 296)。她兼具人与兽的体貌,一半是可爱的少女,一半是巨大的蟒蛇。此外,虽然她是典型的女性,却融合了男性与女性两种元素。① 厄客德娜有着母亲刻托般的καλλιπάρῃος[美颜](行 298,比较行 238),同时也长得像祖母Γαῖα πελώρη[宽广的盖娅](比较πέλωρον[巨大],行299)。厄客德娜一生中的重要时刻都发生在阴暗的地下,这很可能是由于赫西俄德对她母亲刻托之名的词源释义——"凹陷"或"洞穴"。② 她降生于洞穴,故与提丰在大地之下婚配,并最终得到神明为她分配的"远离了神明和凡人"的洞穴寓所。③ 据记载,④ 她与提丰因ἐν φιλότητι[相爱]而结合;事实上,提丰似乎与她

---

① ὄφις[蛇]这个词当然是阳性,但赫西俄德本应使用阴性的δράκαινα[雌蛇]。比较《阿波罗颂歌》行300。

② 对κῆτος——"洞穴"(比较荷马史诗用语κητώεσσα[低凹的])——一词的使用很可能(错误的)是词源上的把戏,参见 Chantraine(1968)1. 528。

③ 行 304 – 305 被错误地视为伪作或被宣称为变体。比较 West(1966)对这两行诗的笺注。West 建议,将行 301 中的Oἱ[她]指为刻托,但并没有解决问题。但如果我们意识到行 304 中的ἔρυτ'[守卫]的时态为未完成时,那么厄客德娜与提丰εἰν Ἀρίμοισιν[在阿里摩人那里]交配这件事就变得十分清楚了,但随后她便返回自己的出生地,亦即神明为她分配的永久居所。

④ 使用φασι[传说]这个模糊的词语在《神谱》中是独一无二的。它可能表明,即便缪斯也无法证实这对怪物的结合;抑或它代表了人类所讲述的传说。比较 Wilamowitz(1959)页 359。它也可能指出了这些诗行与行 821 – 836 之间存在明显的矛盾之处,宙斯很可能在提丰出生后不久就击毁了他。这对怪物哪有时间结合呢?

门当户对,因为他是同样彼此 *ἐν φιλότητι*[相爱]的塔耳塔罗斯与 *πελώρῃ*[宽广的]盖娅所生的孩子(行822)。① [156]提丰的百个蛇头与厄客德娜的半个蛇身相得益彰,虽然他发出各种声音,既有神的也有兽的(行825-835)。因此毫不奇怪,他们的孩子兼具双亲的特征,也分有了双亲的称号: *κρατερόφρον*'[冷酷无情的]厄客德娜生下*κρατερόφρονα τέκνα*[无畏的孩子](行297;比较行308);刻耳柏若斯(Cerberus)像母亲一样*ἀμήχανος*[难以制服]和*ὠμηστής*[食生肉](行310-311;比较行295、300);许德拉(Hydra)则*λύγρ*'*εἰδυῖαν*[只知作恶],这一点很像*λυγρή*[为害的]厄客德娜(行313;比较行304)。但俄耳托斯(Orthos)和刻耳柏若斯的犬类特征,以及刻耳柏若斯和妹妹许德拉的多个脑袋,似乎都遗传自父亲。②刻耳柏若斯后来在塔耳塔罗斯那里获得了住处和守门的职位,确保死者无法逃离冥府(行769-773),并在神明与凡人之间竖起一道铁闸。俄耳托斯,包括他的主人(行293)和勒尔纳的许德拉则被赫拉克勒斯杀死。

许德拉为怪物名录注入了某种新事物。迄今为止,怪物要么住在地下,要么居于大地尽头。③为了杀死墨杜莎与革律翁(和他的狗),大英雄珀尔塞斯与赫拉克勒斯不得不长途跋涉。但许德拉突然闯入人类居住的世界,对后者构成威胁。伊奥拉厄斯(Iolaos),这位赫拉克勒斯的侄子和密友,此处可能被视作人类种族的代表。④ *Διὸς υἱός*[宙

---

① 比较 Apollodrus 2.1.2,在那里,厄客德娜同样是塔尔塔罗斯与盖娅的女儿。
② Apollodrus 2.5.10 赋予了俄耳托斯两个脑袋。
③ 参见 Ballabriga(1986)页114-116 有关怪物一族在地理上的分布。
④ 他当然是伊菲克勒斯(Iphikles)之子,而伊菲克勒斯是赫拉克勒斯同母异父(父亲为安菲特律翁)的凡人兄弟,也是《神谱》中第一个有名字的纯粹凡人。

斯之子]和安菲特律翁之子(Amphitryoniades)都被用来形容斩杀许德拉的赫拉克勒斯,这两个词语的连用清楚地表达了英雄种族作为混合生物的矛盾本质,因而从某种意义上说,他们同被他们杀死的怪兽一样反常。此外,那出自勒尔纳湖的生物,引发了一部更大的神明参与的戏剧,其中包括赫拉、宙斯及其女儿雅典娜,当然也包括赫拉克勒斯。赫西俄德于此处影射了一场奥林波斯制度内的冲突,以及宙斯之妻赫拉对宙斯政权的挑战,因为正是赫拉养育怪物来对抗宙斯的英雄后裔。《神谱》靠近结尾处,这些按时间先后顺序发生的事件或多或少都得到了抑制。一旦提丰被杀,宙斯似乎就再无劲敌。可以说,奥林波斯家族内的分歧就会转移到英雄与怪物间的冲突上。①

[157]怪物名录接下来描写的是喀迈拉(Chimaera)。② 这个口吐火焰的怪物不仅有三个脑袋,而且这三个脑袋来自三种不同的动物:狮子、母山羊和蛇;中间的雌性元素似乎占统治地位,喀迈拉也因而得名,此名不过是一个意指一岁母山羊的常见名词。一头雄狮、一条大蛇和一只年轻的母山羊,这三种动物的组合有种近乎滑稽可笑的不协调感——与其说是一头可怕的野兽,不如说是献祭用

---

① 宙斯/提丰同赫拉克勒斯/许德拉之间的相似之处,参见 Hamilton(1989)页 29-30,以及他的结论(页32):"刻托的怪物后代与提丰之间的紧密联系暗示了神明敌人的减少,以及在这场冲突中宙斯作用的减弱。宙斯仍然拥有绝对的权力,但他得通过他的孩子雅典娜和赫拉克勒斯这样的代理人发挥作用,并且最终的结果对人类而言也更加满意。"比较 Bonnafé(1984)页 209。

② Marg(1970)页 165 援用了 Wilamowitz 的评价("赫西俄德最糟糕的六步格"),但他认为这段诗故意写得像它所刻画的生物那样怪异。比较 Solomon(1985)。行 323-324 通常被认为插补自《伊利亚特》。比较 West(1966)页 256。然而,Marg(1970)页 166 认为,它们是诗人有意引自《伊利亚特》的。但它们也可能仅仅源于传统。

的牺牲品。①用这个名称来意指"一种想象的虚构动物,仅仅是一种狂想;一个毫无根据的概念",这或许并非偶然。②在一场混交生物间的大型遭遇战中,佩伽索斯,这位墨杜萨与波塞冬的后代,唯一"善好的"怪物,与英雄柏勒罗丰(Bellerophon)——他的父亲据说也是波塞冬——协作杀死了喀迈拉。真是越发的奇怪。

这位身份存在争议的女妖怪和可怕的猎犬俄耳托斯同族婚配,生下斯芬克斯(Phix/Sphinx)和涅墨厄的狮子(the Nemean lion)。正如斯芬克斯通常被想象成女人和狮子的结合体一样,这些后代皆具狮子的特征,同时他们也像许德拉一样居于人类的世界中——一个在忒拜,另一个在涅墨厄。有关斯芬克斯及其命运,我们知之甚少,但赫西俄德更加详细地描述了那头涅墨厄的野兽。此处,赫拉被明确说成是宙斯之妻,她养育了那头狮子(一如她养育许德拉),并令其 $\kappa\alpha\tau\acute{\epsilon}\nu\alpha\sigma\sigma\epsilon$ ("定居在""安身于")涅墨厄的山林。在赫西俄德诗歌的其他地方,只有宙斯和克洛诺斯是 $\kappa\alpha\tau\epsilon\nu\alpha\acute{\iota}\omega$ [安置]的主语,③而这个动词似乎标示着这位众神的统治者就是宇宙的组织者。另一方面,赫拉于此处篡夺并滥用了丈夫的

---

① 譬如,比较 Aeschylus, *Agamemnon* 232,在那里,伊菲革涅亚(Iphigeneia)与献祭的母羊联系在一起。Xenophon, *Hell.* 4.2.20; Plutarch, *Lyc.* 22.2.7。West(1966)页 255 称喀迈拉为"虚构的怪物中最怪异且最难令人满意的一个"。Marg(1970)页 166 评注说"从总体上看,她是有点儿像母羊的怪物,但只有身体的一部分是母羊。"笔者忍不住要引用尼采对苏格拉底的定义:πρόσθε Πλάτων ὄπισθέν τε Πλάτων μέσση τε χίμαιρα ἀπείρονα γαῖαν[头部是柏拉图,尾巴是柏拉图,腰身是喀迈拉](《超越善恶的彼岸》190 节)。[译按]语出《伊利亚特》6.181:"头部是狮,尾巴是蛇,腰身是羊。"

② 《牛津英语大辞典》(*OED*)该词条提到了这一用法在英语中首次出现于 1587 年。这一用法至少可以追溯到 Lucretius 2.705。

③ 在《神谱》行 620 中,克洛诺斯将百手巨人"安置"在地下,而在《劳作与时日》行 168 中,宙斯则将英雄"安置"在极乐岛。

职司,把狮子安置在涅墨厄,进而成为人类的祸害。

> [158] ἔνθ' ἄρ' ὅ γ' οἰκείων ἐλεφαίρετο φῦλ' ἀνθρώπων,
> κοιρανέων Τρητοῖο Νεμείης ἠδ' Ἀπέσαντος.
> 他定居于此,并捕杀人类部族,
> 称霸涅墨厄的特瑞托斯山和阿佩桑托斯山。(《神谱》行 330–331)

人与兽的自然等级体系出现了颠转,狮子统治着周边地带①,并且ἐλεφαίρετο[捕杀]居住于这一带的人类。根据《古希腊语–英语大辞典》(LSJ),这个罕见且词源未知的动词只在这行诗中意指"毁灭",而在荷马史诗中出现的两次都意指"欺骗"。②之所以有两种不同的解释,显然是因为,神明和梦境都会欺骗人类,但动物通常不会如此。这或许正是赫西俄德如此使用的原因,当然也可能是误用,但却给读者提供了发现该词基本含义的线索。因为如果涅墨厄狮子"统治"人类的举动代表了人类与野兽之间固有关系的颠转,那么

---

① 关于κοιρανέω[称霸]一词的含义,参见 Benveniste(1969)1.113–114。他总结道:"koiraneîn[成为领主]实际上就是地方的掌权者,对家族成员而非整个军队实施他的权威。"如 West(1966)页 257 那样,将οἰκείων[定居]视作现在分词而非复数属格,可以令上述论点变得更有说服力,因为野兽通常不会住在房间里。

② 《伊利亚特》23.388 与《奥德赛》19.565。比较 Chantraine(1968—1980)和 Voigt(1984)第 11 册的该词条。Russo(1992)对《奥德赛》19.565 的笺注认为这个定义"能够造成伤害"。同样,Amory(1966)页22–24指出该词有"损害"之义。对赫西俄德《神谱》行 330 的古代评注(Di Gregorio,页 64)认为,ἐλεφαίρετο一词在赫西俄德作品中意指ἔβλαπτεν[伤害],而在《伊利亚特》中则意指παρελογίζετο[欺骗]。

把 ἐλεφαίρετο [捕杀] 归属于他也同样代表了关系的颠转。笔者认为，ἐλεφαίρομαι 意指"诱捕"(to trap)，它很可能来自狩猎术语。上述解释符合该词三次出现的情况，同时强调了狮子的可怕之处，在赫拉的教导下，这头狮子既借鉴了一项原本属于人类的活动，也颠倒了这一活动。赫拉克勒斯在战胜狮子——兽皮成为其肖像的象征——的过程中，修复了恰当的等级秩序，由此，人类统治兽类，而非相反。虽然墨杜萨和喀迈拉皆命丧大英雄珀尔塞斯和柏勒罗丰之手，赫拉克勒斯仍然是最出类拔萃的屠怪者。事实上，怪物的每一次降生最终都会成就赫拉克勒斯的功绩：行 270 - 294（革律翁和俄耳托斯）；行 295 - 318（许德拉）；行 319 - 332（涅墨亚的狮子）。① 此后，另有六只怪物都死于英雄之手。人们也许会相当疑惑，为何只有一类混交生物(Mischwesen)获得荣耀和颂扬，而其他的混交生物要么被丢弃到深渊或大地的尽头，要么就被英雄消灭了呢。英雄的出现当然要比怪物晚得多。但这里似乎不只是时间顺序(chronology)在起作用。或者也可以说，在《神谱》中，时间顺序不能被简单地理解成与时间有关。[159]怪物和英雄都属于过去，但却属于过去的不同阶段。神明与凡人的结合产生了英雄种族，这一结合发生在宙斯统治期间，并获得了他的认可。因此，英雄的存在也就预先假定了神明与凡人之间明确的差异和分离，这不同于刻托子女间混乱的婚姻关系。这意味着，英雄的出场只能在宙斯与普罗米修斯的智斗之后，而这场较量最终导致了那次分离事件（"在墨科涅……"）。另一方面，怪物出现在宇宙进化的更早阶段，亦即在神、人、兽三者的区分界限得以确立和实施后。

此刻，我们必须提出行 319 和行 326 中代词的指称这一棘手

---

① Cf. Thalmann (1984) 25; and Hamilton (1989) 92.

问题。①谁是喀迈拉的母亲?她有父亲吗?俄耳托斯与谁交配生下了斯芬克斯和涅墨亚的狮子?对于上述问题,古今文献几乎提供了各种可能的答案,但想要达成共识仍然不切实际(chimerical),就像那个生物自身一样。②许多评论者都把刻托、厄客德娜或许德拉提名为喀迈拉母亲的候选者(行319),而在行326中,喀迈拉本身也被列入斯芬克斯和涅墨亚狮子之母的候选名单中。③但悖论的是,提供的所有答案最引人注目的是它们的说服力:在每一种情况下,

---

① 行295中也存在类似的难题,ἥ[她]指的是厄客德娜的母亲。但现代学者一致认为(West[1966]页249;Abramowicz[1940—1946]页171、Lemke[1968]页48-49、Siegmann[1969]页756、Wilamowitz[1959]3:259、Hamilton[1989]页89)ἥ[她]指的是刻托,但Schwable(1969,页174-176)除外,他坚持认为所指一定是卡丽霍艾。比较Welcker(1865)页125。

② 这段诗中的谱系不够清晰,《神谱》中并无类似的情况,尽管Jacoby(1930)页9暗示,行411在谈到赫卡忒之母时亦有类似的含混之处,但这一看法不足以令人信服。无疑,部分学者以这一段是插补进来的或是在赫西俄德原有的怪物名录上扩展出来的为由搪塞过去。比较Jacoby(1930)页8-19;Meyer(1887)页16-20。然而,难以理解的是,为何篡改者没能把他添补的部分融入既有的谱系中,从而在七行诗中置入了并非一个而是两个重要的难题。删除这段文字只不过是回避了该问题。

③ 将行319中的喀迈拉之母视为厄客德娜的学者有:Eilamowitz(1959)3.260、Marg(1970)页165、Schwable(1969)页177-178,比较Apollodorus 2.3.1(他把赫西俄德作为权威来引用);视为许德拉的有:West(1966)页254-255、Abramowicz(1940—1946)页167;视为刻托的有:Siegmann(1969)页756、lLemke(1968)页52、Hamilton(1989)页91-92。将行326中斯芬克斯与涅墨亚狮子之母视为厄客德娜的学者有:Wilamowitz(1959)3.260、Marg(1970)页167、Schwable(1969)页183,比较Apollodorus 3.5.8;视为喀迈拉的有:Abramowicz(1940—1946)页167、Siegmann(1969)页756、West(1966)页256、Hamilton(1989)页91,比较对行326的古代评注(Di Gregorio,页62)。只有Lemke(1968)页53认为是刻托。有关早期观点的概括,参见Abramowicz(1940—1946)页167。

它们都依赖于合理的假设和标准的规则。例如,有人主张,厄客德娜不可能是斯芬克斯和涅墨亚狮子的母亲,因为《神谱》至此已不再出现母子乱伦的情况。① [160]同理,许德拉也不可能是喀迈拉的单亲家长,因为单性生殖只发生在宇宙形成之初。②但所有这些论据都建立在如下未曾言明的假设之上,那就是怪物这一代遵循了在《神谱》其他地方所阐明的模式和准则,并且为其整体的谱系方案所预先假定了:换言之,宇宙的进化是从界定和分化的相对缺乏到逐渐增多。但这一假设对于怪物而言是否必要,以及怪物名录从整体上看是否呈现出这样的发展趋势,并不十分清楚。

相反情形的重要迹象出现在怪物名录末尾。那位最后提到的家族成员,亦即福耳库斯与刻托最后生出的孩子也是唯一的儿子——看守金苹果的蛇怪,并不比他的姐姐们获得更清晰的说明。事实上甚至说明得更少,因为这群怪物子女普遍具有"蛇的特征"。③此外,那条看守金苹果的蛇怪同刻托和福耳库斯的头胎子女格赖埃姐妹和戈耳工姐妹形成了鲜明对比,后者既有属于集体的名字,也有属于个体的名字,至于蛇怪,甚至连名字都没有。④不过,涅墨亚的狮子也同样无

---

① E. g. Welcker (1865) 159 and Abramowicz (1940—1946) 169 - 70. But cf. Wilamowitz (1959) 3. 260, n. 1 and West (1966) 256.

② See Lemke (1968) 50 and Siegmann (1969) 756. But compare Abramowicz (1940—1946) 170.

③ 比较 Bonnafé(1984)页 206 - 207,他指出,蛇的形状可能源于他们的女祖先该亚。

④ 在后来的文献中,这条蛇被命名为拉东(Ladon)。关于名字的缺失,比较 Muetzell(1833)页 463:"Etenim unum hoc est ex perpaucis exemplum, ubi commemoratur sine nomine soboles: id quod et ab consilio genealogici carminis et ab Theogoniae tenore sane quam multum discedit."Marg(1970)页 169 提道:"假如他真的没有名字,赫西俄德本应赋予他一个名字,但他不想这样做。"也请注意,相比之下,在怪物名录之初,克律萨俄耳与佩伽索斯名字的词源释义明确清晰。

名。赫西俄德通过把怪物名录置于涅柔斯后代名录(行243 – 263)与俄刻阿诺斯后代名录(行349 – 361)——两个名录几乎完全由名字构成——中间,①并指出知晓所有河流名称的困难($τῶν\ ὄνομ'\ ἀργαλέον\ πάντων\ βροτὸν\ ἄνδρα\ ἐνισπεῖν,\ |\ οἱ\ δὲ\ ἕκαστοι\ ἴσασιν, ὅσοι\ περιναιετάουσι$ [细说所有河流名称超出我凡人所能,不过每条河流岸边的住户都熟知],行369 – 370),从而使读者注意到命名对于神的谱系建构(theogonic enterprise)的重要性。

为一个事物命名就是赋予它一个独特的身份,并给予其在宇宙等级结构中一个恰当的位置。②无名的蛇怪(怪物名录以它结束)也好,部分怪物成员的准确家世难以被弄清也罢,都暗示了宇宙的个性化进程不能在该群体中充分运转。[161] 赫西俄德笔下怪物的特点是多种容貌之间不和谐的组合,这很像恩培多克勒混杂之爱(promiscuous Philia)的时代的产物,因为在那个时代出现了各种离奇的混合物。在赫西俄德那里,这些生物是消极力量的原型,是宇宙进化过程中的失败尝试。整个怪物家族从时间上看被限定在一个特定的时期;从空间上看则被困于大地尽头;从谱系上说只限于同族婚姻,因此不会干扰到宇宙的最终和有序的格局。它提供给我们一个无规则的宇宙究竟是什么样子的初步认识。是故,声音嘈杂、口吐火焰的提丰——他代表了复归杂乱混交生物的那一类——成为宙斯最后的对手就绝非偶然。

---

① 对两个名录中怪物之名的解释的尝试,参见 Diechgräber(1965)页 17 – 30。

② 关于命名的重要性,参见 Vernant(1986)页 43 – 44;Philippson(1936)页 9 – 10。

## 英　雄

怪物指向了一个早期的宇宙进化阶段,彼时支配宇宙最终排序的类别和等级体系尚不确定。值得注意的是,不可能只讨论怪物名录而不提及屠怪者的英雄,正是后者在神明的援助下把这些混交生物从大地上清除掉。根据普罗克洛(Proclus),半神者是 τὸ σύμμικτον ἔκ τε θεῶν καὶ ἀνθρώπων("神明与人类的混合体")。①虽然与怪物不同,但英雄同样是混交生物。就此而言,他们不仅出现在《神谱》中,而且作为人类历史的一部分,也在《劳作与时日》中扮演了重要的角色。正如我们在种族神话中所见,英雄是先于我们人类种族之前的一个种族。他们的消失是一个渐进的过程,在对忒拜和特洛亚的著名的英雄远征后,他们相继死去,或者被送往极乐岛(Isles of the Blest)。但屠怪者似乎属于更早的一代,也许更接近青铜种族的人类。而没有死亡的混交英雄就像幸存下来的怪物一样,继续生活在大地尽头,被看作对人畜无害。与此同时,神明远离了人类,不再生出更多的半神。至于黑铁种族的我们,与英雄仍然保持了藕断丝连的关系。

按照时间的先后顺序,英雄成为连接《神谱》和《劳作与时日》的纽带。在《劳作与时日》中,英雄是"先前的种族",并且与忒拜及特洛亚战争相关,因此他们出现在《神谱》结尾处,尤其被刻画成屠怪者。[162]赫拉克勒斯,这位公认的英雄之典范,在诗中出现了三次。在怪物名录中,他被说成是克律翁、俄耳托斯、许德拉和涅墨亚

---

① Pertusi(1955)页64 对《劳作与时日》行 159 – 160 的注解。

狮子的杀戮者,但普罗米修斯神话明确指出他属于后普罗米修斯时代。为了给予儿子荣耀,宙斯允许赫拉克勒斯杀死啄食普罗米修斯肝脏的鹰,来获得 kleos[名声](《神谱》行 526 – 532)。最后,诗歌结尾详细叙述了赫拉克勒斯的降生以及随后的事业巅峰(《神谱》行 943 – 944、950 – 955)。因此,英雄既能按照时间的先后顺序,也可以从生理学的角度被置于两部作品中间,因为神明与凡人的结合才产生了英雄。只有在普罗米修斯的举动导致神明与人类分离后,才会产生半神者的临时和解。

《神谱》于何处收尾的问题一直争论不断。① 当前的情况是,诗歌结尾包含了三个不同的部分。紧随宙斯的婚姻之后是一群明显来源各异的神明间的结合(行 930 – 962),随后引入了一个新的主题:一群同凡人生孩子的女神。向缪斯祈祷的两行诗(行 1021 – 1022)引出了所谓的《列女传》(Catalogue of Women 或 Ehoiai)②,因此成为连接两部作品的纽带。即便我们承认,这些家谱中的个别世家和元素可能是插补进来的,但一项总体方案似乎浮现了出来。为了理解这一点,我们必须记住继任神话的动态性,以及宙斯为了其政权的恒常

---

① West(1966)页 398 – 399 概括了以往的研究,尽管他认为行 901 – 929 包含了赫西俄德的元素,但仍把行 900 视作结尾。Northrup(1983)质疑 West 的看法,主张行 955(尽管他视行 930 – 937 为插补的部分)和对赫拉克勒斯的神化为全诗的结尾。亦可参见 Arrighetti(1998)页 368 – 371,他否定了《神谱》最后部分并非出自赫西俄德之手的论点。

② [译注]《列女传》在古代通常被称作 Catalogue of Women,或简称 Catalogue,但也有其他几种叫法,如 Ehoiai、Catalogue of Heroic Women、Heroic Genealogy。在上述别名中,Ehoiai 的使用最早且最普遍。因此,Ehoiai 专指《列女传》这部作品在古代被使用最早且为最普遍的替代性标题。基于论述的需要,本书作者有时也专门使用了 Ehoiai,以与 Catalogue of Women 有所区分。如文中出现 Ehoiai,译者将在括号内标出,如无特别标明,则指 Catalogue of Women。

必须先发制人阻止继任的再次发生。

我们看到,宙斯与墨提斯的首次联姻,就阻止了一位有能力接替父亲的男性继承人的降生。宙斯吞下那位怀孕中的女神,不仅阻止了继任者的出生,同时也吸收了远见的狡黠,能够预知对其统治的任何潜在威胁。他们婚姻的产物雅典娜则与宙斯结盟。宙斯的metis[狡黠]在其随后的一系列婚姻政治和联盟中体现得最为明显。宙斯与他最后一位且合法的妻子(也是姐姐)赫拉之间的对抗,在她通过单性繁殖诞下赫淮斯托斯的行为中显现出来。赫西俄德把雅典娜的降生延后了23行,试图将这两位以不同方式出生的后代联系在一起。尤其是,赫淮斯托斯经由单性生殖的诞生让我们想起了女性令人惊叹的繁殖能力,以及因生子问题而在夫妻间逐渐爆发的常见的冲突模式。

[163]接下来的一系列联姻(行930-961)有助于化解那种敌对状态,通过他们后代间和谐的婚姻也促成了宙斯与赫拉的和解。① 于是,宙斯之子赫拉克勒斯最终迎娶了赫拉之女赫柏。同样,宙斯与赫拉的第一个婚生男性后代,也可能是将来不稳定之根源的阿瑞斯(Ares)则迎娶了原初神阿芙洛狄忒(此刻她成为宙斯的儿媳,进而也成为他势力范围的一部分),生下符合阿瑞斯好战本性的恐惧神(Fear)和惊骇神(Terror),以及他们的对立物和谐女神(Harmony)。

---

① 比较 Bonnafé(1985)页87-92。波塞冬与安菲特律忒(Amphitrite)、宙斯与迈亚(Maia)的婚姻有着不同的作用。宙斯与迈亚的婚姻体现了他与提坦神的和解,因为迈亚是阿特拉斯的女儿;但前二者的联姻却产生了一位"可怖的神"特里同(Triton),因此它表明了波塞冬与普托斯的可怕后代之间的联系。但特里同现在被贬入他自己的海底世界。笔者相信,这部分以赫拉克勒斯与赫柏的结合收尾,至于行956-962则是后来加上的,这个人可能是赫西俄德,至少也是写作了行1011-1018的同一位诗人。参见下文,页228注释2。

和谐女神的女儿塞墨勒(Semele)与宙斯结合,生下酒神狄俄尼索斯(Dionysus),而赫拉克勒斯与狄俄尼索斯皆变得永生。赫淮斯托斯迎娶了美惠三女神(the Graces)的其中一位,这使他进入奥林波斯十二神的行列,人们推测,妻子即便未能使其形体优美,至少也为他的技艺制品增色。遵照宙斯之令,宙斯之女雅典娜与赫拉之子赫淮斯托斯将参与塑造第一位女性。①就像赫拉克勒斯与赫柏的婚姻一样,这两位神匠的合作标志着父母双方的和解。赫拉与宙斯之间的和睦共处,确保了初创的世界秩序的长治久安。

值得注意的是,众神之王和他爱捣乱的妻子之间的紧张关系——伴随着它们对宇宙可能造成的影响——的最终化解,被投射到人间并在其中展开。怪物名录表明,赫拉利用其女性能力养育了勒尔纳的许德拉和涅墨亚的狮子,以此向赫拉克勒斯宣泄,并把怒气间接撒到宙斯身上。赫拉克勒斯反过来杀死这些生物,把人类从他们手中解救出来。屠怪的英雄们因而似乎成为男女两性间敌意的最终体现,而英雄们也被视作化解敌意的手段。②

在我们《神谱》版本中,简洁的祈祷先于一份同凡人结合生子的女神的简短名录。[164]整个这一段一直以来都被视作后来的添补,由《列女传》的作者或其他意识到此类异族通婚受到忽视的人插补进来的。然而,以女性神祇与男性人类的姻缘作为《神谱》的收尾是否合适,这或许值得思考。这份名单似乎按照通常的年代次序记述了广泛的地理空间内的英雄时代,它间接提到了很多重要的

---

① 比较 Bonnafé(1985)页90,他注意到在描述这位女人的创造过程中使用了 charis[魅力]与 charizomenos[讨欢心]。

② 注意大多数怪物都是女性。对比《阿波罗颂歌》中的那条雌蛇,她也是由赫拉抚育的。

英雄诗系(heroic cycles):①忒拜传说与赫拉克勒斯的伟业、阿尔戈号英雄纪、特洛亚战争,以及后《奥德赛》式的奥德修斯历险。②笔者倾向于把埃涅阿斯(Aeneas)的降生作为诗歌结束的标记,因为根据《献给阿芙洛狄忒的荷马颂歌》(*Homeric Hymn to Aphrodite*),埃涅阿斯是最后一位神/人结合的产物。③

不过,继任神话的动态性或许证明有必要把女神与凡夫的联姻纳入《神谱》的钞本传统中,但男性神祇与凡间女子的婚姻却被做了单独处理。鉴于她们的魅惑力、生育力和对子女的母爱,即便在宙斯的宇宙秩序中,女性神祇依然是破坏性的力量。正如忒提斯与阿喀琉斯、阿芙洛狄忒与埃涅阿斯的故事所证实的,女神与凡人间的所有联姻,都潜在地威胁到奥林波斯的稳定与平静。此外,这些女性神祇希望配偶或子女永生的合情合理的愿望,带来了无尽的麻烦。④在《奥德赛》中,卡吕普索(Calypso)强烈抱怨神明对这类婚姻的抵制(《奥德赛》5.118-129)。她的抱怨表明,从《奥德赛》的视角看,这类亲昵关系已成过往。赫西俄德最后的目录从宏观上描绘

---

① Cf. Jacoby (1930) 31 and 33.

② Malkin(1998)页 180-190 实际上驳斥了 West 基于史实提出的行 1011-1018 是后来续写上的论断。Malkin 同样提出了一个更加普遍的理由,来质疑赫西俄德眼界狭隘这样的看法。行 992-1002 和行 1011-1018 都是为行 956-962 做准备。这样的排列顺序有一个明显的目的:希望融合希腊神话传说的东西方界限。

③ Cf. Clay (1989) 160-170.

④ 先前的部分(行 930-962)包括了三个神化的例子(塞墨勒[Semele],阿里阿德涅[Ariadne]及赫拉克勒斯)。在女神的[联姻]名单中,最接近神化的要数阿芙洛狄忒拐走法厄同(Phaethon),后者成为神圣的精灵,尽管提托诺斯(Tithonos)不太成功的神化本应被提及。笔者相信,如果这份名单结束于行 1010,那么,最后两位女神——忒提斯与阿芙洛狄忒,就并非心甘情愿与凡人联姻。

了(telescopic version)英雄时代并暗示了它消亡的原因,从而为《神谱》画上了圆满而有意义的句号。

1956年出版的一份莎草纸文献中,发现了《列女传》更加包罗万象的序歌,①这一发现重新勾起了人们对《列女传》(Ehoiai)与赫西俄德其他作品之间关系这一老问题的关注。[165]虽然古人普遍视《列女传》为真作,并将其归在赫西俄德名下,但现代语文学家在它的真伪性和成书时间方面未能达成共识,而眼下似乎要比以往更难达成一致意见。在上述问题的争论中经常使用的所谓"客观的"标准——语言学的、文体上的和史学的根据——也被用来论证这部作品是否为赫西俄德所作。②但就像我们对古风时期的希腊的认识在不断扩展一样,对上述问题的看法也在发生变化。近来,德尔格(Dräger)与阿里格蒂(Arrighetti)分别从历史学与文学的角度,论证了这部作

---

① 首次出版于 Lobel(1956)1-3 中的《奥克西林库莎草纸·2354号》(P. Oxy. 2354) =《列女传》辑语 1(M-W)。

② 自上一次尝试确定这首诗的完成年代到最近展开的新尝试,中间间隔了近175年之久。抛开其他不论,单凭历时如此之久尚未弄清该问题,恰恰证实了我们对此一无所知。Schwartz(1960)页498暗示这部作品的完成时期在公元前506年至公元前476年之间;West(1985)页127-136提出了公元前520年至公元前580行之间的大致范围,并且相信"《列女传》的作者自然十分了解《神谱》和《劳作与时日》"(页128)。West同样发现"《列女传》(Ehoiai)并非零散的材料,而是整体的有机和不可变动的部分"(页122)。比较Merkelbach(1968),他并未研究作者身份的问题,但也视这部作品为统一的整体。Janko(1982)基于语言学和用词风格,确定了《神谱》的完成时间为公元前680年,而《列女传》要稍早一点,并暗示说《列女传》的文风"属于一位用词范围较小但措辞流畅的作者,其他方面则很像赫西俄德"(页86)。他的暗示导致了这样一种奇怪的可能,《神谱》和《劳作与时日》是《列女传》的补充,而非相反。继 Wilamowitz(1905)页124之后,Stiewe(1963)页24-29基于作品的悲观论调而把完成时间确定在公元前6世纪,Schwartz(1960)页485则暗示这部作品是大量素材逐渐累积而成的。

品的真实性。① 众所周知，文体风格论极为主观：假如《神谱》和《劳作与时日》传统上没有被归在一位作者名下，难道绝大多数学者会认为它们出自一位诗人之手吗？②

之所以否认赫西俄德是《列女传》的作者，通常源于一项不言而喻的前提：如果赫西俄德的诗歌是对英雄史诗的一次含蓄的宣战，我们就不应把一部论述英雄传说的作品归于赫西俄德，更不用说那部试图把英雄时代从头至尾都说个遍的作品了。然而，对英雄史诗的敌意是学者的捏造，笔者先前曾论证过，这源于对《神谱》序歌的误读。缪斯说给赫西俄德的话被理解成荷马史诗是虚假的，只有赫西俄德自己的诗才是绝对真实的。正是基于这样一种对英雄史诗所谓的敌意，有学者才否认《列女传》(Ehoiai)为赫西俄德所作。[166] 鉴于《列女传》的谱系结构和对女性的强调——卢瑟福(Rutherford)认为它属于传统的六音步韵体诗，《列女传》成为英雄史诗的完美补充，因为后者采用叙事风格并且专注于男性。③

在本书中，笔者自始至终都坚决主张，《神谱》和《劳作与时日》

---

① Dräger(1997)为《神谱》的结尾部分和《列女传》均出自赫西俄德之手作了辩护；Arrighetti(1998)页445-447提醒读者注意那些反驳作品真实性的理由的不足之处；Casanova(1979)主张，无论从这部作品的谋篇还是从基本结构上看，都是赫西俄德式的。

② 比较Marg(1970)页8："如果我们无法确定《神谱》和《劳作与时日》是否出自赫西俄德之手，那么根据文风和布局，我们就应当把它们归在不同作者的名下。这可能也让人们注意到《列女传》的真实性问题。"

③ Rutherford(2000)对赫西俄德《列女传》的一般特征和"考古学(archeology)"的探讨很具说服力。另参Fowler(1998)尤其页15-16的评论。Kakrides(1972)认为，把各类英雄传说整合并编录为一个总系谱，这件事必然发生在伊奥尼亚。

必须放在一起进行解读,彼此相互补充,以便形成一个囊括了神明与人类的宇宙的统一整体。暂且不论《列女传》是否为赫西俄德所作,借助它所提供的英雄视角——无论从时间顺序上看还是从概念上看,都介于神明与人类之间,《列女传》似乎给予这两部作品以恰当的补充。可是,我们不能期望这些彼此相异的框架体系之间有着简单的关联性。笔者曾论证过,神明的宇宙视野不同于人类,同样,人类眼中的神明看上去也截然不同。笔者坚持认为,这一张力构成了赫西俄德视角的中心。

因此,我们不必奇怪,《列女传》所描绘的英雄时代与《神谱》和《劳作与时日》中所描述的半神有着较大出入。① 譬如,《列女传》的序歌提供了一幅英雄的肖像画,这使他们在某些方面更加接近于黄金种族。诚然,无论是黄金种族还是《列女传》里的英雄,皆难逃一死。这些英雄可能与神明并肩而坐、同桌共饮,但仍需出海和参战,与《劳作与时日》里的黄金种族不同,这些英雄有的寿终正寝,有的极为长寿,有的则英年早逝。② 有别于像神明般活着的黄金种族,

---

① 如我们所见,即便《劳作与时日》中有关人类早期历史的两段相近的描述(普罗米修斯故事和种族神话)也并非纯粹机械地对应的。

② 笔者对残缺不全的行 8–13 的解读基本上遵循了 Stiewe(1962)页 297–299。但 West(1961)页 133 相信英雄不会老去,进而认为"英雄时代与《劳作与时日》中的黄金时代并无区别"。实际上,West 将《列女传》中的英雄置于"墨刻涅分离之前"的时代(页 133),而他对序歌部分的行 8–14 所作的补充(页 141)也使这两个时代变得难以区分。但笔者认为,如果希腊人得知英雄从不老去或从不驾船远航,定会感到惊诧。West 对序歌部分的解释也影响了他对辑语 204 的看法。参见下文注释 63 和 75。当前认同 West 观点的是 Koenen(1994)。Schmitt(1975)成功地质疑了 West 的解释。但 Schmitt 认为行 8–13 对比了英雄的寿命与当前人类的寿命,而笔者主张,除了与神明更加亲密外,英雄的生存条件在各方面都与我们相似。最近,Cerutti(1998)从细节入手,认为 West 和 Koenen 的论点无法立足。

《列女传》中的英雄则与神明同食共寝。① [167]此外,由于《列女传》宣扬的主题是神明与凡间女子的联姻以及他们的英雄后代的降生,因此它对女性的刻画似乎很可能不同于潘多拉或第一位女人/妻子,事实上也的确比后者更加正面。至少这些女子在神明眼中是性感可人的,为他们生出的孩子也极为出色。②序歌以一份神明名单结束,这些神明同凡间女子皆育有子嗣。尽管名单存在缺漏,但名字的顺序似乎对应于《神谱》行 930-961 所列举的神明。③笔者相信,如果这样的对应不仅是一种机械的模仿,那么它似乎就证实了宙斯的政治联姻策略一直延续到英雄时代。

无论如何,《列女传》显然始于熟知的三人组:普罗米修斯、厄庇米修斯和被塑造的女性潘朵拉(辑语 2、4、5 M-W)。他们在诗中的突出地位,暗示了作者有意把《列女传》同赫西俄德的其他两部作品联系在一起。赫西俄德的这三首诗包含了不同版本的普罗米修斯神话,以便与其所融入的语境相匹配。但《列女传》(Ehoiai)中的故事讲述了另外一种人类起源,与赫西俄德的其他作品都截然不同。显然,这个故事版本关注的是普罗米修斯之子丢卡利翁(Deucalion)与厄庇米修斯和潘多拉之女皮拉(Pyrrha)的故事。自人类毁灭后——无论

---

① 比较 Cerutti(1998)页 129-138,他同样指出,黄金种族据说生活在克洛诺斯统治时期,而英雄种族则实实在在生活在宙斯统治时期。读者可能再一次想到了黄金时代并无女性。

② 比较 Dio 2.14,Arrighetti([1998]页 452-467),两者都为赫西俄德要对厌女症(misogyny)负责做辩解。为了赢得费阿刻斯女王的好感,奥德修斯复述了《奥德赛》中的列女传(《奥德赛》11.235-329),它与赫西俄德的《列女传》十分相似。

③ 比较 Treu(1957)页 173 注释 8。但 Treu 错误地认为《列女传》是根据这份神明名单整理出来的。

是由于大洪水还是其他的大灾难①,丢卡利翁和皮拉,这两位地球上仅存的人类,把石头撒向大地,生出了很多人类,大地上因而重新有了人类居住。另外,皮拉不仅与丢卡利翁结合,也与宙斯生下了希腊各部落的祖先。因此,这段人类种族的历史暗示了人类有着双重的起源:一为英雄支系,他们是奥林波斯神与提坦神混交的半神,这一支系出自皮拉和丢卡利翁,并借助人-神的结合而不断增强;另一支系出自大地和由人类的第一对配偶掷出的石子。

[168]许多问题似乎都很清楚,但零散的辑语和自相矛盾的证据,使得再现这则神话和人类早期的谱系变得困难重重。②即便如此,还是可以把握住其中的某些普遍特征。同《劳作与时日》和《神谱》一样,《列女传》暗示了英雄时代属于后普罗米修斯时期。③但它所揭示的人类历史的进化模式,明显不同于其他两首诗中的模式。据说,在半神的英雄之前是一个神明与人类彼此疏远的时代,紧随英雄时代之后则是我们的时代,在此期间,神明再次远离了人类。因此,在《列女传》中,英雄时代代表了人类与神明短暂交好的特殊时

---

① West(1985)页55-56认为,大洪水并未出现在《列女传》中,而是后来从东方引入的。但Merkelbach(1968)页144认为《列女传》中出现过大洪水。对《劳作与时日》行157-158的古代评注暗示,大洪水毁灭了赫西俄德的第三个种族。无论如何,皮拉和丢卡利翁似乎代表了某种新的开端。比较Stiewe(1963)页7注释2:"在《列女传》中,神明与人类之间的联系不仅告终了,也重新开始了。"

② 对此的某些尝试,参见West(1985)页50-53;Casanova(1979);Merkelbach(1968)页145;Dräger(1997)页33-42。

③ Cerutti(1998)页140-143认为,《列女传》中的英雄不能等同于墨刻涅分离之前的人类(由于她追随West,故而相信半神不会衰老),但她似乎并不认同英雄随后出现在宙斯统治时期。不过她后来(页176)承认,《列女传》中所涉及的时代相当于"两种分离的状态之间封闭的插入成分"(una parentesi chiusa tra due situazioni di separazione)。

期,这同人类与神明更为"通常的"疏远状态形成了鲜明对比。于是,随着这些半人半神的混交生物的死去,人类与神明的关系复归原初状态(ὡς τὸ πάρος περ)。①

半神种族的开端和终点与各类灾难性的事件有关:可能始于大洪水,而终于特洛亚战争。②鉴于《列女传》横跨了整个英雄时代,它也可能记录了在此期间神明与人类逐渐疏离的全过程。③这部作品以希腊人同特洛亚人之间的战争收尾,而这场战争历来被视为英雄时代终结的标志。许多明显属于《列女传》前面部分的辑语,影射了构成那场冲突之一部分的事件。因此,可能的情况是,特洛亚战争本身并非叙事的一部分,但各段谱系却是以围攻特洛亚的英雄收尾。④[169]倘若果真如此,《列女传》指向的就是那件英雄时代的高潮事件及其余波。尽管如此,《塞浦路亚》(Cypria)这部虽已散佚的史诗尚存一个纲要和部分辑语,其中记述了战事的开端:据说是宙斯策动了那场特洛亚的军事冲突,旨在缓解因人口过剩而给大

---

① 辑语 204. 102 M – W。West(1985)页 119 认为这个短语意指神明的后代"不再生活于他们起初享有的极乐环境中"。比较 Koenen(1994)页 29 – 30。Stiewe(1963)对这段残篇的解释很大程度上阐明了 Wilamowitz 在第一版(Schubart and Wilamowitz[1907])中的评论。

② Scodel(1982)认为,《伊利亚特》12. 3 – 35 很可能将特洛亚战争与阿凯亚人城墙被毁同近东的大洪水神话联系在了一起。Koenen(1994)全面考察了东方文化中的类似神话。但请注意,在荷马与赫西俄德笔下,并非所有的英雄都灰飞烟灭了。无论我们的黑铁时代如何不幸,我们依然是他们的后嗣。

③ 参见 Davies(1992)页 82 – 135 对这一重要观点的讨论。她相信《列女传》旨在弥合《神谱》与荷马史诗之间的分歧。但笔者却认为,在赫西俄德式的宇宙内部,这是一次向《劳作与时日》的过渡。

④ 比较辑语 23、35. 10、136、11. 14 – 32、165. 14 – 25、176. 5 – 7、195、212b M – W。《列女传》因此将是英雄诗系的前传。

地带来的重负。①于是,宙斯利用阿喀琉斯,尤其是海伦来实施他的计划。②

《列女传》似乎间接提到过令人费解的辑语 204 M – W 中的主题,而这段辑语通常被视为这部作品的尾声。它罗列了海伦追求者的冗长名单——类似于《伊利亚特》中著名的战士名册——以及这些追求者发出的将惩罚任何夺走海伦之人的誓言(行 41 – 90)。③在讲述完墨涅拉奥斯赢得了海伦的芳心以及他们的女儿赫尔米俄涅(Hermione)降生后,叙事突然转向因宙斯的可怕计划所引发的诸神之争上。④我们得知,这位奥林波斯神即将展开的计划惹得众神和人类都不高兴。他希望"芸芸众生看不出""毁灭半神者的 prophasis [动机]"($\pi\rho o\varphi\alpha\sigma\iota\nu$ $\mu\grave{\epsilon}\nu$ $\grave{o}\lambda\acute{\epsilon}\sigma\theta\alpha\iota$ | $\psi\upsilon\chi\grave{\alpha}\varsigma$ $\dot{\eta}\mu\iota\theta\acute{\epsilon}\omega\nu$,行 99 – 100)。在早期希腊诗歌中,hemitheoi [半神]这个词不仅表达了他们的混合本质,也表达了人们在看待英雄时总是抱着一种距离感,正是这种距离感把英雄推向了一个久远的时代。因

---

① *Cypria* fr. 1. Cf. Euripides, *Electra* 1282 – 1283; *Helen* 36 – 41; *Orestes* 1639 – 1642 and the discussion of Jouan (1966) 39 – 54. Now also Burgess (2001) 132 – 171.[编按]关于《塞浦路亚》,中文见《英雄诗系笺释》,崔嵬、程志敏译,北京:华夏出版社,2011。

② 比较 Mayer(1996),他把阿基里斯与海伦都视作宙斯将 eris[竞争、不和]引入人间的手段。考虑到赫西俄德在《劳作与时日》中有关厄里斯的教导,这是十分有趣的。也请注意,在 *Cypria* fr. 1 中,据说宙斯"丢出了特洛亚战争这一巨大的不和"($\dot{\varrho}\iota\pi\acute{\iota}\sigma\sigma\alpha\varsigma$ $\pi o\lambda\acute{\epsilon}\mu o \upsilon$ $\mu\epsilon\gamma\acute{\alpha}\lambda\eta\nu$ $\ddot{\epsilon}\varrho\iota\nu$ $'I\lambda\iota\alpha\kappa o\tilde{\iota}o$,行 5),正如《伊利亚特》19.130 中宙斯将阿特"掷出"星空($\ddot{\epsilon}\varrho\varrho\iota\psi\epsilon\nu$)一样。

③ 当然,名单结尾处(行 87 – 89)提到的阿基里斯除外,那时他太年轻无法参与其中。比较 West(1985)页 114 – 121。Heiliger(1983)怀疑,这段残篇出自《列女传》结尾部分,并且认为行 95 及其以下与之前的诗行并无关联。

④ 离间诸神的 eris[不和]要么是宙斯计划的动机,要么是其结果(比较 Marg[1970]页 516),但笔者认为,解释性的词 $\gamma\acute{\alpha}\varrho$ [因为]暗示的是后者。

此,这个词意味着一种怀旧视野,即置身当下去回顾传奇的往昔。① 宙斯透露他要毁掉英雄种族,这势必会引发诸神之间的冲突。② 就像《伊利亚特》不断表明的那样,神明对毁灭他们的子孙后代感到愤怒;[170] 另一方面,部分神明赞成与凡人保持距离,不仅因为与人类过从甚密会带来痛苦,而且会惹上麻烦。③ 但《伊利亚特》也同样揭示出,诸神之争以及神明因个人喜好而介入希腊人一方或特洛亚人一方,不仅大大延长了战争的时间,亦使双方的伤亡都更加惨重。④

从这个角度出发,我们或许就能够更好地理解上文中笔者留之不译的词语 prophasis 的重要性,这个词可以指真实的动机或原因,也可以指虚假的动机和原因,抑或一项借口。⑤ 由于宙斯宣称要毁

---

① 比较《伊利亚特》12.23;《劳作与时日》行 159 – 160 (ἀνδρῶν ἡρώων θεῖον γένος, οἳ καλέονται | ἡμίθεοι, προτέρη γενεὴ κατ᾽ ἀπείρονα γαῖαν, "神圣的英雄种族,又被称作半神,无边大地上的前一个种族")意味着他们被那些不是半神的人称为 hemitheoi[半神]。比较 Clay(1996)。同样,《列女传》序歌中不断重复的τότε("彼时",行 3 和行 6)强调了"彼时"与"如今"之间的距离。

② 无须视作对帕里斯的裁定以及随之而来三位女神之间不和的影射。

③ 譬如,比较《伊利亚特》15.113 – 141 阿瑞斯听到儿子阿斯卡拉福斯(Askalaphos)死讯后的反应;宙斯对萨尔佩冬(Sarpedon)之死的惋惜(《伊利亚特》16.433 – 461);阿波罗拒绝与波塞冬交战,"因为可怜的凡人,虽说吃着大地上的果实,如树叶般茂盛,但终将枯萎凋零"(《伊利亚特》21.463 – 466)。来自狂妄自大的人类的威胁,参见《伊利亚特》5.438 – 444;《列女传》辑语 30.1 – 23 M – W 中的萨尔莫纽斯。

④ Cf. Clay (1999a).

⑤ 对 prophasis 一词的总体讨论,参见 Rawlings(1975);Heubeck(1980),他指出 prophasis 可真可伪。West(1961)页 130 – 136(Koenen[1994]页 28 – 29 遵循他的观点)认为宙斯的 prophasis 是虚伪的借口,其实是打算让英雄住在极乐岛,从此过上幸福的生活。比较 Arrighetti(1998)页 476。但正如 Koenen 页 27

掉半神的英雄,众神之间同室操戈并大打出手,最终,不仅英雄种族消亡了,而且先前被恢复的神明与凡人结合之前的状态亦即原初状态($ὡς\ τὸ\ πάρος\ περ$)也消失了,①甚至连人类种族也受到牵连而元气大伤。②

《塞浦路亚》的开场直指人口过剩的问题,行98–99中的措辞$γένος...πολλόν$[后代……众多]($πολλόν$位于所在诗行的开头这一显要位置)暗示了人口已超过极限。无疑,在近东地区的古代文献中也有类似的人口过剩主题,但出现在希腊却让笔者感到有些反常。③
[171]倘若希腊人不只是机械地接受,而是将其融入新的环境中,那么过剩人口的主题就成了宇宙进化的组成部分,以及《神谱》所拉开的继任神话的驱动力。在那里,英雄的后代成为宙斯维护政权稳

---

注释62所言注释62所言,"《列女传》中甚至就没有提到过极乐岛"。此外,这一假设很快就与行118–119的内容相抵触,在那里,$ἀνδρῶν\ ἡρώων$[英雄]去的不是极乐世界(Elysium),而是冥府。$τέκνα\ θεῶν$[神的后代](行101)则既可以指神明自己,也可以指英雄(参见 Stiewe[1963]页6注释2和Marg[1970]页516)。但下一行的$μάκαρες$[至福的]更有可能指神明(如行117中该词所指一样)。此外,$οἱ\ μέν$[一方面]的存在形成了对与之相对应的$οἱ\ δέ$[另一方面]的期待。比较Stiewe(1963)页6注释2。Marg(1970)页516认为,$πρόφασις$指的是一个更容易实现或更接近的目标,而不只是一个虚假的或假装的目标。此外,行99中的$μέν$[一方面]暗示了$δέ$[另一方面]将会随之出现。Stiewe(页8)认为,这一段显得十分别扭,因为诗人试图将《塞浦路亚》的主题同《劳作与时日》的时代神话结合在一起。

① 所有人认可,诗歌结尾处的$ὡς\ τὸ\ πάρος\ περ$[原初状态]影射了这首诗的开端,并将英雄时代的首尾串联起来。可是,如果诗歌始于英雄的诞生,也将随着他们的死亡——笔者认为并非随着他们去往极乐岛——而告终。Davies(1992)页131–133概述了其他各种解释。

② 笔者认为,英雄迟暮(Heldendämmerung)与宙斯计划中人口过剩这一贯穿于《伊利亚特》始终的主题是一致的,参见Clay(1999a)。

③ 比较Koenen(1994)页27:"把首要的动机[亦即减少地球上的过剩人口]归咎于神明,这种说法对人口相对稀少的希腊人而言并不恰当,应当更适合人口稠密的美索不达米亚或埃及。"

定的策略之一。在《神谱》开头,盖娅出于变革和繁衍的目的而展现出的生殖能力,令宇宙逐渐显露并发展成现在的样子。可是,正如继任神话所反复揭示的,这一旨在扩张和繁衍的女性本能,如果不加以遏制,就会不可避免地威胁到任何男性政权的稳定。但正如乌拉诺斯和克洛诺斯后来认识到的,如果以暴力方式加以约束,那么也同样会引起女性激烈的反抗,就如盖娅或瑞娅那样,最终导致革命以及旧秩序的灭亡。

宙斯通过把神明的情欲转移到凡人身上,为奥林波斯带来了稳定。至少是暂时的稳定。因此,我们看到,在《神谱》结尾,赫拉与宙斯之间对稳定产生潜在破坏性的冲突缓和了下来,并通过他们的英雄后代最终得以化解——很可能是以赫拉克勒斯走上人生巅峰收场。然而,从长远来看,宙斯的策略显然大获成功,因为大地盖娅开始受到人类的重压。起初,在宇宙生成时,盖娅腹中的孩子成为她的负担,如今,外部的人口压力同样使她负荷过重。随着重负被移除,我们的黑铁时代开启了,宇宙进化也步入最后的阶段。在先前的每一个阶段,盖娅都是促成宇宙发生变化的驱动力。因此,人口过剩的主题表现出它在宇宙进化体系中的全部意义。为了与盖娅联手,宙斯把大地从重负中解放出来,同时,他让神明远离他们的凡人后代,就像此前神明逐渐减少与人类的往来一样。自此以后,永生的神明与有死的凡人之间地位的不平等状况将永远维持下去,再也无法消除了。[1]对于宙斯计划的这两个部分,切鲁蒂(Cerutti)贴切地称之为"生态卫生"和"神学卫生"。[2]因此,宙斯的大清扫兼具了宇宙论和神学两个层面,囊括

---

[1] 比较 Nagy(1979)页 220:"除了导致特洛亚战争中英雄的死亡外……宙斯的意志还势必造成神与人永远的分离。"(译按:强调系原文所加。)

[2] Cerutti(1998)页 166;但她并没有认识到人口过剩主题中的宇宙演化模式。

的又何止他的 prophasis[动机]所意指的对英雄的屠戮；[172]大清扫削减了大地上过剩的人口，进而开创了我们的时代，并完成了宇宙进化的过程，这一过程始于盖娅最初的生育旺期，同时，大清扫使得永生的神明与有死的凡人之间的鸿沟永远无法逾越。

接下来的行 105 – 123 支离破碎，想要准确弄清其中究竟发生了什么的确很难，并且没有一种解释是令人完全信服的。笔者在此并不打算复述这些观点，仅仅提出部分看法和一种合理的阐释，并且笔者自始承认它们必然只是推测性的。我们似乎回到了主叙事上，大概就像希腊远征军的集结地奥利斯(Aulis)。①那些参加远征的战勇业已被一一提及，因为加入希腊人阵营的战勇正是宣誓要保护海伦的追求者。某人——笔者相信此人乃是卡尔克斯(Calchas)——宣布了一个预言，因为他知晓[过去和]"现在，以及将来之事"(行 113，对勘《伊利亚特》1.70)，也知晓宙斯心中所想(行114 – 115)。②存在着某种告诫：勿要扬帆起航(行 110 – 111)，可能是指在献祭伊菲革涅亚(Iphigeneia)(《列女传》中说的是伊菲墨德[Iphimede]，辑语 23.17 – 24 M – W)前[不要起航]。至于那个"力量最强大"(行 111)的人可能是阿喀琉斯，据说卡尔克斯派人去请他回来，因为他知道阿喀琉斯是攻下特洛亚的必要条件。③行 118 – 119 类似于《伊利亚特》的开头，但我

---

① Cf. Stiewe (1963) 10.

② Cerutti(1998)页 147 和 West(1961)页 119 遵循 Wilamowitz(Schubart and Wilamowitz[1907]页 42 – 43)认为此人是阿波罗。Stiewe(1963)页 10 – 12 暗示是阿伽门农，他同样误解了《伊利亚特》卷二开篇宙斯的预言。

③ 比较 Apollodorus 3.13.8。阿波罗多洛斯频繁把《列女传》用作他的资料来源。如果βίηφι[力量]是行 111 的正确补充，那么，如 Stiewe(1963)所言，它就不可能指阿伽门农。但它却很好解释了行 87 – 92 中阿基里斯在海伦追求者名单中的缺席。在《塞浦路亚》开篇，海伦与阿基里斯的诞生都对宙斯计划的实现至关重要。

们不必假设这是一种直接的影射或模仿,因为它们似乎与特洛亚战争和宙斯的计划存在一种传统的关联性(例如参见《伊利亚特》11.55)。但无论是那位先知(卡尔克斯)还是其他人(也许是阿伽门农),都未能领会宙斯计划的全部意义,相反,他还很高兴,①并不清楚其可怕的结果。

[173]但诗人突然笔锋一转,接下来的描写令人印象深刻:宙斯的风暴搅动着大海,摧毁了植被,并让人类元气大伤。韦斯特称这几行为"《列女传》中已知的最华丽的诗句",并暗示说这部分应当被诠释为"第一个秋天",它给人间带去了巨大的改变。②韦斯特坚持认为,在英雄时代,不仅航海和战争,就连季节也是缺失的。但《列女传》却明确证实了航海和战争的存在,③并且诗歌也没有理由把季节变迁排除在外。因此,把此处的描写同耽搁了希腊远征军的奥利斯的著名风暴联系在一起,似乎就更容易理解了。④

同样突兀的是诗歌转而对春天里的一条蛇进行长篇大论,这条蛇每三年产下三条幼蛇,并且避开人类的道路,可一旦冬季来临,它就蜷缩成一团。宙斯用霹雳击杀了这条可怕的蛇,但它的魂灵仍然存

---

① 这则被误解的预言的主旨当然是很常见的;但阿伽门农未能领会它全部的意涵,这让我们联想到他在《奥德赛》8.73-82 中的作用,在那里,他显然误解了特洛亚战争前夕阿波罗在得尔斐传达的预言。在《伊利亚特》卷二,他同样被宙斯的托梦所欺骗了。另外,《伊利亚特》卷一间接提及了阿伽门农与卡尔克斯围绕一条预言产生的分歧。

② West(1961)页 133。比较 Mayer(1996)页 2-3。Nagy(1979)页 220 注释 5,他相信这部分有比喻意义:"人之必死,犹如秋叶凋零。"

③ 辑语 205 M-W 提到迈米冬人(Myrmidons)发明了航海,而辑语 204.59 认为是伊多梅纽斯(Idomeneus)从克里特岛航行而来。

④ 比较 Aeschylus, *Agamemnon* 192-204。West(1961)页 120 注释 207 就举了一个与将希腊军滞留在奥利斯的风暴相类似的例子,但他仍坚持英雄已经被派往极乐岛了(204.102-103)。

在。到了春天,她——因为这是一条雌蛇——就重见天日,并于来年春天生下三胞胎(行 129 – 139)。①分娩周期好像出现了三次(参见行 162),[出生数量上]类似于《伊利亚特》卷二中卡尔克斯解释的在奥利斯被蛇吞下的九只麻雀。②两者似乎都影射了特洛亚城沦陷前的九年战事。蛇蜕皮和分娩的征兆,除预示了战争的经历外,也可以被理解为宇宙转折点(Zeitwende)的象征,伴随着旧秩序的结束和新秩序的开辟。但其中也存在一种继任性的元素:蛇蜕皮后亦可存活。宙斯用霹雳击杀那条蛇,就像毁灭英雄一样。但遗留下的 psyche[灵魂](139)仍然具备繁殖力,可能生育了黑铁种族。根据《劳作与时日》,这一新的人类种族并非代表了一种新的创造,而是体现了一种继任性,特别是在神明远离了人类之后。但唯有在《列女传》中,英雄种族的没落才预示了原初状态($\dot{\omega}\varsigma\ \tau\grave{o}\ \pi\acute{\alpha}\rho o\varsigma\ \pi\varepsilon\rho$)的恢复。[174]因此,《列女传》才以特洛亚的沦陷和英雄种族的消亡结束,而这一切皆秉承了宙斯的意愿。

以上对《列女传》文本内容的复原必定只是高度推测性的。但假如上述推测具有了一定的说服力,那么卡尔克斯和他解释神明法令的预言能力就为英雄时代和《列女传》都画上了休止符。此种可能性暗示了《列女传》与史诗传统之间存在某种有趣的交叉,当然这种交叉也出现在赫西俄德的两部作品之间。如同古风时期的环形结构,这些交叉点在我们得出研究结论的同时又把我们带回到本次研究的开端。

---

① West(1985)页 120 同样看到了蛇的重生与英雄重生之间的相似之处。
② 比较行 175 的 ἐνν,也可能是 ἐννέα[九](?)。West 注意到行 176 – 177 开头似乎与《劳作与时日》行 90 – 91 相似,但《劳作与时日》中的这几行与英雄或极乐岛无甚关联。

# 结语：奥利斯的赫西俄德与卡尔克斯

[175]赫西俄德把他同缪斯的相遇视作其诗歌创作生涯的开始，据他所言，缪斯知晓"现在、将来和过去之事"（τά τ' ἐόντα τά τ' ἐσσόμενα πρό τ' ἐόντα）。在《神谱》中，赫西俄德受缪斯的启发得以吟唱"将来和过去之事"（τ' ἐσσόμενα πρό τ' ἐόντα）——笔者曾解释过，它们并非指过去和将来，而是业已存在和即将发生之事，换言之，永恒和神赐的事物。因此，《神谱》详细记述了永生神明及宇宙的其他永恒元素是如何生成的。宇宙进化结束于宙斯治下稳定恒常的秩序之确立，这个秩序包含了奥林波斯神族的光辉寓所和暗黑势力的幽冥之境。至于人类的活动领域，尽管未被完全排除在外，但从神明的视角来看也是次要的。而在《劳作与时日》中，赫西俄德宣称要述说"事物的真相"（ta etetuma，行10），亦即从人类的视角看：人类生活天生具有偶然性，受制于时间、死亡和永生神明加诸的法则。赫西俄德的每一部作品都只体现了一种局部视野，为了清晰地呈现整体或赫西俄德的（人类的和神明的）宇宙，就必须把两者合在一起进行研究。

对于《神谱》的主题而言，缪斯至关重要。没有她们的协助和介入，赫西俄德一介凡夫，怎会洞悉鸿蒙开辟和神圣秩序的进化。但《劳作与时日》无需缪斯的授权，因为赫西俄德是从自身的经历和人类生活的经验谈起的。的确，赫西俄德把自己表现为一位至善之人，自始便能独立思考，由此，他才具备教导佩尔塞斯的能力和威信。

赫西俄德自称拥有的知识的双重来源,很像奥德修斯伊萨卡宫廷中的吟游诗人斐米乌斯(Phemius)的说法:

[176]我乃无师自通,神明在我心中注入了
各种曲调……(《奥德赛》22.347 – 348)

不考虑《神谱》的神明视角,赫西俄德有时仍然承认,尽管获得了缪斯的授权,他对神事的传颂难免会受到身份的制约,毕竟他是一位凡人而非神明。此种制约最有力地出现在缪斯对其追随者的戏谑之辞中,因为缪斯坚称神圣知识与人类知识之间不可通约。但诗中也有其他例子,譬如:赫西俄德对河流名称的罗列戛然而止,"因为细说所有河流名称超出我凡人所能"(行369);此外,在怪物名录中,当他正在讲述厄客德娜与提丰之间骇人的交配时,突然插入了一句"他们说"($\varphi\alpha\sigma\alpha$,行306)。①

《劳作与时日》纳入了"时日"和航海两个部分——赫西俄德在"时日"中以及最为重要的在航海部分宣称掌握了超越其人生阅历的知识,从而巧妙但恰当地改变了上述《神谱》中的模式。在"时日"中,赫西俄德着手叙述"宙斯定下的日子"(行765、769),他注意到,鲜有凡人知晓这些日子,或能准确说出它们的名称(行814、818、820)。在讨论航海时,赫西俄德坦言自己不谙航海技艺。由于航海经验十分有限,他无法道出其中的etetuma[真相],但赫西俄德声称,借助缪斯的教导,他有述说"宙斯意志"(行661)的超凡本领(比较行484)。因此,两首诗

---

① Cf. Stoddard (2000) 108 – 109.

都使读者注意到赫西俄德的媒介作用。正是综合了自身的才能、聪颖和缪斯的馈赠,赫西俄德才掌握了有关神明和人类的知识,才会知晓 τά τ'ἐόντα τά τ' ἐσσόμενα πρό τ' ἐοντα[现在、将来和过去之事]。

《伊利亚特》卷一用同样的话形容过卡尔克斯这位希腊远征特洛亚的随军先知。

……人群中站立起
特斯托尔之子卡尔克斯,迄今最出色的占卜师,
他知晓现在、将来和过去之事。(《伊利亚特》1.68–70)

[177]如果笔者对《神谱》行31的阐释正确,那么,此处相同的短语则意味着,卡尔克斯知晓的并非通常所理解的纯粹时间意义上的现在、过去和将来,而是指他拥有人类和神明各自的事务以及他们彼此结合和互动的知识。① 这类知识完全适合一位先知,因为先知的职责就是解释并居间传达影响人类事务的神意。的确,卡尔克斯接下来充分证明了此项技能:他知道肆虐希腊军中的瘟疫源于阿波罗的愤怒,也知道阿波罗因何发怒。他向阿开奥斯人解释的并非将来事态会如何发展,而是毁灭全军之瘟疫的起因。卡尔克斯在《伊利亚特》卷一运用的预言术,同他向集结在奥利斯的希腊人道出天机时运用的预言术如出一辙,他把风暴的起因归于阿尔特弥斯

---

① 比较《阿波罗颂歌》行132,刚出生的阿波罗并没有说自己具有预言未来的能力,而是具有向人类传达宙斯意愿的能力。比较 Miralles and Pòrtulas (1998)页16:"诗人和先知在凡人眼中是神圣的……他们不能中断过去、现在和未来之间的进程,只能提供给人类有关神圣的宇宙秩序和人类生存境况的本质的认知。"

的愤怒,并说出了可怕的补救措施:献祭伊菲革涅亚;至于消除瘟疫,则需归还克律塞伊丝(Chryseis)。《伊利亚特》接下来的诗句证实了卡尔克斯的预言能力:

引导阿开奥斯人的舰队驶入伊利昂,
全凭福波斯·阿波罗授予他的预言术。(《伊利亚特》1.71-72)

当然,我们可以把这句话理解为,卡尔克斯的预言术在远征特洛亚期间帮助过希腊人。但原文和动词 $ἡγήσατ'$ [引导]暗示了一项更加具体的行动。的确,普罗克洛讲述了出自英雄诗系(Epic Cycle)的传说,希腊人第一次远征未曾找到特洛亚,而是抵达了密西亚(Mysia)。① 在《伊利亚特》卷二,当奥德修斯回忆在大军开拔特洛亚前先知向集结于奥利斯的军队解释征兆时,卡尔克斯再次扮演了预言者的角色(《伊利亚特》2.299-330)。笔者认为,《列女传》和英雄时代正是以那次征兆和卡尔克斯对征兆的解释收场。在奥利斯集结的大军前出现的卡尔克斯,凭借阿波罗授予的预言能力,完全能引导希腊舰队驶往目的地特洛亚。无论如何,这位先知在从奥利斯驶往特洛亚的路途上,势必自始陪伴希腊大军左右。

[178]赫西俄德在宣称自己对船只和航海的无知时,不仅提到了奥利斯,也影射了伟大的特洛亚远征。

---

① Proclus, *Chrestomathia*(页104, Allen)。《列女传》间接提到过辑语165(M-W)中记载的这次事件。

> 我将告诉你波涛汹涌的大海的节律,
> 尽管我不谙航海和驾船;
> 因为我从未驾船到过广阔的大海,
> 只从奥利斯出发去过优卑亚,阿开奥斯人,
> 曾在暴风雨季滞留于此,集结成军,
> 从神圣的希腊去往盛产美女的特洛亚。(《劳作与时日》行 648–653)

赫西俄德最远也只到过奥利斯,他从未完成过特洛亚的英雄之旅。然而,凭借缪斯的馈赠,赫西俄德对人类和神明的认识足以同卡尔克斯相匹敌,即便他没有第一手的知识,也能在航海方面给予佩尔塞斯指导。

据赫西俄德所言,航海术的发明正好出现在英雄时代。英雄航海的目标是 kleos[荣耀],而在赫西俄德的黑铁时代,出海则旨在 kerdos[获取]。然而,不像 mega nepios[大傻瓜]佩尔塞斯,赫西俄德对物质方面的诱惑无动于衷;他更像古时的英雄,出海航行是为了胜利和 kleos[荣耀]。①赫西俄德远航奥利斯是受到诗意的 kleos[荣耀]的激发,也正是在奥利斯,他赢得了三足鼎,并把它献给启蒙自己的赫利孔山的缪斯女神。

> 我敢说我
> 以颂诗赢得头奖,捧走双耳三足鼎。
> 我将它献给赫利孔的缪斯女神,

---

① 如他所言,确实没有驾船去过 εὐρέα πόντον[广阔的大海](行 650)。

她们从前在此指引我咏唱之道。(《劳作与时日》行656–659)

的确,这段文字为《荷马与赫西俄德的竞赛》(Contest of Homer and Hesiod,以下简称《竞赛》)提供了原型。①《竞赛》这部作品被归在公元五世纪的修辞学家阿尔西达马斯(Alcidamas)名下,讲述了赫西俄德与荷马之间的诗歌竞赛。[179]两位诗人在奥利斯相遇,一同前往卡尔基斯(Chalcis),赫西俄德定下了论辩规则,首先抛出问题和谜语,接着要求荷马按照他定下的规则即兴创作诗歌。听众称赞荷马的技艺,把胜利授予他,这令赫西俄德大为光火,但君王帕内德斯(Paneides)(意指"无所不知")介入,让每位参赛者提供各自最好的诗作。荷马呈递了一首描写希腊人与特洛亚人战场交锋的华丽诗篇,赫西俄德则背诵了他的农事历书的开头。民众再次为荷马欢呼雀跃,但君主却把奖品颁发给赫西俄德,理由是他的诗赞美了农事与和平,而非战争。

《竞赛》似乎是在为赫西俄德辩护,并含蓄地批评了英雄史诗:赫西俄德这位和平诗人与战争诗人荷马形成对比。但这一简单的解释遗留了几个未决的问题。虽然赫西俄德制定了竞赛的议题,但他几乎没有参与竞赛,大多数时候,他设置谜题,由荷马来解谜。②其次,妒忌荷马的胜出因而表现得不够大度的正是他自己。至于这次竞赛的内容,赫西俄德只是把自己表现为《劳作与

---

① 有关这次竞赛,参见 Hess(1960);West(1967);Heldmann(1982);以及最近的 Graziosi(2002)。

② Graziosi(2002)争辩说,两位诗人都展示了各自的才智,并且"旗鼓相当"(页71)。但笔者认为,上述判断最终符合赫西俄德对荷马的评判,只是不确定是否与《竞赛》的精神一致。

时日》的诗人,荷马则主要引述了《伊利亚特》。尽管这一做法有助于强化两位诗人之间的差异,但也使两者皆未充分发挥出自己的水平。最后,赫西俄德获奖不是因为艺术审美而是出于道德考量——和平比战争更值得选择;结果既出乎意料又在意料之中:①毕竟,赫西俄德的获胜奖品被供奉在赫利孔山上的缪斯神庙。尽管《竞赛》本身就问题重重,但也指明了赫西俄德对荷马真正的挑战究竟是什么。

另一项竞赛或许更能体现这种赫西俄德式的挑战。卡尔克斯与另一位先知莫普索斯(Mopsos)之间的竞争,记载于归在赫西俄德名下的诗歌《美兰波迪亚》(*Melampodia*)中(辑语 278 M – W)。②这场竞赛发生在格里尼(Gryneion),此处有一所著名的阿波罗神庙。它描写了卡尔克斯在从特洛亚返家的路上如何因没能解出谜底而被预言者莫普索斯打败,败北的卡尔克斯最终抑郁而终。无独有偶,在荷马的《生平》(*Vitae*)中,《竞赛》(*Certamen*)是其中的一部分,因失败受挫而死的是荷马,他同样未能解出谜底。③ [180]但在此处,具备人事与神事知识(τά τ' ἐόντα τά τ' ἐσσόμενα πρό τ' ἐόντα[现在、将来和过去之事])的是先知卡尔克斯,他是英雄诗歌的代表,也是那场挑战的象征。

但情况也可能是,在赫西俄德影射了英雄史诗,并把自己短

---

① 《竞赛》的动机与《蛙》(*Frogs*)中埃斯库罗斯和欧里庇得斯的竞赛有诸多类似之处。而狄俄尼索斯的裁断也包含了一次意外的反转。

② 参见 Löffler(1963)页 48 – 49。这一赫西俄德式的关联性至少一直保留到维吉尔时期,在第六首牧歌中,维吉尔在一首赫西俄德献祭诗(Dichterweihe)的背景下颂扬了伽鲁斯(Gallus)讲述格里尼森林(the Gryneian grove)起源的诗歌。格里尼位于库莫以北约 20 公里处,见下文。

③ 在 Keaney and Lamberton(1996)页 4 中,荷马据称死于ἀϑυμία[懊丧],因为他没能解答渔夫的谜语。比较 *Vita Herodotea*,35。

暂的航海之旅同希腊远征特洛亚对比的过程中,最近的几位评论者发现了更多不止是自传性质的细节:他们识别出了一个隐喻,它暗示了一场发生在赫西俄德自己的诗歌与战争史诗这两类诗歌间的对抗。①赫西俄德在把诗赛获胜同最为宏大和重要的英雄远征联系在一起时,邀请读者比较他的诗歌与荷马的史诗。由此,赫西俄德因诗作赢得的 kleos[荣耀],可以等同于特洛亚远征的不朽 kleos[功勋]。但赫西俄德自己的诗歌与战争史诗这两类诗歌间的对抗,却超越了单纯的论战。笔者认为,赫西俄德的挑战并非源于他坚信荷马虚构事实,或源于对英雄种族和英雄史诗的某种推定的矛盾心理。由此,他宣称更胜一等也就变得更富深意和更加全面。

---

① 比较 Nagy(1990)页 78:"也许,这一段揭示了在赫西俄德的诗歌与荷马的诗歌之间进行的刻意区分。"比较 Thalmann(1984)页 152-153。Rosen(1990)推进了这个暗喻,并把赫西俄德的诗歌限定于《劳作与时日》,认为"赫西俄德通过比较得出他在创作荷马式诗歌方面的才能匮乏,而自己更胜任创作更接'地气'的诗歌——《劳作与时日》"(页 100)。Rosen 也认为这段诗"暗示了赫西俄德在安菲达玛斯的葬礼竞赛上的表演很像荷马史诗,但充其量也只是稍微冒险涉足了英雄史诗领域"(页 101),并且赫西俄德式的诗歌属于"题材不够宏大的那一类"(页 104 注释 21)。Rosen(1997)页 486-487 发现《劳作与时日》中存在一种对英雄和英雄史诗摇摆不定的态度;他也暗示了,《神谱》应当被视为序言,因此从体裁上说属于英雄史诗(页 481-482)。然而,笔者认为,赫西俄德在卡尔基斯的胜利是因为演绎了《神谱》,一部自豪地"署上"自己大名的作品。Walcot(1960)认为,赫西俄德在这里"间接提到了一场诗歌朗诵,内容是奥利斯的希腊人,凭借它,赫西俄德拔得头筹"。《竞赛》和迪奥对其的改编版(在改版中荷马似乎是胜出者)也在很大程度上拉开了《伊利亚特》和《劳作与时日》之间的竞争,如同《蛙》中阿里斯托芬所做的那样(行 1033-1036)。显然,这样的对比更加令人印象深刻;而《神谱》与《奥德赛》的加入则破坏了这种印象。比较 Heldmann(1982)页 42-44。

在此语境下，笔者想要引入另一段通常被视为真正自传性质的资料。① [181]同样在论述航海的诗句中，赫西俄德提到父亲从爱奥尼亚的库莫迁来，

> 不是为了躲避财富和幸运，
> 而是躲避宙斯带给人类的可怕贫穷；
> 他定居在赫利孔山旁的惨淡村落，
> 阿斯克拉，冬寒夏炎没一天好过。(《劳作与时日》行637–640)

赫西俄德声称自己祖籍库莫，无论真假，都与荷马的家乡也是库莫的传统说法很相似。②无疑，一切有关荷马出生地的说法几乎都出现在赫西俄德之后的时代，但这并不能排除古代可能就有把荷马与库莫联系在一起的传统。事实上，所谓的《希罗多德传》(*Herodotean Life*)就详细记述了荷马如何在库莫出生(行2)，待到穷困潦倒时又返回库莫。他在库莫要求公民大会给予公共援助，但遭拒后诅咒库莫人，于是离开此地δῆμον ἐς ἀλλοδαπῶν ἰέναι ὀλίγον περ ἐόντα("做一个

---

① 少数学者怀疑赫西俄德笔下的父亲的历史真实性。事实上，Cook(1989)页170–171认为赫西俄德从父亲那里习得了aoide[歌唱]的技艺。Nagy(1990)页73并不相信历史上确有赫西俄德其人，并把这位父亲视为反向殖民(reverse colonization)的标志。在Griffith(1983)页61看来，这位"父亲是一个反面教材，很不明智把幸福寄托于大海"。但讽刺的是，在古风时期，库莫却被视为富有之地。

② 在 *Keaney and Lamberton*(1996)一书中，来自库莫的厄弗鲁斯(Ephorus)宣称荷马也是从那里来的，而赫西俄德是荷马的叔叔(页2)。但这显然是古老的传说，因为智者希庇阿斯(Hippias)也把库莫视作荷马的故乡(*FGrH* 6.13)。

哪怕无足轻重的异邦人",行 11 – 15)。赫西俄德之父移居阿斯克拉与荷马的自我放逐之间惊人的相似,但两者显然分道扬镳了。

因此,赫西俄德的这段身世说明可能包含了一种隐喻而非字面意思,它表明两位诗人同出一源,只是诗歌创作的旨趣不同。毕竟就像赫西俄德自己告诉我们的,他并没有完成过特洛亚的英雄之旅,但他的父亲却漂洋过海,迁居贫瘠的阿斯克拉,如此一来,他的儿子才可能与缪斯在赫利孔的山坡相遇。是故,赫西俄德才说英雄史诗无法媲美自己的诗歌,但这并非如通常所认为的那样是由于荷马对事实的虚构。的确,赫西俄德的诗歌囊括了神明和人类的宇宙,空间上看,从奥林波斯山巅到塔耳塔罗斯的深渊,时间上看,从鸿蒙开辟到今时今日。与荷马不同,赫西俄德宣称自己绝没有摒弃英雄传说(英雄传说的确进入了他的视线中),相反,他的视野更加整全。[182]他的双重视野兼具了神明的宇宙和人类的宇宙,并把神谱诗的传统与"智慧"文学的传统,神明的存在(Being)世界与人类的生成(Becoming)世界融为一体。赫西俄德发现并阐释的神明视角与人类视角之间的鸿沟,指向了恩培多克勒、帕默尼德与赫拉克利特在哲学上的尝试。赫西俄德通过将《神谱》和《劳作与时日》构筑成互补的宇宙观,展现了他囊括整全的雄心,此种整全既包含了人类生活的严酷真相,也包含了使这样的生活尚可忍受的悦耳的缪斯之歌。

# 参考文献

Abramowicz, S. (1940–46) "Quaestiuncula hesiodea (De monstrorum stemmate in *Theogonia*)," *Eos* 41: 166–72.
Aly, W. (1913a) "Hesiodos von Askra," in Heitsch: 50–99.
— (1913b) "Die literarische Überlieferung des Prometheusmythos," in Heitsch: 327–41.
Amory, A. (1966) "The Gates of Horn and Ivory," *YClS*: 20: 1–57.
Arrighetti, G. (1975) "Esiodo fra epica e lyrica," in *Esiodo: Letture Critiche*, ed. G. Arrighetti. Milan: 5–34.
— (1993) "Notte e i suoi figli: tecnica catalogica ed uso dell' aggettivazione in Esiodo (*Th.* 211–225)," in *Tradizione e innovazione nella cultura greca da Omero all'età ellenistica. Scritti in onore di B. Gentili* I, ed. R. Pretagostini. Rome: 101–14.
— (1996) "Hésiode et les Muses: Le Don de la vérité et la conquête de la parole," in *Métier*: 53–70. Italian version in *Athenaeum* 80 (1992) 45–63.
— (1998) (ed.) *Esiodo Opere*. Turin.
Arthur, M. (1982) "Cultural Strategies in Hesiod's *Theogony*: Law, Family, Society," *Arethusa* 15: 62–82.
— (1983) "The Dream of a World without Women: Poetics and the Circles of Order in the *Theogony* Proem," *Arethusa* 16: 97–116.
Athanassakis, A. N. (trans.) (1983) *Hesiod: Theogony, Works and Days, Shield*. Baltimore.
— (1992a) (ed.) *Essays on Hesiod* I. *Ramus* 21.1.
— (1992b) (ed.) *Essays on Hesiod* II. *Ramus* 21.2.
Austin, J. L. (1975) *How To Do Things With Words*. Cambridge, Mass.
Bakker, E. (1997) "Storytelling in the Future," in *Written Voices, Spoken Signs: Tradition, Performance, and the Epic Text*, eds. E. Bakker and A. Kahane. Cambridge, Mass.: 11–36.
— (1999a) "Homeric ΟΥΤΟΣ and the Poetics of Deixis," *CP* 94: 1–19.
— (1999b) "Pointing to the Past: Verbal Augment and Temporal Deixis in Homer," in *Euphrosyne: Studies in Ancient Epic and its Legacy in Honor of Dimitris N. Maronitis*, eds. J. N. Kazazis and A. Rengakos. Stuttgart.
— (2002) "Polyphemos," *Colby Quarterly* 38: 135–50.
Ballabriga, A. (1986) *Le Soleil et le Tartare: L'Image mythique du monde en Grèce archaïque*. Paris.

(1990) "Le Dernier adversaire de Zeus: Le Mythe de Typhon dans l'épopée grecque archaïque," *RHR* 207: 3–30.

(1998) "L'Invention du mythe des races en Grèce archaïque," *RHR* 215: 307–39.

Bamberger, B. (1842) "Über des Hesiodus mythus von den ältesten Menschengeschlechtern," reprinted in Heitsch: 439–49.

Becker, A. S. (1993) "Sculpture and Language in Early Greek Ekphrasis: Lessing's *Laocoon*, Burke's *Enquiry*, and the Hesiodic Description of Pandora," *Arethusa* 26: 277–93.

Benardete, S. (1967) "Hesiod's *Works and Days*: A First Reading," ΑΓΩΝ 1: 150–74.

(2000) "The Crisis in First Philosophy," in *The Argument of the Action: Essays on Greek Poetry and Philosophy*. Chicago: 3–14.

Benveniste, E. (1969) *Le Vocabulaire des institutions indo-européennes* (2 vols.). Paris.

Bernabé, A. (1987) (ed.) *Poetarum epicorum graecorum. Testimonia et fragmenta*. Leipzig.

Bettini, M. (1993) (ed.) *Maschile/Femminile: Genere e ruoli nelle culture antiche*. Rome.

Beye, C. (1972) "The Rhythm of Hesiod's *Works and Days*," *HSCPh* 76: 23–43.

Bianchi, U. (1963) "Razza aurea, mito delle cinque razze ed Elisio," *SMSR* 34: 143–210.

Blaise, F. (1992) "L'Épisode de Typhée dans la *Théogonie* d'Hésiode (v. 820–885): La Stabilisation du monde," *REG* 105: 349–70.

Blaise, F. and Rousseau, P. (1996) "La Guerre (*Théogonie*, v. 617–720)," in *Métier*: 213–33.

Blaise, F., Judet de La Combe, P., and Rousseau, P. (1996) (eds.) *Le Métier du mythe: Lectures d'Hésiode*. Lille. (= *Métier*)

Blumenberg, H. (1985) *Work on Myth*, trans. R. M. Wallace. Cambridge, Mass.

Blümer, W. (2001) *Interpretation archaischer Dichtung: Die mythologischen Partien der Erga Hesiods* (2 vols.). Münster.

Blusch, J. (1970) *Formen und Inhalt Hesiods individuellen Denkens*. Bonn.

Boedeker, D. (1983) "Hecate: A Transfunctional Goddess in the *Theogony*?," *TAPhA* 113: 79–93.

Bollack, J. (1971) "Mythische Deutung und Deutung des Mythos," in *Terror und Spiel: Probleme der Mythenrezeption*, ed. M. Fuhrmann. Munich: 111–18.

Bona Quaglia, L. (1973) *Gli "Erga" di Esiodo*. Turin.

Bonnafé, A. (1983) "Le Rossignol et la justice en pleurs (Hésiode 'Travaux' 203–212)," *Bulletin de l'Association Guillaume Budé*: 260–64.

(1984) *Poésie, nature et sacré: Homère, Hésiode et le sentiment grec de la nature*. Lyon.

(1985) *Eris et Eros: Mariages divins et mythe de succession chez Hésiode*. Lyon.

Bradley, E. (1966) "The Relevance of the Proemium to the Design and Meaning of Hesiod's *Theogony*," *SO* 41: 29–47.

Brague, R. (1990) "Le Récit du commencement. Une aporie de la raison grecque," in *La naissance de la raison en Grèce. Actes du Congrès de Nice Mai 1987*, ed. J.-F. Mattéi. Paris: 23–31.

Braswell, B. K. (1981) "*Odyssey* 8.166–77 and *Theogony* 79–93," *CQ* 31: 237–39.

Bravo, B. (1985) "*Les Travaux et les Jours* et la cité," *Annali della Scuola Normale di Pisa*, classe di lettere e filosofia, ser. 3, 15, 3: 705–65.
Brillante, C. (1994) "Poeti e re nel proemio della *Teogonia* Esiodeo," *Prometheus* 20: 14–26.
Broccia, G. (1954) "*Kryptein bion*: Lavoro e vita nel mito esiodeo di Pandora," *PP* 9: 118–36.
— (1958) "Pandora, il *pithos* e la Elpis," *PP* 13: 296–309.
Brown, A. S. (1997) "Aphrodite and the Pandora Complex," *CQ* 47: 26–47.
— (1998) "From the Golden Age to the Isles of the Blest," *Mnemosyne* 51: 385–410.
Brown, L. T. (1987) "Ὁ κυνικισμός στὸν Ἡσίοδον," ΑΡΦ 3: 11–15.
— (1994) *The Dog in Ancient Life*. London.
Brown, N. O. (1953) (ed.) *Hesiod: Theogony*. Indianapolis.
Brugmann, K. (1904/5) "Ἑκών und seine griechischen Verwandten," *Indogermanische Forschungen* 17: 1–11.
Büchner, K. (1968) "Das Proömium der Theogonie des Hesiod," in *Studien zur römischen Literatur* VII. Wiesbaden: 9–42.
Burgess, J. (2001) *The Tradition of the Trojan War and the Epic Cycle*. Baltimore.
Burkert, W. (1985) *Greek Religion*. Cambridge, Mass.
Bussanich, J. (1983) "A Theoretical Interpretation of Hesiod's Chaos," *CP* 78: 212–19.
Calabrese de Feo, M. R. (1995) "La Duplice fisionomia di Pandora in Esiodo," in *Poesia Greca*, ed. G. Arrighetti (Ricerche di Filologia Classica 4). Pisa: 101–21.
Calame, C. (1995a) *The Craft of Poetic Speech in Ancient Greece*, trans. J. Orion. Ithaca. (French edition 1986)
— (1995b) "Variations énonciatives, relations avec les dieux et fonctions poétiques dans les *Hymnes Homériques*," *MH* 52: 2–19.
— (1996) "Le Proème des *Travaux* d'Hésiode: Prélude à une poésie d'action," in *Métier*: 169–89.
Carrière, J.-C. (1986) "Les Démons, les héros et les rois dans la cité de fer: Les Ambiguités de la justice dans la mythe hésiodique des races et la naissance de la cité," in *Les Grandes figures religieuses. Fonctionnement pratique et symbolique dans l'Antiquité*. Paris: 193–261.
Casabona, J. (1966) *Recherches sur le vocabulaire des sacrifices en grec*. Aix-en-Provence.
Casanova, A. (1979) *La Famiglia di Pandora: Analisi filologica dei miti di Pandora e Promiteo nella tradizione esiodeo*. Florence.
Cerutti, M. V. (1998) "Mito di distruzione, Mito di fundazione; Hes. Fr 204, 95–103 M.-W.," *Aevum Antiquum* 11: 127–78.
Chantraine, P. (1968–80) *Dictionnaire étymologique de la langue grecque* (2 vols.). Paris.
Clark, M. (2001) "Was Telemachus Rude to his Mother? *Odyssey* 1.356–59," *CPh* 96: 335–54.
Classen, C. J. (1996) "ΑΡΧΗ in its Earlier Use," in *Studies in Memory of A. Wasserstein*, eds. J. Price and D. J. Wasserstein, vol. 1. Jerusalem: 20–24.

Claus, D. (1977) "Defining Moral Terms in the *Works and Days*," *TAPhA* 108: 73–84.
Clay, D. (1992) "The World of Hesiod," in *Essays on Hesiod* II, ed. A. Athanassakis. *Ramus* 21: 131–55.
Clay, J. S. (1984) "The Hecate of the *Theogony*," *GRBS* 25: 27–38.
  (1988) "What the Muses Sang: *Theogony* 1–115," *GRBS* 29: 323–33.
  (1989) *The Politics of Olympus*. Princeton.
  (1993a) "The Generation of Monsters in Hesiod," *CP* 88: 105–16.
  (1993b) "The Education of Perses: From 'Mega Nepios' to 'Dion Genos' and Back," *MD* 31: 23–33.
  (1996) "The New Simonides and Homer's *Hemitheoi*," *Arethusa* 29: 243–45.
  (1999a) "The Whip and Will of Zeus," *Literary Imagination* 1: 40–60.
  (1999b) "*Iliad* 24.649 and the Semantics of ΚΕΡΤΟΜΕΩ," *CQ* 49: 618–21.
Cole, T. (1983) "Archaic Truth," *QUCC* 13: 7–28.
Combellack, F. M. (1948) "Speakers and Scepters in Homer," *CJ* 43: 209–17.
Cook, R. M. (1989) "Hesiod's Father," *JHS* 109: 170–77.
Crubellier, M. (1996) "Le mythe comme discours: Le Récit des cinq races humaines dans *Les Travaux et les Jours*," in *Métier*: 431–63.
Daudet, A. (1972) "ΧΑΛΚΩΙ ΕΡΓΑΖΟΝΤΟ," *Recherches de Philologie et de Linguistique* 3: 199–25.
Davies, D. R. (1992) "Genealogy and Catalogue: Thematic Relevance and Narrative Elaboration in Homer and Hesiod," PhD dissertation, University of Michigan.
Davies, M. (1991) (ed.) *Poetarum Melicorum Fragmenta* 1. Oxford.
  (1995) "Agamemnon's apology and the unity of the *Iliad*," *CQ* 45: 1–8.
Davis, S. (1979) "Perlocutions," *Linguistics and Philosophy* 3: 225–43.
De Heer, C. (1969) ΜΑΚΑΡ – ΕΥΔΑΙΜΟΝ – ΟΛΒΙΟΣ – ΕΥΤΥΧΗΣ: *A Study of the Semantic Field Denoting Happiness in Ancient Greek to the End of the Fifth Century BC*. Amsterdam.
Deichgräber, K. (1951–52) "Etymologisches zu Ζεύς, Διός, Δία, Δίκη (Hesiod 'Erga' 248–266)," *Zeitschrift für vergleichende Sprachforschung* 70: 19–28.
  (1965) "Die Musen, Nereiden, und Okeaninen in Hesiods Theogonie," *Akademie der Wissenschaften und der Literatur in Mainz* 4. Wiesbaden: 175–207.
Detienne, M. (1967) *Les Maîtres de vérité dans la Grèce archaïque*. Paris.
  (1972) *Les Jardins d'Adonis*. Paris.
Detienne, M. and Vernant, J.-P. (1974) *Les ruses de l'intelligence: La mètis des Grecs*. Paris.
Dickie, M. (1973) "*Dike* as a Moral Term in Homer and Hesiod," *CPh* 73: 91–101.
Diels, H. and Kranz, W. (1934) (eds.) *Die Fragmente der Vorsokratiker* (5th edn.). Berlin.
Derossi, G. (1975) "L'Inno ad Ecate di Baccilide (fr. 1.B Sn.) e la 'figura' arcaica della dea," *Quaderni Triestini per il lessico della lirica corale greca* 2: 16–26.
Di Gregorio, L. (1975) (ed.) *Scholia vetera in Hesiodi Theogoniam*. Milan.

Diller, H. (1946) "Hesiod und die Anfänge der griechischen Philosophie," reprinted in Heitsch: 688–707.
Dräger, P. (1997) *Untersuchungen zu den Frauenkatalogen Hesiods*. Stuttgart.
Duban, J. M. (1980) "Poets and Kings in the *Theogony* Invocation," *QUCC* 33: 7–21.
Duchemin, J. (1974) *Prométhée: Histoire du mythe, de ses origines orientales à ses incarnations modernes*. Paris.
Douglas, M. (1966) *Purity and Danger*. London.
Edmunds, S. T. (1990) *Homeric Nepios*. New York.
Edwards, G. P. (1971) *The Language of Hesiod in its Traditional Context*. Oxford.
Erler, M. (1987) Das Recht als Segenbringerin für die Polis," *SIFC* 3 ser. 5: 5–36.
Evelyn-White, H. G. (1936) (ed.) *Hesiod, the Homeric Hymns and Homerica*. Cambridge, Mass.
Falkner, T. (1989) "Slouching towards Boeotia: Age and Age-Grading in the Hesiodic Myth of the Five Ages," *CA* 8: 42–60.
Ferrari. G. (1988) "Hesiod's mimetic Muses and the strategies of deconstruction," in *Post-Structuralist Classics*, ed. A. Benjamin. London: 45–78.
Fick, A. (1887) *Hesiods Gedichte*. Göttingen.
   (1894) *Die griechischen Personennamen* (2nd edn.). Göttingen.
Flach, H. (1873) *Die Hesiodische Theogonie*. Berlin.
Fontenrose, J. (1974) "Work, Justice, and Hesiod's Five Ages," *CPh* 69: 1–16.
Ford, A. (1992) *Homer: The Poetry of the Past*. Ithaca.
Fowler, R. L. (1998) "Genealogical Thinking, Hesiod's *Catalogue*, and the Creation of the Hellenes," *PCPhS* 44: 1–19.
Fränkel, H. (1962) *Dichtung und Philosophie des frühen Griechentums*. Munich.
Friedländer, P. (1914) "Das Proömium von Hesiods Theogonie," reprinted in Heitsch: 277–94.
   (1931) Review of F. Jacoby, *Hesiodi Carmina Pars 1: Theogonia* (Berlin 1930), reprinted in Heitsch: 100–30.
Fritz, K. von. (1956) "Das Proömium der hesiodische Theogonie," reprinted in Heitsch: 295–315.
   (1947) "Pandora, Prometheus, and the Myth of the Ages," *Review of Religion* 11: 227–60.
Fuss, W. (1910) *Versuch einer Analyse von Hesiods* ΕΡΓΑ ΚΑΙ ΗΜΕΡΑ I (1. Theil). Borna–Leipzig.
Gagarin, M. (1973) "*Dike* in the *Works and Days*," *CPh* 68: 81–94.
   (1974) "Hesiod's Dispute with Perses," *TAPhA* 104: 103–11.
   (1990) "The Ambiguity of Eris in the Works and Days," in *Cabinet of the Muses. Essays on Classical and Comparative Literature in Honor of T. G. Rosenmeyer*, eds. M. Griffith and D. J. Mastronarde. Atlanta: 173–83.
Gatz, B. (1967) *Weltalter, goldene Zeit und sinnverwandte Vorstellungen*. Spudasmata 16. Hildesheim.
Genette, G. (1982) *Palimpsestes*. Paris.
Gerhard, E. (1853) (ed.) *Hesiodi Carmina*. Berlin.
Goettling, C. (1843) (ed.) *Hesiodi carmina*. Gotha.

Goldschmidt, V. (1950) "Théologia," *REG* 63: 20–41.
Goodwin, W. (1889) *Syntax of the Moods and Tenses of the Greek Verb*. London.
Graziosi, B. (2002) "Competition in Wisdom," in *Homer, Tragedy and Beyond: Essays in Honour of P. E. Easterling*, eds. F. Budelman and P. Michelakis. Cambridge: 54–74.
Green, P. (1984) "*Works and Days* 1–285: Hesiod's Invisible Audience," in *Mnemai: Classical Studies in Memory of Karl K. Hulley*, ed. H. D. Evjen. Chico, California: 21–39.
Griffin, J. (1980) *Homer on Life and Death*. Oxford.
Griffith, M. (1983) "Personality in Hesiod," *CA* 2: 37–65.
Groningen, B. A. van (1957) "Hésiode et Perses," *Med. Kon. Neder. Akad. Wetenschappen, Afd. Letterkunde*, NR 20, 6: 153–66.
— (1958) *La Composition Littéraire archaïque grecque, Med. Ned. Ak. Afd. Letterk.* NS 65, 2. Amsterdam.
Gruppe, O. (1841) *Ueber die Theogonie des Hesiod*. Berlin.
Guarducci, M. (1926) "Leggende dell'antica Grecia relative all'origine dell'umanità e analoghe tradizioni di altri paesi," *Atti della Reale Accademia Nazionale dei Lincei: Memorie delle classe di scienze morali, storiche e filologiche*: 2, 323: 379–459.
Hamilton, R. (1989) *The Architecture of Hesiodic Poetry*. Baltimore.
Harrell, S. E. (1991) "Apollo's Fraternal Threats: Language of Succession and Domination in the *Homeric Hymn to Hermes*," *GRBS* 32: 307–29.
Heath, M. (1985) "Hesiod's Didactic Poetry," *CQ* 35: 245–63.
Heiliger, K. (1983) "Der Freierkatalog der Helena im hesiodeischen Frauenkatalog 1," *MH* 40: 19–34.
Heitsch, E. (1963) "Das Prometheus-Gedicht bei Hesiod," reprinted in Heitsch: 424–35.
— (1966a) (ed.) *Hesiod*. Darmstadt. (= Heitsch)
— (1966b.) "Das Wissen des Xenophanes," *RhM* 109: 193–235.
Heldmann, K. (1982) *Die Niederlage Homers im Dichterwettstreit mit Hesiod*. Hypomnemata 75. Göttingen.
Henderson, J. (1987) *Aristophanes Lysistrata*. Oxford.
Hermann, G. (1827) "De mythologia Graecorum antiquissima dissertatio," *Opuscula* 2. Leipzig: 167–94.
— (1839) "De Apolline et Diana pars posterior," *Opuscula* 7. Leipzig: 299–314.
Hess, K. (1960) *Der Agon zwischen Homer und Hesiod, seine Entstehung und kulturgeschichtliche Stellung*. Meisenheim.
Heubeck, A. (1955) "Mythologische Vorstellungen des alten Orients im archaischen Griechentum," reprinted in Heitsch: 545–70.
— (1980) "Πρόφασις und kein Ende (zu Thuc. 1.23)," *Glotta* 2–4: 222–36.
Hölscher, U. (1968) *Anfängliche Fragen: Studien zur frühen griechischen Philosophie*. Göttingen.
Hoffmann, H. (1971) "Hesiod Theogonie V. 35," *Gymnasium* 78: 90–97.
Hofinger, M. (1969) "L'Eve grecque et le mythe de Pandore," in *Mélanges de linguistique, de philologie, et de méthodologie de l'enseignement des langues anciennes,*

*offerts à M. René Fohalle à l'occasion de son soixante-dixième anniversaire*. Gembloux: 205–17.
Hubbard, T. K. (1996) "Hesiod's Fable of the Hawk and the Nightingale," *GRBS* 36: 161–71.
Jacoby, F. (1930) (ed.) *Hesiodi Carmina: Pars 1: Theogonia*. Berlin.
Janko, R. (1981) "The Structure of the Homeric Hymns: A Study in Genre," *Hermes* 109: 9–24.
——— (1982) *Homer, Hesiod and the Hymns: Diachronic development in Epic diction*. Cambridge.
Johnston, S. I. (1989) *Hekate Soteira: A Study of Hekate's Roles in the Chaldean Oracles and Related Literature*. Atlanta.
Jones, N. F. (1984) "Work 'In Season' in the Works and Days," *CJ* 79: 307–23.
Jouan, F. (1966) *Euripide et les légendes des chants cypriens*. Paris.
Judet de la Combe, P. (1993) "L'Autobiographie comme mode d'universalisation. Hésiode et Hélicon," in *La Componente Autobiografica nella Poesia Greca e Latina fra Realtà e Artificio Letterario: Atti del Convegno Pisa 16–17 maggio 1991*, eds. G. Arrighetti and F. Montanari. Pisa: 25–39.
——— (1996) "La Dernière ruse: 'Pandore' dans la *Théogonie*," in *Métier*: 262–99.
Judet de la Combe, P. and Lernould, A. (1996) "Sur la Pandore des *Travaux*. Esquisses," in *Métier*: 301–13.
Kahn, C. H. (1973) *The Verb 'Be' in Ancient Greek*. Dordrecht.
Kakrides, J. Th. (1972) "Probleme der griechischen Heldensage," *Poetica* 5: 152–63.
Kambylis, A. (1965) *Die Dichterweihe und ihre Symbolik: Untersuchungen zu Hesiodos, Kallimachos, Properz und Ennius*. Heidelberg.
Kassel, R. (1973) "Kritische und exegetische Kleinigkeiten IV," *RhM* 116: 97–112.
Keaney, J. J. and Lamberton, R. (1996) (eds.) [Plutarch] *Essay on the Life and Poetry of Homer*. Atlanta.
Kerschensteiner, J. (1944) "Zum Aufbau und Gedankenführung von Hesiods *Erga*," *Hermes* 79: 149–91.
Kirchhoff, A. (1889) *Hesiodos' Mahnlieder an Perses*. Berlin.
Kirk, G. S. (1960) "The Structure and Aim of the *Theogony*," in *Hésiode et son influence*. Entretiens Hardt 7. Vandoeuvres.
Klaussen, R. H. (1835) "Ueber Hesiodus Gedicht auf die Musen," *RhM* NS 3: 439–69.
Knox, B. M. W. (1982) "Work and Justice in Archaic Greece," *Thought* 57: 317–31.
Koenen, L. (1994) "Cyclic Destruction in Hesiod and the *Catalogue of Women*," *TAPhA* 124: 1–34.
Kohl, W. (1970) "Der Opferbetrug des Prometheus (Zu Hesiod, Theog. 538–540)," *Glotta* 48: 1–36.
Krafft, F. (1963) *Vergleichende Untersuchungen zu Homer und Hesiod*. Göttingen.
Kraus. M. (1987) *Name und Sache: Ein problem in frühgriechischen Denken*. Amsterdam.
Kraus, T. (1960) *Hekate*. Heidelberg.
Krischer, T. (1965) "ΕΤΥΜΟΣ und ΑΛΗΘΗΣ," *Philologus* 109: 161–73.
——— (1971) *Formale Konventionen der homerischen Epik*. Zetemata 56. Munich.

Kristeva, J. (1969) *Semiôtikè*. Paris.
Laks, A. (1996) "Le Double du roi: Remarques sur les antécédents hésiodiques du philosophe-roi," in *Métier*: 83–89.
Lamberton, R. (1988) *Hesiod*. New Haven.
Lardinois, A. (1998) "How the Days Fit the Works in Hesiod's Works and Days," *AJPh* 117: 319–36.
Latacz, J. (1971) "Noch einmal zum Opferbetrug des Prometheus," *Glotta* 49: 27–34.
Latimer, J. F. (1930) "Perses versus Hesiod," *TAPhA* 61: 70–79.
Latte, K. (1946a) "Der Rechtsgedanke im archaischen Griechentum," *A&A* 2: 63–73. (= *Kleine Schriften* [Munich 1968] 233–51)
——— (1946b) "Hesiods Dichterweihe," *A&A* 2: 152–63. (= *Kleine Schriften* [Munich 1968] 60–75).
Lauriola, R. (1995) "Il ΓΕΝΟΣ di Iapeto: Considerazioni sull' ordinamento genealogico della *Teogonia* esiodea," in *Poesia Greca. Recerche di Filologia Classica* 4, ed. G. Arrighetti. Pisa: 73–100.
Leclerc, M.-C. (1992) "L'Epervier et le rossignol d'Hésiode: Une fable à double sens," *REG* 105: 37–44.
——— (1993) *La Parole chez Hésiode: A la recherche de l'harmonie perdue*. Paris.
——— (1994) "Facettes du temps dans Les *Travaux et Les Jours* d'Hésiode," *RPh* 68: 147–63.
——— (1998) "Le partage des lots. Récit et paradigme dans la *Théogonie* d'Hésiode," *Pallas* 48: 89–104.
Ledbetter, G. (2003) *Poetics Before Plato*. Princeton.
Leinecks, V. (1984) "'Ελπίς in Hesiod, *Works and Days* 96," *Philologus* 128: 1–8.
Lemke, D. (1968) "Sprachliche und strukturelle Beobachtungen zum Ungeheuer Katalog in der *Theogonie* Hesiods," *Glotta* 46: 47–53.
Lendle, O. (1957) *Die "Pandorasage" bei Hesiod: Textkritische und motivgeschichtliche Untersuchungen*. Würzburg.
Lenz, A. (1975) "Hesiods Prozesse," in *Dialogos für Harald Patzer zum 65 Geburtstag*. Wiesbaden: 23–33.
——— (1980) *Das Proöm des frühen griechischen Epos*. Bonn.
Lévêque, P. (1988) "Pandora ou la terrifiante féminité," *Kernos* 1: 49–62.
Levet, J. P. (1976) *Le Vrai et le faux dans la pensée grecque archaïque*. Paris.
Livrea, E. (1966) "Il proemio degli Erga considerato attraverso i vv. 9–10," *Helikon* 6: 442–75.
——— (1967) "Applicazione della 'Begriffsspaltung' negli *Erga*," *Helikon* 7: 81–100.
Lobel, E. (1956) (ed.) *Oxyrhynchus Papyri* 23. London.
Löffler, I. (1963) *Die Melampodie: Versuch einer Rekonstruktion des Inhalts*. Meisenheim.
Lonsdale, S. H. (1989) "Hesiod's Hawk and Nightingale (*Op*. 202–12): Fable or Omen?" *Hermes* 117: 403–12.
Loraux, L. (1978) "Sur la race des femmes et quelques-unes de ses tribus," *Arethusa* 11: 43–87.
Loraux, N. (1996) *Né de la terre: Mythe et politique à Athènes*. Paris.

Luginbühl, M. (1992) *Menschenschöpfungsmythen. Ein Vergleich zwischen Griechenland und dem Alten Orient*. Bern.
Luther, W. (1935) *"Wahrheit" und "Lüge" im ältesten Griechentum*. Borna–Leipzig.
Maehler, H. (1963) *Die Auffassung des Dichterberufs im frühen Griechentum bis zur Zeit Pindars*. Göttingen.
Malkin, I. (1998) *The Returns of Odysseus: Colonization and Ethnicity*. Berkeley.
Mancini, M. (1986) "Semantica di ῥητός e ἄρρητος nel prologo agli Ἔργα di Esiodo," *AION* 8: 175–91.
Marconi, M. (1952) "Il Mito di Gaia nella teogonia esiodea," *Acme* 5: 561–72.
Marg, W. (ed.) (1970) *Hesiod: Sämtliche Gedichte*. Zurich.
Marquardt, P. A. (1981) "A Portrait of Hecate," *AJPh* 102: 243–60.
Marsilio, M. S. (2000) *Farming and Poetry in Hesiod's Works and Days*. Lanham, Maryland.
Martin, R. (1942–43) "The Golden Age and the ΚΥΚΛΟΣ ΓΕΝΕΣΕΩΝ (Cyclical Theory) in Greek and Latin Literature," *GR* 12: 62–71.
Martin, R. P. (1984) "Hesiod, Odysseus and the Instruction of Princes," *TAPhA* 114: 29–48.
——— (1989) *The Language of Heroes: Speech and Performance in the Iliad*. Ithaca.
Martinazzoli, F. (1946) "Lo sdoppiamento di alcuni concetti morali in Esiodo e la ἐλπίς," *SIFC* 21: 11–22.
Masaracchia, A. (1961) "L'Unità delle *Opere* esiodee e il loro rapporto con la *Teogonia*," *Helikon* 1: 217–44.
Massa Positano, L. (1971) "Il proemio degli Erga," in *Studi filologici e storici in onore di Vittorio De Falco*. Naples: 27–56.
Matthiessen, K. (1977) "Das Zeitalter der Heroen bei Hesiod (Werke und Tage 156–173)," *Philologus* 121: 176–88.
Mayer, K. (1996) "Helen and the ΔΙΟΣ ΒΟΥΛΗ," *AJPh* 117: 1–15.
Mazon, P. (1914) *Hésiode: Les Travaux et les Jours*. Paris.
——— (1928) (ed.) *Hésiode*. Paris.
McLaughlin, J. D. (1981) "Who is Hesiod's Pandora?" *Maia* 33: 17–18.
Méautis, G. (1939) "Le Prologue à la *Théogonie* d'Hésiode," *REG* 52: 573–83.
Meier-Brügger, M. (1990) "Zu Hesiods Namen," *Glotta* 68: 62–67.
Merkelbach, R. and West, M. L. (1967) (eds.) *Fragmenta Hesiodea*. Oxford.
——— (1968) "Les Papyrus d'Hésiode et la géographie mythologique de la Grèce," *Chronique d'Egypte* 43: 133–55, reprinted in *Hestia und Erigone: Vorträge und Aufsätze*, eds. W. Blümel, B. Kramer, J. Kramer, and C. E. Römer. Stuttgart 1996: 67–86.
Meyer, A. (1887) *De Compositione Theogoniae hesiodeae*. Berlin.
Meyer, E. (1910) "Hesiods Erga und das Gedicht von den fünf Menschengeschlechtern," reprinted in Heitsch: 471–522.
Mezzadri, B. (1988) "Structure du mythe des races d'Hésiode," *L'Homme* 28: 51–57.
——— (1989) "La Double Eris initiale," *Métis* 4: 51–60.
Mikalson, J. (1972) "Prothyma," *AJPh* 93: 577–83.
Miller, M. H. (1977) "La Logique implicite de la cosmogonie d'Hésiode," *RMM* 82: 433–56.

Millett, P. (1984) "Hesiod and his World," *PCPhP* 210: 84–115.
Minton, W. (1970) "The Proem-Hymn of Hesiod's *Theogony*," *TAPhA* 101: 357–77.
Miralles, C. (1991) "Hesíodo, *Erga* 42–105. La invención de la mujer y la tinaja," in *Estudios actuales sobre textos griegos*, ed. J. A. López Férez. Madrid: 33–45.
  (1993) "Le Spose di Zeus e l'ordine del mondo nella 'Teogonia' di Esiodo," in *Maschile/Femminile: Genere e ruoli nelle culture antiche*, ed. M. Bettini. Rome: 17–44.
Miralles, C. and Pòrtulas, J. (1998) "L'image du poète en Grèce archaïque," in *Figures de l'intellectuel en Grèce ancienne*, eds. N. Loraux and C. Miralles. Paris: 15–63.
Mondi, R. (1984) "The Ascension of Zeus and the Composition of Hesiod's *Theogony*," *GRBS* 25: 325–44.
  (1989) "ΧΑΟΣ and the Hesiodic Cosmogony," *HSCPh* 92: 1–41.
Most, G. W. (1993) "Hesiod and the Textualization of Personal Temporality," in *La Componente autobiografica nella poesia greca e latina fra realtà e artificio letterario: Atti del Convegno Pisa, 16–17 maggio 1991*, eds. G. Arrighetti and F. Montanari. Pisa: 73–92.
  (1997) "Hesiod's Myth of the Five (or Three or Four) Races," *PCPhS* 43: 104–27.
Moussy, C. (1969) *Recherches sur* ΤΡΕΦΩ *et les verbes grecs signifiant "nourrir."* Paris.
Mueller, L. (1954) "Wort und Begriff 'mythos' im klassischen Griechisch," PhD dissertation, University of Hamburg.
Muellner, L. (1996) *The Anger of Achilles: Mênis in Greek Epic*. Ithaca.
Muetzell, W. J. K. (1833) *De Emendatione Theogoniae Hesiodeae*. Leipzig.
Murad, E.W. (1998) "Words for Words," MA thesis, University of Virginia.
Muth, R. (1951) "Zu Hesiod *Op*. 1–10," *AAHG* 4: 185–89.
Naddaf, G. (1986) "Hésiode, précurseur des cosmogonies grecques de type 'évolutioniste'," *RHR* 23: 339–64.
Nagler, M. (1992) "Discourse and Conflict in Hesiod: Eris and the Erides," *Ramus* 21: 79–96. (= *Essays on Hesiod* 1, ed. A. Athanassakis).
Nagy, G. (1979) *The Best of the Achaeans*. Baltimore.
  (1989) "The Pan-hellenization of the 'Days' in the *Works and Days*," in *Daidalikon. Studies in Memory of Raymond V. Schroder, SJ*, ed. R. F. Sutton Jr. Wauconda, Illinois: 273–77.
  (1990) *Greek Mythology and Poetics*. Ithaca.
  (1996) "Autorité et auteur dans la *Théogonie* hésiodique," in *Métier*: 41–52.
Neitzel, H. (1975) *Homer-Rezeption bei Hesiod: Interpretation ausgewählter Passagen*. Bonn.
  (1976) "Pandora und das Faß: Zur Interpretation von Hesiod, Erga 42–105," *Hermes* 104: 387–419.
  (1977) "Zum zeitlichen Verhältnis von Theogonie (80–93) und Odyssee (8, 166–177)," *Philologus* 121: 24–44.
  (1980) "Hesiod und die lügenden Musen," *Hermes* 108: 387–401.
Nelson, S. A. (1997–98) "The Justice of Zeus in Hesiod's Fable of the Hawk and the Nightingale," *CJ* 92: 235–47.

(1998) *God and the Land: The Metaphysics of Farming in Hesiod and Vergil.* Oxford.
Neschke, A. (1996) "Dikè. La Philosophie poétique du droit dans le 'mythe des races' d'Hésiode," in *Métier.* 465–78.
Nietzsche, F. (1960) *Zur Genealogie der Moral*, in *Friedrich Nietzsche: Werke in drei Bänden*, ed. Karl Schlechta (2nd edn.). Munich: 2.763–900.
Nilsson, M. P. (1969) *Geschichte der griechischen Religion* (3rd edn., 2 vols.). Munich.
Northrup, M. (1983) "Where Did the *Theogony* End?" *SO* 58: 7–13.
O'Bryhim, S. (1996) "A New Interpretation of Hesiod *Theogony* 35," *Hermes* 124: 131–38.
    (1997) "Hesiod and the Cretan Cave," *RM* 140: 95–96.
Østerud, S. (1976) "The Individuality of Hesiod," *Hermes* 104: 13–29.
Otto, W. F. (1952.) "Hesiodea," in *Varia Variorum: Festgabe für Karl Reinhardt.* Cologne: 49–57.
Paley, F. A. (1961) (ed.) *The Epics of Hesiod with an English Commentary.* London.
Pellizer, E. (1975) "Per l'unità dei 'Giorni'," in *Studi triestini di antichità in onore di L. A. Stella.* Trieste: 169–82.
Pertusi, A. (ed.) (1955) *Scholia Vetera in Hesiodi Opera et Dies.* Milan.
Perysinakis, I. (1986) "Hesiod's Treatment of Wealth," *Métis* 1: 97–119.
Pfister, F. (1928) "Die Hekate-Episode in Hesiods Theogonie," *Philologus* 84: 1–9.
Philippson, P. (1936) "Genealogie als mythische Form," *SO* Suppl. 7, reprinted in Heitsch: 651–87.
Philips, F. C. (1973) "Narrative Compression and the Myths of Prometheus in Hesiod," *CJ* 68: 289–305.
Podbielski, H. (1986) "Le Chaos et les confins de l'univers dans la *Théogonie* d'Hésiode," *EC* 54: 253–263.
    (1994) "Der Dichter und die Musen im Prooimion der Hesiodeischen [sic] Theogonie," *Eos* 82: 173–88.
Pötscher, W. (1994) "Die Zuteilung der Portionen in Mekone," *Philologus* 138: 159–74.
Pratt, L. (1993) *Lying and Poetry from Homer to Pindar: Falsehood and Deception in Archaic Greek Poetics.* Ann Arbor.
Preller, L. (1852). "Die Vorstellungen der alten, besonders der Griechen, von dem ursprunge und den ältesten schicksalen des menschlichen geschlechts," *Philologus* 7:
Preller, L. and Robert, C. (1887) *Griechische Mythologie* (4th edn.). Berlin.
Prellwitz, W. (1929) "Participia praesentia activi in der Zusammensetzung," *Glotta* 17: 144–47.
Price, T. H. (1978) *Kourotrophos.* Leiden.
Prier, R. A. (1974) "Archaic Structuralism and Dynamics in Hesiod's *Theogony*," *Apeiron* 8: 1–12.
    (1989) *Thauma idesthai: The Phenomenology of Sight and Appearance in Ancient Greek.* Tallahassee.
Pucci, P. (1977) *Hesiod and the Language of Poetry.* Baltimore.

(1996) "Auteur et destinataires dans les *Travaux* d'Hésiode," in *Métier:* 191–210.
Puelma, M. (1972) "Sänger und König: Zum Verständnis von Hesiods Tierfabel," *MH* 29: 86–109.
(1989) "Der Dichter und die Wahrheit in der griechischen Poetik," *MH* 46: 65–100.
Pullyn, S. (1997) *Prayer in Greek Religion.* Oxford.
Raaflaub, K. (1993) "Homer to Solon: The Rise of the Greek Polis, the Written Sources," in *The Ancient Greek City-State*, ed. M. Hansen. Copenhagen: 41–105.
Race, W. H. (1992) "How Greek Poems Begin," *YClS* 29: 13–38.
Ramnoux, C. (1986) *La Nuit et les enfants de la Nuit* (2nd edn.). Paris.
(1987) "Les Femmes de Zeus: Hésiode, *Théogonie*, vers 885 à 955," in *Poikilia: Études offertes à Jean-Pierre Vernant.* Paris: 155–64.
Rawlings, H. (1975) *A Semantic Study of Prophasis to 400 BC. Hermes* Suppl. 33. Wiesbaden.
Redfield, J. (1993) "The Sexes in Hesiod," *Annals of Scholarship* 10: 31–61.
Reinhardt, K. (1960) "Prometheus," in *Tradition und Geist: Gesammelte Essays zur Dichtung*, ed. C. Becker. Göttingen: 190–226.
1961. *Die Ilias und Ihr Dichter.* Göttingen.
Reitzenstein, R. (1924) "Altgriechische Theologie und ihre Quellen," reprinted in Heitsch: 523–44.
Richir, M. (1995) *La Naissance des dieux.* Paris.
Riedinger, J.-C. (1992) "Structure et signification du 'Calendrier du Paysan' d'Hésiode (*Travaux* vv. 383–617)," *RPh* 66: 121–41.
Robert, C. (1905) "Zu Hesiods Theogonie," reprinted in Heitsch: 154–74.
Rohde, E. (1898) *Psyche: Seelencult und Unsterblichkeits Glaube der Griechen*, 2nd edn. Freiburg.
Rosen, R. (1990) "Poetry and Sailing in Hesiod's *Works and Days*," *CA* 9: 99–113.
(1997) "Homer and Hesiod," in *A New Companion to Homer*, eds. I. Morris and B. Powell. Leiden: 463–88.
Rosenmeyer, T. G. (1957) "Hesiod and Historiography (*Erga* 106–201)," *Hermes* 85: 257–85.
Roth, C. P. (1976) "The Kings and Muses in Hesiod's Theogony," *TAPhA* 106: 331–38.
Roth, R. (1860) "Der Mythus von den fünf Menschengeschlechtern und die indische Lehre von den vier Weltaltern," reprinted in Heitsch: 450–70.
Rotondaro, S. (1997). "Il Tempo, Zeus, la Memoria e l'Uomo nella *Teogonia* di Esiodo," *AAN* 108: 55–63.
Rousseau, P. (1996) "Instruire Persès: Notes sur l'ouverture des *Travaux* d'Hésiode," in *Métier:* 93–167.
(1993) "Un Héritage disputé," in *La Componente autobiografica nella poesia greca e latina fra realtà e artificio letterario: Atti del Convegno Pisa, 16–17 maggio 1991*, eds. G. Arrighetti and F. Montanari. Pisa: 41–72.
Rudhardt, J. (1981a) "Les Mythes grecs relatifs à l'instauration du sacrifice: Les rôles corrélatifs de Prométhée et de son fils Deucalion," in *Du Mythe, de la*

*religion grecque et de la compréhension d'autrui.* Cahiers Vilfredo Pareto. Revue européenne des sciences sociales 19: 209–26.

(1981b) "Le Mythe hésiodique des races et celui de Prométhée: Recherche de structures et des significations," in *Du Mythe, de la religion grecque et de la compréhension d'autrui.* Cahiers Vilfredo Pareto. Revue européenne des sciences sociales 19: 245–81.

(1986) *Le Rôle d'Eros et d'Aphrodite dans les cosmogonies grecques.* Paris.

(1993) "À propos de l'Hécate hésiodique," *MH* 50: 204–21

(1996) "Le Préambule de la *Théogonie*," in *Métier.* 25–39.

Russo, J. (1992) *A Commentary on Homer's Odyssey*, vol. 3. Oxford.

Rutherford, I. (2000) "Formulas, Voice, and Death in *Ehoie*-Poetry," in *Matrices of Genre: Authors, Canons, and Society*, eds. M. Depew and D. Obbink. Cambridge, Mass.: 81–96.

Rzach, A. (1902) (ed.) *Hesiodi carmina.* Leipzig.

(1912) "Hesiodos," in *RE* 8.1: 1164–239.

Saïd, S. (1977) "Les Combats de Zeus et le problème des interpolations dans la Théogonie d'Hésiode," *REG* 90: 183–210.

(1979) "Les Crimes des prétendants, la maison d'Ulysse et les festins de l'Odyssée," *Etudes de Literature Anciennes.* Paris: 9–49.

Samuel, A. E. (1966) "The Days of 'Hesiod's' Month," *TAPhA* 97: 421–29.

Schadewaldt, W. (1926) *Monolog und Selbstgespräch. Untersuchungen zur Formgeschichte der Griechischen Tragödie.* Neue Philologische Untersuchungen 2. Berlin.

Schiesaro, A. (1996) "Aratus' Myth of Dike," *MD* 37: 9–26.

Schlesier, R. (1982) "Les Muses dans le prologue de la 'Théogonie' d'Hésiode," *RHR* 199: 131–67.

Schmid, W. and Stählin, O. (1929) *Geschichte der griechischen Literatur.* Munich.

Schmidt, J.-U. (1985) "Die Ehen des Zeus: Zu Hesiods Weltdeutung durch seine 'Theogonie'," *Wort und Dienst* 18: 73–92.

(1986) *Adressat und Paraineseform: Zur Intention von Hesiods 'Werken und Tagen.'* Hypomnemata 86. Göttingen.

(1988a, 1989) "Die Aufrichtung des Zeusherrschaft als Modell – Überlegungen zur Theogonie des Hesiod," *WJH* 14: 39–68 and 15: 17–37.

(1988b) "Die Einheit des Prometheus-Mythos in der 'Theogonie' des Hesiod," *Hermes* 116: 129–56.

Schmitt, A. (1975) "Zum Prooimion des hesiodischen Frauenkatalogs," *WJA*: 19–31.

Schmoll, E. A. (1994) "Hesiod's *Theogony*: Oak and Stone Again," *Scholia* 3: 46–52.

Schoele, A. (1980) "ΜΑΚΑΡΕΣ ΘΝΗΤΟΙ bei Hesiod," *Acta Antiqua Academiae Scientiarum Hungaricae* 8: 255–63.

Schoemann, G. F. (1857a) "De nymphis Meliis Gigantibus et Erinysin," *Opuscula academica*, vol. 2. Berlin: 125–46.

(1857b) "De Phorcyne eiusque familia," *Opuscula academica*, vol. 2. Berlin: 176–214.

(1857c) "De Hecate Hesiodea," *Opuscula academica*, vol. 2. Berlin: 215–49.

(1868) (ed.) *Die Hesiodische Theogonie.* Berlin.

Schubart, W. and von Wilamowitz-Moellendorff, U. (1907) *Berliner Klassikertexte* v, 1. Berlin.
Schwabl, H. (1963) "Aufbau und Struktur des Prooimions der hesiodischen Theogonie," *Hermes* 91: 385–415.
    (1969) "Aufbau und Genealogie des hesiodichen Ungeheuerkatalogs," *Glotta* 47: 174–84.
    (1970) "Hesiod," *RE* Suppl. 12: 434–86.
Schwartz, J. (1960) *Pseudo-Hesiodeia: Recherches sur la composition, la diffusion et la disparition ancienne d'œuvres attribuées à Hésiode*. Leiden.
Schwenn, F. (1934) *Die Theogonie des Hesiodos*. Heidelberg.
Schwyzer, E. (1950) *Griechische Grammatik* (2 vols.). Munich.
Scodel, R. (1982) "The Achaean Wall and the Myth of Destruction," *HSCPh* 86: 33–50.
Searle, J. R. and Vanderveken, D. (1985) *Foundations of Illocutionary Logic*. Cambridge.
Sellschopp, I. (1934) *Stilistische Untersuchungen zu Hesiod*. Hamburg.
Sharrock, A. (2000) "Intratextuality: Texts, Parts, and (W)holes in Theory," in *Intratextuality: Greek and Roman Textual Relations*, eds. A. Sharrock and H. Morales. Oxford.
Siegmann, E. (1969) "χίμαιρα, Hesiod *Theog.* 319," *Hermes* 96: 755–57.
Sihvola, J. (1989) *Decay, Progress, the Good Life? Hesiod and Protagoras on the Development of Culture*. Helsinki.
Sinclair, T. A. (1932) (ed.) *Hesiod: Works and Days*. London.
Slatkin, L. M. (1986) "Genre and Generation," *Métis* 1: 259–68.
    (1991) *The Power of Thetis: Allusion and Interpretation in the Iliad*. Berkeley.
Smith, P. (1980) "History and Individual in Hesiod's Myth of the Five Races," *CW* 74: 145–63.
Snell, B. (1975) *Die Entdeckung des Geistes* (4th edn.). Göttingen.
Solmsen, F. (1949) *Hesiod and Aeschylus*. Ithaca.
    (1954) "The 'Gift' of Speech in Homer and Hesiod," *TAPhA* 85: 1–15.
    (1963) "The 'Days' of the *Works and Days*," *TAPhA* 94: 293–320.
    (1970) (ed.) *Hesiodi Theogonia, Opera et Dies, Scutum*. Oxford.
Solomon, J. (1985) "In defense of Hesiod's 'schlechtestem Hexameter'," *Hermes* 113: 21–30.
Sorel, R. (1980) "L'Inconsistance ontologique des hommes et des dieux chez Hésiode," *Revue Philosophique* 4: 401–12.
    (1982) "Finalité et origine des hommes chez Hésiode," *RMM* 87: 24–30.
Stein, E. (1990) *Autorbewußtsein in der frühen griechischen Literatur*. Scripta Oralia 17. Tübingen.
Stiewe, K. (1962) "Die Entstehungszeit der hesiodischen Frauenkataloge 1," *Philologus* 106: 292–99.
    (1963) "Die Entstehungszeit der hesiodischen Frauenkataloge 2," *Philologus* 107: 1–29.
Stoddard, K. (2000) "The Narrative Voice in the *Theogony* of Hesiod," PhD dissertation, University of Virginia. Charlottesville.

Stokes, M. (1962) "Hesiodic and Milesian Cosmogonies – 1," *Phronesis* 7:1–37.
Stroh, W. (1976) "Hesiods lügende Musen," in *Studien zum antiken Epos*, eds. H. Görgemanns and E. A. Schmidt. Meisenheim: 85–112.
Svenbro, J. (1976) *La Parole et le marbre*. Lund.
Tandy, D. and Neale, W. (1996) *Hesiod's Works and Days*. Berkeley.
Thalmann, W. (1984) *Conventions of Form and Thought in Early Greek Epic Poetry*. Baltimore.
Theraios, D. K. (1974) "Logos bei Hesiod," *Hermes* 102: 136–42.
Treu, M. (1957) "Das Proömium der hesiodischen Frauenkataloge," *RM* 100: 169–86.
Verdenius, W. J. (1962) "Aufbau und Absicht der Erga," in *Hésiode et son influence*. Entretiens Hardt 7. Vandoeuvres: 111–59.
(1971) "Hesiod, *Theogony* 507–616: Some Comments on a Commentary," *Mnemosyne* 24: 1–10.
(1972) "Notes on the Proem of Hesiod's *Theogony*," *Mnemosyne* 25: 225–60.
(1985) *A Commentary on Hesiod, 'Works and Days' vv. 1–382. Mnemosyne* Suppl. 86. Leiden.
Vernant, J.-P. (1965a) "Le Mythe hésiodique des races," in *Mythe et pensée chez les Grecs* 1. Paris: 13–79.
(1965b) "Hestia-Hermès: Sur l'expression religieuse de l'espace et du mouvement chez les Grecs," in *Mythe et pensée chez les Grecs* 1. Paris: 124–70.
(1974) "Le Mythe prométhéen chez Hésiode," in *Mythe et société en Grèce ancienne*. Paris: 178–94.
(1979) "À la table des hommes: Mythe de fondation du sacrifice chez Hésiode," in *La Cuisine du sacrifice en pays grec*, eds. M. Detienne and J.-P. Vernant. Paris: 37–132.
(1985) "Méthode structurale et mythe des races," in *Histoire et Structure: À la mémoire de Victor Goldschmidt*, eds. J. Brunschwig, C. Imbert, and A. Roger. Paris: 43–60.
(1986) "Corps des dieux 'Corps obscur, corps éclatant'," in *Corps des dieux*, eds. C. Malamoud and J.-P. Vernant. Le Temps de la Réflexion 7: 19–45.
(1991a) "Death in the Eyes," in *Mortals and Immortals: Collected Essays*, ed. F. Zeitlin. Princeton: 111–38.
(1991b) "Greek Cosmogonic Myths," in *Mythologies*, ed. Yves Bonnefoy, and translation compiled under the direction of W. Doniger. Chicago: 1. 366–75.
Vian, F. (1952) *La Guerre des Géants: Le Mythe avant l'époque hellénistique*. Paris.
Vidal-Naquet, P. (1991) "Valeurs religieuses et mythiques de la terre et du sacrifice dans l'*Odyssée*," in *Le Chasseur noir* (3rd edn.). Paris: 39–68.
Voigt, E.-M. (1984– ) (ed.) *Lexikon des frühgriechischen Epos*. Göttingen.
Von der Mühll, P. (1970) "Hesiods helikonische Musen," *MH* 27: 195–97.
Wackernagel, J. (1981) *Vorlesungen über Syntax mit besonderer Berücksichtung von Griechisch, Lateinisch und Deutsch* (3rd edn.). Basel.
Wade-Gery, H. T. (1949) "Hesiod," *Phoenix* 3: 81–93.
Wakker, G. (1990) "Die Ankündigung des Weltaltermythos (Hes. *Op.* 106–108)," *Glotta* 68: 86–90.

Walcot, P. (1957) "The Problem of the Proemium of Hesiod's *Theogony*," *SO* 33: 37–47.
— (1958) "Hesiod's Hymns to the Muses, Aphrodite, Styx and Hecate," *SO* 34: 5–14.
— (1960) "Allusion in Hesiod" *REG* 73: 36–39.
— (1963) "Hesiod and the Law," *SO* 38: 5–21.
Walsh, G. B. (1984) *The Uses of Enchantment: Early Greek Views of the Nature and Function of Poetry*. Chapel Hill.
Wees, H. van. (1992) *Status Warriors: War, Violence and Society in Homer and History*. Amsterdam.
Wehrli, F. (1956) "Hesiods Prometheus (Theogonie V. 507–616)," reprinted in Heitsch: 411–18.
Welcker, F. G. (1865) *Die Hesiodische Theogonie*. Elberfeld.
West, M. L. (1961) "Hesiodea," *CQ* 11: 130–45.
— (1966) (ed.) *Hesiod: Theogony*. Oxford.
— (1967) "The Contest of Homer and Hesiod," *CQ* 17: 433–50.
— (1978) (ed.) *Hesiod: Works & Days*. Oxford.
— (1985) *The Hesiodic Catalogue of Women: Its Nature, Structure, and Origins*. Oxford.
— (1997) *The East Face of Helicon: West Asiatic Elements in Greek Poetry and Myth*. Oxford.
Wilamowitz-Moellendorff, U. von. (1905) "Lesefrüchte 92," *Hermes* 40: 116–24. (= *Kleine Schriften* 4. Berlin (1962): 169–77).
— (1916) *Die Ilias und Homer*. Berlin.
— (1928) (ed.) *Hesiods Erga*. Berlin.
— (1931) *Der Glaube der Hellenen* (2 vols.). Berlin.
— (1959) *Euripides Herakles* (2nd edn., 3 vols.). Darmstadt.
Wirshbo, E. (1982) "The Mekone Scene in the *Theogony*: Prometheus as Prankster," *GRBS* 23: 101–10.
Wismann, H. (1996) "Propositions pour une lecture d'Hésiode," in *Métier*: 15–24.
Wissowa, G. et al. (1894– ) (eds.) *Paulys Realencyclopädie der classischen Altertumswissenschaft*. Stuttgart.
Worms, F. (1953) "Der Typhoeus-Kampf in Hesiods Theogonie," *Hermes* 81: 29–44.
Zanker, G. (1986) "The *Works and Days*: Hesiod's Beggar's Opera?" *BICS* 33: 26–36.
Zeitlin, F. (1996) "Signifying Difference: The Case of Hesiod's Pandora," in *Playing the Other: Gender and Society in Classical Greek Literature*. Chicago: 53–86.
Zimmermann, R. C. (1932) "Zum Proömium des hesiodischen Theogonie," *Philologus* 87: 421–29.

# 索 引

## 主题索引

agriculture 38, 44, 91, 94
*aletheia* 60, 69, 78; *see also pseudos, etetuma*
Aphrodite 18–19, 55, 98
Aristotle 50, 56
Aulis 172, 173, 177

Calchas 172, 174, 176–78, 179–80
"Calendar" 44–45, 145
*Catalogue of Women* 162–64
Chaos 15, 16, 19, 25, 72
Cronus 16, 17, 20, 24, 98, 105–6
*Cypria* 169, 170

"Days" 48, 148–49, 176
  authenticity of 48
*Dike, dike* 37, 40, 42, 48, 82–83, 92, 142–44
"dog days" 45

Empedocles 49, 150, 161, 174; *see also* Pre-Socratics
Eris and *erides* 6–8, 19–20, 33, 78, 141, 148
Eros 16, 18, 19–20
*etetuma* 32, 38, 46, 60–61, 78, 141, 145–48
Eustathius 111

Gaia 15, 16, 17, 26–28
giants 18, 97, 107, 154
Gigantomachy 113–15
golden race, *see* races, myth of

Hecate 22–24, 130–38
  "Hymn to" 129–40
Heracles 158, 162
Herodotus 12
heroes 30, 81, 158–59, 161, 174; *see also* races, myth of
  in *Catalogue* 166–67, 168–74

Hesiod
  father of 181
  individualism 3
  name 3
  prejudices concerning 2, 9, 31
  relation to *epos* 1, 28–29, 70; to Homer 176–81; to tradition 3–5; to Near East 4, 5, 81, 85
  *Theogony*: end of 30, 162–64; organization of 13–30, disruptions in 13, 22–23, 24, 105–6; Panhellenic 56, 57, 58; proem 49–72, and Homeric Hymns 50, plan of 53–54; relation to Homer 2, 5, 51, 58, 63, to Homeric Hymns 27–28, to *Works and Days* 5–8, 77–80, 149; reproduction in 14, 20, 21
  *Works and Days*: organization of 10, 31–48; proem 72–78; relation to *Theogony* 5–8, 48, 75–76, 77–80, 149; rhetoric 32, 73–75
Homer 2, 5, 51, 91
  gods in 12
hope 102–4, 124
Horai 145
human beings, in *Theogony* 129
*hybris* 82, 84
  origin of 95–99, 167–68; *see also* races, myth of
Hundred-Handers 18, 25, 91

intention, authorial 9

kings 5, 33, 38, 39–40, 69, 73–75, 144

Lethe, *lethe* 68, 69–70

Medusa 153–54
*Meliai* 18, 97, 108–9
Metis, *metis* 18, 26, 27, 28, 162–64

索 引 269

Moirai 29
monsters 20–21, 121, 151–61
Muses 8, 30, 45, 51, 175
   Heliconian 54–57
   in *Theogony* 50–72
   in *Works and Days* 72–77, 140
   Olympian 57
   names of 69

*nepioi* 33, 36, 88
Nietzsche 91, 157
Night 55, 71–72
   and children of 19, 24, 96, 143–44

*oikos* 44, 45
over-population 170–72

*panaristos* 43, 47, 48
Pandora 45, 102–3, 119, 122–25
Parmenides 49; *see also* Pre-Socratics
Pausanias 73
Perses 33–36, 40–41, 46–47
   education of 34
   name of 38
   silence of 33–34
   situation of 34–36
Pheme 143, 148
Phemius 175
Plato 83, 124
polis 41, 42, 44, 94
Pre-Socratics 3, 50, 182
Prisoner's Dilemma 39
prohibitions 47, 147
Prometheus, myth of 100–28
   in *Catalogue* 167
   in *Theogony* 105–17

   in *Works and Days* 37, 104–5, 117–25
   punishment of 115–16
*pseudos* 61–62

races, myth of 37–38, 81–95, 98–99
   bronze 90–91
   golden 86–87; post-mortem 88–89
   heroes 92–93; post-mortem 93
   iron 37, 83, 93–94, 143
   silver 87–88; post-mortem 89–90

sacrifice trick 107–13
sailing 45–46, 72, 146, 176, 178
*skeptron* 65, 70, 73–75
Spartoi 91
structuralism 9, 82
Styx 7, 22, 132
succession myth 17–18, 24

Tartarus, *Tartara* 15–16, 24
*Theognidea* 5
Titans 16, 17, 23, 92
Trojan War 94, 168–74
Typhoeus 16, 25, 26, 125–26, 127–28
Typhonomachy 25–26

Uranus 15, 16, 17, 18

woman, 88, 102, 119–22; *see also* Pandora
work 37, 145–48

Zeus 7, 16, 22, 27, 28, 37, 72, 76–77, 84, 88, 96–98, 140–43
   marriages of 23, 29–30
   undeceived 109–13

# 出处索引

**AESCHYLUS**
   *Agamemnon* (192–204) 173; (232) 157
**APOLLODORUS**
   (2.1.1) 97; (2.1.2) 155; (2.3.1) 159; (2.5.10) 156; (3.5.8) 159; (3.13.8) 172
**APOLLONIUS RHODIUS**
   *Argonautica* (1.1) 53
**ARATUS**
   *Phaenomena* (1) 51; (96–136) 82
**ARISTOPHANES**
   *Birds* 94
   *Frogs* 179; (1033–36) 180
   *Lysistrata* (602–4) 120

**CALLIMACHUS**
   (Fr. 119) 114
*Catalogue*
   (Fr. 1) 166–67; (Fr. 23.17–24) 172; (Fr. 43.65) 113; (Fr. 30.1–23) 170; (Fr. 165) 177; (Fr. 204) 169–73; (105ff.) 172–73; (129ff.) 173; (Fr. 205) 173
*Certamen* 178–79
   (95–101) 66
*Cypria*
   (Fr. 1.5) 169

**DIO**
   (2.14) 167

EMPEDOCLES
   (Fr. 61) 150
EPICHARMUS
   (Fr. 1.3–6) 67
*Epigoni*
   (Fr. 1) 51
EURIPIDES
   *Electra* (1282–83) 169
   *Helen* (36–41) 169
   *Orestes* (1639–42) 169

HERODOTUS
   (2.53.1–2) 12
[HESIOD]
   *Scutum* (339) 133
HESIOD
   *Theogony* (1) 50–53; (1–35) 52; (1–115) 49–72;
      (5–6) 54; (8) 68; (10) 54; (11–21) 54–56, 67,
      72; (20) 71; (22) 56; (24) 52; (26–28) 68;
      (27–28) 57–64; (28) 61–62; (30–32) 73; (32)
      65–67; (36–51) 67; (36–103) 53; (38) 66; (45)
      71; (45) 67; (45–46) 21; (46) 71; (46–47) 67;
      (50) 97; (53–60) 64; (53–62) 68; (60–61) 70;
      (66–67) 68; (68–75) 68–69; (71–73) 71;
      (73–74) 71; (80–104) 69–70; (84–87) 74;
      (90) 69; (94–103) 59; (95) 73; (100–101) 67,
      70; (102, 103) 69; (104–15) 53, 71–72;
      (105–15) 67; (107) 21; (116) 52; (116–25) 15;
      (124–25) 127; (126–53) 16–17; (134–38) 105;
      (142–43) 151–52; (154–82) 17; (161–62) 86;
      (183–210) 18–19; (185–87) 96; (186) 114;
      (187) 90, 108; (188–206) 97–98; (211–336)
      20–21; (211–32) 96; (220–23) 29; (243–63)
      160; (270–336) 151–61; (295–96) 152;
      (330–31) 157–58; (334) 124; (337–82) 21–22;
      (349–61) 160; (353) 55; (383–403) 22, 106,
      132; (411–52) 22, 130–40; (416–19) 136;
      (430–34) 133; (440–43) 134; (453–500) 24;
      (461–64) 27, 28; (501–6) 106; (501–663) 24;
      (514–25) 115; (521–616) 100–28; (526–32)
      162; (528) 115; (535–36) 101; (538–40)
      109–10; (542–61) 119; (543–44) 108; (545)
      111–13; (550–51) 109; (562–64) 108; (563)
      109; (571–77) 119; (576–84) 120; (578–84)
      120; (603–12) 121; (613) 105; (616) 115;
      (617–63) 106; (624–28) 26, 28; (658–59) 8;
      (722–819) 24–25; (775–806) 22; (782–84) 7;
      (820–80) 25–26; (883–85) 107–8; (872–80)
      129; (888–94) 27–28; (900–29) 29–30;
      (901–2) 145; (930–1022) 162–64; (933–37)
      29; (943–44) 162; (950–55) 162; (954) 113;
      (972–74) 145; (979) 154
   *Works and Days* (1–6) 137; (1–10) 72–78; (3–4)
      76; (5–6) 77; (6) 43; (7–8) 77; (9) 41; (9–10)
      78; (10) 32; (11–12) 7; (27–41) 34–35; (35–36)
      75; (40–41) 36; (42) 37, 101, 117; (43–46)
      117; (47–53) 118; (47–105) 100–28; (47–201)
      37–38; (53–59) 119; (60–82) 122–23; (69–82)
      86; (81–82) 120; (90–104) 124–25; (105) 37,
      105; (108) 86, 99; (109–19) 104; (112–19)
      86–87; (121–26) 88; (127–37) 87–88; (129)
      88; (143–55) 90–91; (145) 97–98, 108;
      (156–65) 92–93; (159–60) 169; (173d–e) 93;
      (174–75) 83; (179) 83; (184, 190–94) 38;
      (202–12) 39; (213–47) 40–41; (226–37) 46;
      (248–69) 144; (248–73) 41–42; (254–55) 89;
      (270–72) 84; (273) 124; (274–85) 42–43;
      (286–99) 43; (299–382) 43–44; (327–80) 47;
      (328–32) 147; (333–34) 47; (341) 38; (370–71)
      47; (383–617) 44–45, 145; (394–404) 44;
      (396) 35; (414–47) 44; (483–84) 146;
      (618–93) 45–46; (637–38) 146; (637–40) 181;
      (648–53) 178; (656–59) 178; (654–59) 47;
      (665–69) 146; (694–764) 46–47;
      (658–59) 8; (674) 46; (682–83) 46; (705)
      102; (706–64) 47; (707) 47; (717–18) 147;
      (724–56) 147–48; (760–64) 148; (730) 89;
      (761–64) 47; (788–89) 112
HIPPIAS
   *FGrH* (6.13) 181
HOMER
   *Iliad* (1.68–70) 176; (1.71–72) 177; (1.234–37)
      73; (1.237–39) 73; (1.396–406) 12; (2.101–8)
      75; (2.183–332) 75; (2.299–330) 177;
      (2.484–86) 63; (2.485–86) 51; (3.408) 53;
      (4.6) 112; (4.8) 55; (4.440) 19; (5.438–44)
      170; (5.898) 12; (5.908) 55; (8.479–81) 12;
      (9.443) 133; (11.55) 172; (12.23) 169; (12.3–35)
      168; (14.201) 12, 22; (14.246) 22; (14.274) 12;
      (14.279) 12; (15.18–24) 12; (15.113–41) 170;
      (15.225) 12; (16.387–88) 133; (16.433–61) 170;
      (18.107) 20; (18.418) 123; (18.497–506) 133;
      (19.130) 169; (19.131) 125; (19.126–31) 141;
      (21.463–66) 170; (22.392–93) 51;
      (22.468–72) 120; (23.388) 158; (24.444) 53;
      (24.525–33) 122
   *Odyssey* (1.10) 51; (2.91–92) 124; (3.241) 60;
      (4.561–69) 93; (4.624) 53; (5.118–29) 164;
      (7.71–74) 74; (8.73–82) 172; (8.166–77) 74;
      (8.552–54) 123; (11.235–329) 167;
      (12.189–91) 60; (13.437) 73; (14.31) 73;
      (15.319–20) 137; (17.199) 73; (17.339) 109;
      (19.203) 62; (19.535–69) 61–62;
      (19.556) 69; (19.565) 158; (22.347–48) 176;
      (24.412) 53
   *H. Ap.*
      (119) 154; (132) 177; (141–45) 54; (190–93) 94;
      (351–52) 152

*H. Dem.*
  (44) 32; (229–30) 60; 94; (256–57) 57; (316, 448) 123; (490–91) 54
*H. Hermes* 101
  (20) 154; (55–56) 112; (426–33) 4
*H. Hom.*
  (25.1) 53

LUCIAN
  *Hesiodus* 65

*Melampodia*
  (Fr. 278 M–W) 179–80

PARMENIDES
  (Fr. 8.5–6) 67
PAUSANIAS
  (2.15.5, 2.19.5) 97; (10.12.10) 66
PINDAR
  (Fr. 31) 49, 64–65
  *Olympians* (12.3–12) 135
  *Pythians* (10.43–44) 82
PLATO
  *Laws* (644c) 124
  *Republic* (588c) 151

  *Timaeus* (37e) 66
PLUTARCH
  *Lyc.* (22.2.7) 157
*Prometheus Bound*
  (199ff.) 113; (248–50) 103

SOPHOCLES
  *Ajax* (34–35) 66
STESICHORUS
  *Geryoneis* (Fr. S10 and 11) 155

THEOCRITUS
  (17.1) 51; (22.25–26) 53
THEOGNIS
  (713) 62; (1135–36) 124

VIRGIL
  *Georgics* (1.6) 37; (1.158–59) 37

XENOPHANES
  (Fr. 14.1) 67; (Fr. 35) 62
XENOPHON
  *An.* (3.2.12) 157
  *Hell.* (4.2.20) 157

## 图书在版编目（CIP）数据

赫西俄德的宇宙/（美）珍妮·施特劳斯·克莱（Jenny Strauss Clay）著；何为，余江陵译. --北京：华夏出版社有限公司，2020.7
（西方传统：经典与解释）
书名原文：Hesiod 's Cosmos
ISBN 978-7-5080-9666-7

Ⅰ.①赫… Ⅱ.①珍… ②何… ③余… Ⅲ.①赫西俄德（前700）－哲学思想－研究 Ⅳ.①B502.29

中国版本图书馆CIP数据核字(2020)第036486号

This is a Simplified-Chinese translation edition of the following title published by Cambridge University Press：Hesiod 's Cosmos（ISBN 0521823927）
Copyright © Jenny Strauss Clay 2003
This Simplified-Chinese translation edition for the People's Republic of China (excluding Hong Kong, Macau and Taiwan) is published by arrangement with the Press Syndicate of the University of Cambridge, Cambridge, United Kingdom.
© Cambridge University Press and Huaxia Publishing House Co., Ltd.2020
This Simplified-Chinese translation edition is authorized for sale in the People's Republic of China (excluding Hong Kong, Macau and Taiwan) only. Unauthorised export of this Simplified-Chinese translation edition is a violation of the Copyright Act. No part of this publication may be reproduced or distributed by any means, or stored in a database or retrieval system, without the prior written permission of Cambridge University Press and Huaxia Publishing House Co., Ltd.
Copies of this book sold without a Cambridge University Press sticker on the cover are unauthorized and illegal.
本书封面贴有Cambridge University Press防伪标签，无标签者不得销售。
北京市版权局著作权合同登记号：图字01-2015-3046号

### 赫西俄德的宇宙

| | |
|---|---|
| 作　　者 | ［美］珍妮·施特劳斯·克莱 |
| 译　　者 | 何　为　余江陵 |
| 责任编辑 | 王霄翎　倪友葵 |
| 责任印制 | 刘　洋 |
| 出版发行 | 华夏出版社有限公司 |
| 印　　装 | 三河市少明印务有限公司 |
| 版　　次 | 2020年7月北京第1版　2020年7月北京第1次印刷 |
| 开　　本 | 880×1230　1/32 |
| 印　　张 | 9.25 |
| 字　　数 | 224千字 |
| 定　　价 | 65.00元 |

**华夏出版社有限公司**　地址：北京市东直门外香河园北里4号　（邮编：100028）
网址：www.hxph.com.cn　电话：(010)64663331（转）
若发现本版图书有印装质量问题，请与我社营销中心联系调换。

西方传统：经典与解释
Classici et Commentarii
**HERMES**
刘小枫◎主编

## 古今丛编

克尔凯郭尔　[美]江思图 著
货币哲学　[德]西美尔 著
孟德斯鸠的自由主义哲学　[美]潘戈 著
莫尔及其乌托邦　[德]考茨基 著
试论古今革命　[法]夏多布里昂 著
但丁：皈依的诗学　[美]弗里切罗 著
在西方的目光下　[英]康拉德 著
大学与博雅教育　董成龙 编
探究哲学与信仰　[美]郝岚 著
民主的本性　[法]马南 著
梅尔维尔的政治哲学　李小均 编/译
席勒美学的哲学背景　[美]维塞尔 著
果戈里与鬼　[俄]梅列日科夫斯基 著
自传性反思　[美]沃格林 著
黑格尔与普世秩序　[美]希克斯 等著
新的方式与制度　[美]曼斯菲尔德 著
科耶夫的新拉丁帝国　[法]科耶夫 等著
《利维坦》附录　[英]霍布斯 著
或此或彼(上、下)　[丹麦]基尔克果 著
海德格尔式的现代神学　刘小枫 选编
双重束缚　[法]基拉尔 著
古今之争中的核心问题　[德]迈尔 著
论永恒的智慧　[德]苏索 著
宗教经验种种　[美]詹姆斯 著
尼采反卢梭　[美]凯尔·安塞尔-皮尔逊 著
舍勒思想评述　[美]弗林斯 著
诗与哲学之争　[美]罗森 著
神圣与世俗　[罗]伊利亚德 著
但丁的圣约书　[美]霍金斯 著

## 古典学丛编

赫西俄德的宇宙　[美]珍妮·施特劳斯·克莱 著
论王政　[古罗马]金嘴狄翁 著
论希罗多德　[古罗马]卢里叶 著
探究希腊人的灵魂　[美]戴维斯 著
尤利安文选　马勇 编/译
论月面　[古罗马]普鲁塔克 著
雅典谐剧与逻各斯　[美]奥里根 著
菜园哲人伊壁鸠鲁　罗晓颖 选编
《劳作与时日》笺释　吴雅凌 撰
希腊古风时期的真理大师　[法]德蒂安 著
古罗马的教育　[英]葛怀恩 著
古典学与现代性　刘小枫 编
表演文化与雅典民主政制
[英]戈尔德希尔、奥斯本 编
西方古典文献学发凡　刘小枫 编
古典语文学常谈　[德]克拉夫特 著
古希腊文学常谈　[英]多佛 等著
撒路斯特与政治史学　刘小枫 编
希罗多德的王霸之辨　吴小锋 编/译
第二代智术师　[英]安德森 著
英雄诗系笺释　[古希腊]荷马 著
统治的热望　[美]福特 著
论埃及神学与哲学　[古希腊]普鲁塔克 著
凯撒的剑与笔　李世祥 编/译
伊壁鸠鲁主义的政治哲学
[意]詹姆斯·尼古拉斯 著
修昔底德笔下的人性　[美]欧文 著
修昔底德笔下的演说　[美]斯塔特 著
古希腊政治理论　[美]格雷纳 著
神谱笺释　吴雅凌 撰
赫西俄德：神话之艺
[法]居代·德·拉孔达波 等著
赫拉克勒斯之盾笺释　罗逍然 译笺
《埃涅阿斯纪》章义　王承教 选编
维吉尔的帝国　[美]阿德勒 著
塔西佗的政治史学　曾维术 编

## 古希腊诗歌丛编
- 古希腊早期诉歌诗人 [英]鲍勒 著
- 诗歌与城邦 [美]费拉格、纳吉 主编
- 阿尔戈英雄纪（上、下）
  [古希腊]阿波罗尼俄斯 著
- 俄耳甫斯教祷歌 吴雅凌 编译
- 俄耳甫斯教辑语 吴雅凌 编译

## 古希腊肃剧注疏集
- 希腊肃剧与政治哲学 [美]阿伦斯多夫 著

## 古希腊礼法研究
- 希腊人的正义观 [英]哈夫洛克 著

## 廊下派集
- 廊下派的苏格拉底 程志敏 徐健 选编
- 廊下派的神和宇宙 [墨]里卡多·萨勒斯 编
- 廊下派的城邦观 [英]斯科菲尔德 著

## 希伯莱圣经历代注疏
- 希腊化世界中的犹太人 [英]威廉逊 著
- 第一亚当和第二亚当 [德]朋霍费尔 著

## 新约历代经解
- 属灵的寓意 [古罗马]俄里根 著

## 基督教与古典传统
- 保罗与马克安 [德]文森 著
- 加尔文与现代政治的基础 [美]汉考克 著
- 无执之道 [德]文森 著
- 恐惧与战栗 [丹麦]基尔克果 著
- 托尔斯泰与陀思妥耶夫斯基
  [俄]梅列日科夫斯基 著
- 论宗教大法官的传说 [俄]罗赞诺夫 著
- 海德格尔与有限性思想（重订版）
  刘小枫 选编
- 上帝国的信息 [德]拉加茨 著
- 基督教理论与现代 [德]特洛尔奇 著
- 亚历山大的克雷芒 [意]塞尔瓦托·利拉 著
- 中世纪的心灵之旅 [意]圣·波纳文图拉 著

## 德意志古典传统丛编
- 论荷尔德林 [德]沃尔夫冈·宾德尔 著
- 彭忒西勒亚 [德]克莱斯特 著
- 穆佐书简 [奥]里尔克 著
- 纪念苏格拉底——哈曼文选 刘新利 选编
- 夜颂中的革命和宗教 [德]诺瓦利斯 著
- 大革命与诗化小说 [德]诺瓦利斯 著
- 黑格尔的观念论 [美]皮平 著
- 浪漫派风格——施勒格尔批评文集 [德]施勒格尔 著

## 美国宪政与古典传统
- 美国1787年宪法讲疏 [美]阿纳斯塔普罗 著

## 世界史与古典传统
- 伊丽莎白时代的世界图景 [英]蒂利亚德 著
- 西方古代的天下观 刘小枫 编
- 从普遍历史到历史主义 刘小枫 编

## 启蒙研究丛编
- 浪漫的律令 [美]拜泽尔 著
- 现实与理性 [法]科维纲 著
- 论古人的智慧 [英]培根 著
- 托兰德与激进启蒙 刘小枫 编
- 图书馆里的古今之战 [英]斯威夫特 著

## 政治史学丛编
- 自然科学史与玫瑰 [法]雷比瑟 著

## 地缘政治学丛编
- 克劳塞维茨之谜 [英]赫伯格-罗特 著
- 太平洋地缘政治学 [德]卡尔·豪斯霍弗 著

## 荷马注疏集
- 不为人知的奥德修斯 [美]诺特维克 著
- 模仿荷马 [美]丹尼斯·麦克唐纳 著

## 品达注疏集
- 幽暗的诱惑 [美]汉密尔顿 著

## 欧里庇得斯集
- 自由与僭越 罗峰 编译

## 阿里斯托芬集
- 《阿卡奈人》笺释 [古希腊]阿里斯托芬 著

## 色诺芬注疏集
- 居鲁士的教育 [古希腊]色诺芬 著

色诺芬的《会饮》 [古希腊]色诺芬 著

## 柏拉图注疏集
立法与德性——柏拉图《法义》发微 林志猛 编
柏拉图的灵魂学 [加]罗宾逊 著
柏拉图书简 彭磊 译注
克力同章句 程志敏 郑兴凤 撰
哲学的奥德赛——《王制》引论 [美]郝兰 著
爱欲与启蒙的迷醉 [美]贝尔格 著
为哲学的写作技艺一辩 [美]伯格 著
柏拉图式的迷宫——《斐多》义疏 [美]伯格 著
哲学如何成为苏格拉底式的 [美]朗佩特 著
苏格拉底与希琵阿斯 王江涛 编译
理想国 [古希腊]柏拉图 著
谁来教育老师 刘小枫 编
立法者的神学 林志猛 编
柏拉图对话中的神 [法]薇依 著
厄庇诺米斯 [古希腊]柏拉图 著
智慧与幸福 程志敏 选编
论柏拉图对话 [德]施莱尔马赫 著
柏拉图《美诺》疏证 [美]克莱因 著
政治哲学的悖论 [美]郝岚 著
神话诗人柏拉图 张文涛 选编
阿尔喀比亚德 [古希腊]柏拉图 著
叙拉古的雅典异乡人 彭磊 选编
阿威罗伊论《王制》 [阿拉伯]阿威罗伊 著
《王制》要义 刘小枫 选编
柏拉图的《会饮》 [古希腊]柏拉图 等著
苏格拉底的申辩(修订版) [古希腊]柏拉图 著
苏格拉底与政治共同体 [美]尼柯尔斯 著
政制与美德——柏拉图《法义》疏解 [美]潘戈 著
《法义》导读 [法]卡斯代尔·布舒奇 著
论真理的本质 [德]海德格尔 著
哲人的无知 [德]费勃 著
米诺斯 [古希腊]柏拉图 著
情敌 [古希腊]柏拉图 著

## 亚里士多德注疏集
《诗术》译笺与通绎 陈明珠 撰
亚里士多德《政治学》中的教诲 [美]潘戈 著
品格的技艺 [美]加佛 著
亚里士多德哲学的基本概念 [德]海德格尔 著
《政治学》疏证 [意]托马斯·阿奎那 著
尼各马可伦理学义疏 [美]伯格 著
哲学之诗 [美]戴维斯 著
对亚里士多德的现象学解释 [德]海德格尔 著
城邦与自然——亚里士多德与现代性 刘小枫 编
论诗术中篇义疏 [阿拉伯]阿威罗伊 著
哲学的政治 [美]戴维斯 著

## 普鲁塔克集
普鲁塔克的《对比列传》 [英]达夫 著
普鲁塔克的实践伦理学 [比利时]胡芙 著

## 阿尔法拉比集
政治制度与政治箴言 阿尔法拉比 著

## 马基雅维利集
君主及其战争技艺 娄林 选编

## 莎士比亚绎读
莎士比亚的历史剧 [英]蒂利亚德 著
莎士比亚戏剧与政治哲学 彭磊 选编
莎士比亚的政治盛典 [美]阿鲁里斯/苏利文 编
丹麦王子与马基雅维利 罗峰 选编

## 洛克集
上帝、洛克与平等 [美]沃尔德伦 著

## 卢梭集
论哲学生活的幸福 [德]迈尔 著
致博蒙书 [法]卢梭 著
政治制度论 [法]卢梭 著
哲学的自传 [美]戴维斯 著
文学与道德杂篇 [法]卢梭 著
设计论证 [美]吉尔丁 著
卢梭的自然状态 [美]普拉特纳 等著
卢梭的榜样人生 [美]凯利 著

## 莱辛注疏集
- 汉堡剧评 [德]莱辛 著
- 关于悲剧的通信 [德]莱辛 著
- 《智者纳坦》（研究版） [德]莱辛 等著
- 启蒙运动的内在问题 [美]维塞尔 著
- 莱辛剧作七种 [德]莱辛 著
- 历史与启示——莱辛神学文选 [德]莱辛 著
- 论人类的教育 [德]莱辛 著

## 尼采注疏集
- 何为尼采的扎拉图斯特拉 [德]迈尔 著
- 尼采引论 [德]施特格迈尔 著
- 尼采与基督教 刘小枫 编
- 尼采眼中的苏格拉底 [美]丹豪瑟 著
- 尼采的使命 [美]朗佩特 著
- 尼采与现时代 [美]朗佩特 著
- 动物与超人之间的绳索 [德]A.彼珀 著

## 施特劳斯集
- 论僭政（重订本） [美]施特劳斯 [法]科耶夫 著
- 苏格拉底问题与现代性（增订本）
- 犹太哲人与启蒙（增订本）
- 霍布斯的宗教批判
- 斯宾诺莎的宗教批判
- 门德尔松与莱辛
- 哲学与律法——论迈蒙尼德及其先驱
- 迫害与写作艺术
- 柏拉图式政治哲学研究
- 论柏拉图的《会饮》
- 柏拉图《法义》的论辩与情节
- 什么是政治哲学
- 古典政治理性主义的重生（重订本）
- 回归古典政治哲学——施特劳斯通信集
- 苏格拉底与阿里斯托芬

***

- 施特劳斯的持久重要性 [美]朗佩特 著
- 论源初遗忘 [美]维克利 著

## 政治哲学与启示宗教的挑战 [德]迈尔 著
- 阅读施特劳斯 [美]斯密什 著
- 施特劳斯与流亡政治学 [美]谢帕德 著
- 隐匿的对话 [德]迈尔 著
- 驯服欲望 [法]科耶夫 等著

## 施米特集
- 宪法专政 [美]罗斯托 著
- 施米特对自由主义的批判 [美]约翰·麦考米克 著

## 伯纳德特集
- 古典诗学之路（第二版） [美]伯格 编
- 弓与琴（重订本） [美]伯纳德特 著
- 神圣的罪业 [美]伯纳德特 著

## 布鲁姆集
- 巨人与侏儒（1960-1990）
- 人应该如何生活——柏拉图《王制》释义
- 爱的设计——卢梭与浪漫派
- 爱的戏剧——莎士比亚与自然
- 爱的阶梯——柏拉图的《会饮》
- 伊索克拉底的政治哲学

## 沃格林集
- 自传体反思录 [美]沃格林 著

## 大学素质教育读本
- 古典诗文绎读 西学卷·古代编（上、下）
- 古典诗文绎读 西学卷·现代编（上、下）

---

中国传统：经典与解释
**Classici et Commentarii**
经典与解释
刘小枫 陈少明◎主编

- 《孔丛子》训读及研究 /雷欣翰 撰
- 论语说义 /[清]宋翔凤 撰
- 周易古经注解考辨 / 李炳海 著
- 浮山文集 /[明]方以智 著
- 药地炮庄 /[明]方以智 著
- 药地炮庄笺释·总论篇 /[明]方以智 著

青原志略 / [明]方以智 编
冬灰录 / [明]方以智 著
冬炼三时传旧火 / 邢益海 编
《毛诗》郑王比义发微 / 史应勇 著
宋人经筵诗讲义四种 / [宋]张纲 等撰
道德真经藏室纂微篇 / [宋]陈景元 撰
道德真经四子古道集解 / [金]寇才质 撰
皇清经解要 / [清]沈豫 撰
经学通论 / [清]皮锡瑞 著
松阳讲义 / [清]陆陇其 著
起凤书院答问 / [清]姚永朴 撰
周礼疑义辨证 / 陈衍 撰
《铎书》校注 / 孙尚扬 肖清和 等校注
韩愈志 / 钱基博 著
论语辑释 / 陈大齐 著
《庄子·天下篇》注疏四种 / 张丰乾 编
荀子的辩说 / 陈文洁 著
古学经子 / 王锦民 著
经学以自治 / 刘少虎 著
从公羊学论《春秋》的性质 / 阮芝生 撰

现代人及其敌人
海德格尔与中国
共和与经纶
现代性与现代中国
现代性社会理论绪论
诗化哲学［重订本］
拯救与逍遥［修订本］
走向十字架上的真
西学断章

编修［博雅读本］
　凯若斯：古希腊语文读本［全二册］
　古希腊语文学述要
　雅я斯：古典拉丁语文读本
　古典拉丁语文学述要
　危微精一：政治法学原理九讲
　琴瑟友之：钢琴与古典乐色十讲

译著
　普罗塔戈拉（详注本）
　柏拉图四书

# 刘小枫集

民主与政治德性
昭告幽微
以美为鉴
古典学与古今之争［增订本］
这一代人的怕和爱［第三版］
沉重的肉身［珍藏版］
圣灵降临的叙事［增订本］
罪与欠
儒教与民族国家
栋尽寒枝
施特劳斯的路标
重启古典诗学
设计共和

### 经典与解释辑刊

1. 柏拉图的哲学戏剧
2. 经典与解释的张力
3. 康德与启蒙
4. 荷尔德林的新神话
5. 古典传统与自由教育
6. 卢梭的苏格拉底主义
7. 赫尔墨斯的计谋
8. 苏格拉底问题
9. 美德可教吗
10. 马基雅维利的喜剧
11. 回想托克维尔
12. 阅读的德性
13. 色诺芬的品味
14. 政治哲学中的摩西
15. 诗学解诂
16. 柏拉图的真伪
17. 修昔底德的春秋笔法
18. 血气与政治
19. 索福克勒斯与雅典启蒙
20. 犹太教中的柏拉图门徒
21. 莎士比亚笔下的王者
22. 政治哲学中的莎士比亚
23. 政治生活的限度与满足
24. 雅典民主的谐剧
25. 维柯与古今之争
26. 霍布斯的修辞
27. 埃斯库罗斯的神义论
28. 施莱尔马赫的柏拉图
29. 奥林匹亚的荣耀
30. 笛卡尔的精灵
31. 柏拉图与天人政治
32. 海德格尔的政治时刻
33. 荷马笔下的伦理
34. 格劳秀斯与国际正义
35. 西塞罗的苏格拉底
36. 基尔克果的苏格拉底
37. 《理想国》的内与外
38. 诗艺与政治
39. 律法与政治哲学
40. 古今之间的但丁
41. 拉伯雷与赫尔墨斯秘学
42. 柏拉图与古典乐教
43. 孟德斯鸠论政制衰败
44. 博丹论主权
45. 道伯与比较古典学
46. 伊索寓言中的伦理
47. 斯威夫特与启蒙
48. 赫西俄德的世界
49. 洛克的自然法辩难
50. 斯宾格勒与西方的没落
51. 地缘政治学的历史片段
52. 施米特论战争与政治
53. 普鲁塔克与罗马政治
54. 罗马的建国叙述
55. 亚历山大与西方的大一统
56. 马西利乌斯的帝国